# 85명의 공부법

**85명의 전국 명문대 선배들이 알려주는 리얼 공부 스토리**

김유진 외 84명 지음

# 85명의 공부법

**"확실히 공부 잘하는 학생들은 이유가 있다!"**
**중요한 시기, 나만의 공부법을 만드는 법**

북클로스

## 작은 목표도 변화를 만드는 힘이 있다

학창시절 사용했던 문제집, 노트들을 버리지 못하고 있다. 목표를 위해 치열하게 노력했던 과정의 흔적들이 언젠가는 빛을 바라지 않을까 하는 생각에 보관했다. 그리고 재작년, 그 과정들이 한 권의 책으로 나왔다. 학창시절의 과정이 대학 합격증, 그 이상의 의미로 인정 받는 기분이었다. 이 소중한 경험을 다른 이들과 나누고 싶다는 목표를 가지고 이번 책을 기획하게 되었다.

감사하게도 84명의 학생들이 이 여정에 함께 해주었다. 덕분에 각자의 방식으로 치열하게 살아온 과정들이 이 책에 고스란히 담겨 있다. 나 역시 원고를 읽으면서 많은 것을 배웠고 자극을 받았다. 독자 분들도 이 책을 읽으면서 공부법, 그 이상을 얻어가길 바란다.

이 책의 내용을 효과적으로 전달하는 방법에 대해 고민하던 중 전체 원고를 분석하여 다섯 가지 핵심 키워드를 도출했다. 목표 설정, 학습 전략, 감정, 관계, 자아성찰이다.

단순히 '공부하는 방법'에만 초점을 맞추고 있는 것이 아닌 '공부'를 둘러싼 모든 것을 다룬다. 다섯 가지 키워드는 서로 독립적이면서도 긴밀하게 연결되어 있다. 독자들이 책을 읽으면서 다섯 가지 관점에서 각각의 이야기를 바라본다면 단순한 공부법을 넘어선 깊은 인사이트를 얻을 수 있을 것이다.

이 중에서도 특히 반복적으로 등장한 키워드는 목표 설정이다. 이 키워드는 나에게도 매우 의미 있는 단어이기에 내 경험을 빌려 이야기 해보고자 한다.

## ¨ 목표 설정

중학교 때 전교 꼴등도 한 적이 있을 정도로 공부를 잘 하는 학생이 아니었다. 고등학교 입학 전 프랑스 파리 여행에서 이곳에 자주 오고 싶다라는 막연한 목표가 생겼고 그 단순한 목표가 나를 대학에 보내주었다.

그러나 2024년 초 나는 목표를 잃었다. 그것도 무려 내가 꿈꾸던 미국에서 말이다. 학교 프로젝트에 선정이 되어서 미국 탐방이라는 값진 기회를 얻었고 힘들지만 의미 있는 시간을 보냈다. 그러나 '무엇을 위해 이렇게 살고 있는가'라는 근본적인 의문이 들었다. 그래서 휴학을 결심했고 다시 한 번 삶의 목표를 돌아보는 시간을 가졌다. 생각하지 못한 환경에 나를 던져보기도 하고 새롭고 낯선 사람들을 만나보기도 했다. 그렇게 조금씩 나에 대해 알아가고 진정 하고 싶은 것을 찾을 수 있었다.

이처럼 목표 설정은 단순히 공부뿐만 아니라 삶의 여러 부분에 영향을 미친다고 생각한다. 꼭 거창한 목표가 아니어도 된다. 작은 목표도 변화를 만드는 힘이 있다.

이 책에 담긴 85개의 이야기 역시 각자의 목표와 방향을 따라가며 얻은 소중한 경험들이다. 누군가에게는 그 이야기가 새로운 자극이 되길, 또 누군가에게는 이미 걷고 있는 길의 동행이 되어주길 바란다.

두 번째 책이 나오기 까지 함께 힘써주신 84명의 학생 분들, 출판사 께 진심으로 감사드립니다. 쉽지 않은 여정이었지만 함께해주신 덕분에 행복한 시간이었습니다.

# ° 차례

# 우리가 공부해야 할 이유

## 이화여대 행정학과 ☆ 강유진

나는 내 삶의 방향성을 토대로 학과를 선택하였다. 항상 내 능력과 지식이 공익을 위해 사용되기를 바라는 마음이 컸다. 이러한 가치관 덕분에 초등학교 5학년 때부터 오랜 시간 동안 '인권변호사'라는 꿈을 키워왔고, "공익"을 추구하는 정부의 활동에 대해 깊이 배워보고자 이화여자대학교 행정학과에 지원하게 되었다. 그 과정에서 내 꿈을 실현하기 위한 구체적인 길을 마련하였고, 사회에 선한 영향을 미칠 수 있는 사람이 되기 위한 준비를 하고 있다.

내가 지원한 '미래인재' 전형은 소위 말하는 학생부종합전형으로, 서류 100% 전형이기 때문에 면접이 없고 대신 2022학년도 입시 기준 국어·수학·영어·탐구(사회/과학) 4개 영역 중 3개 영역 등급 합 6 이내의 수능 최저를 반영하는 전형이다. 일반적인 학생부종합전형과 차이점이 있는 부분은 첫째, 면접이 없다는 점과 둘째, 교과 전형과 같이 수능 최저가 있다는 점이다. 따라서, 본인 내신이 안정적인 합격권 수준은 아닌데 정시에서 타 수시생들과 다르게 높은 성적을 가지고 있다면 이화여자대학교 미래인재 전형을 고려해보는 것도 좋은 전략이 될 것 같다.

## ¨ 나만의 시간 관리법

고등학교 1학년 겨울방학, 코로나19가 유행하기 시작했다. 모두가 처음 겪어보는 혼란스러운 상황 속에서 우리 학교도 예외는 아니었다. '개학 시기'를 두고도 여러 차례 논의가 이루어졌고, 몇 번이고 공지가 번복되었다. 사실 고등학교 1학년 겨울방학은 부족했던 내 성적을 올리기에 최적의 시기였다. 그런데 바로 그때, 언제 개학할지조차 알 수 없는 최악의 상황이 벌어지고 말았다. 뉴스에서는 하루에도 여러 번 학업 저하에 대한 우려를 표했고, 모두가 입을 모아 '수험생들의 위기'라고 말했다. 나 역시 혼란스러운 마음을 떨칠 수 없었고, 당시 의지했던 1학년 담임선생님께 안부 전화를 드렸다. 그때, 선생님께서 해주신 말씀이 내 인생의 전환점이 되었다고 해도 과언이 아니다. 선생님께서는 이렇게 말씀하셨다. "유진아, 선생님은 네가 잠재력이 있는 학생이라고 생각해. 모두가 이 시기를 위기라고 말하지만, 넌 이 시간을 잘 활용해서 기회로 만들어보길 바란다." 나보다도 나를 더 믿어주시는 선생님의 말씀, 그리고 위기를 기회로 만들어보라는 그 말씀이 지금의 나를 만들어주었다. 결론부터 말하자면, 그 겨울방학을 잘 활용한 덕분에 나는 최종 내신 성적을 2등급 이상 올릴 수 있었고, 성적이 큰 상향 곡선을 그리며 이화여대에 합격할 수 있었다.

그전까지 제대로 된 공부조차 해본 적이 없던 나에게 가장 중요한 과제는 나만의 공부 "스타일"을 파악하는 것이었다. 또한, 처음 겪는 비대면 수업 상황에 적응하기 위해 전반적인 환경 파악도 필요했다. 그래서 개학 후 첫 일주일을 시범 기간으로 삼아, 구체적인 계획을 세우기보다는 매일 다른 시간대에 다양한 종류의 공부를 시도해 보며 나의 생활 루틴과 바이오리듬을 파악하는 데 집중했다. 쉽게 말해, 어떤 시간대에 내가 가장 집중력이 높고, 언제 피로를 크게 느껴 집중력이 떨어지는지를 분석했다. 예를 들어, 나는 점심이나 저녁 식사 직후에

피로감을 크게 느끼며 집중하기 어려웠다. 반면, 이른 아침 7시부터 9시까지, 그리고 밤 10시부터 새벽 2시까지는 집중력이 가장 높고 공부 효율 역시 최고조에 달했다. 많이 알려진 유명한 공부법에서는 아침형 인간이 되도록 생활 루틴을 바꾸고, 밤에는 늦어도 11시나 12시에는 자는 것이 좋다고 권장한다. 또한, 중간중간 쪽잠을 자는 것은 수면의 질을 떨어뜨리므로 피해야 한다고 주의하고 있다. 그러나 나의 경우에는, 점심 이후 억지로 버티며 집중하지 못한 채 1시간 반을 허비하는 것보다 10~15분 정도 짧게 쪽잠을 자고 일어나 15분 정도 산책을 한 후 공부를 시작하는 것이 더욱 효과적이라는 것을 발견했다. 그래서 나는 바이오리듬에 맞춰 새벽 2시 30분에 잠들고 아침 7시에 기상하는 스케줄로 전반적인 공부 계획을 구성했다. 집중력이 높은 오전 7시부터 9시까지는 수능 일정에 맞춰 국어 문학과 비문학 공부를 격일로 번갈아 가며 진행하였고, 상대적으로 집중하기 어려운 점심 식사 후에는 사회탐구 과목 중 하나인 '윤리와 사상'을, 저녁 식사 후에는 '생활과 윤리'를 공부했다. 그리고 집중력이 가장 높았던 밤 10시부터 새벽 2시까지는 가장 부족했던 수학 공통 과목과 선택 과목을 일주일 중 7.5 : 2.5의 비율로 나누어 집중적으로 공부했다.

그 어떤 유명한 공부법도 나에게 맞지 않으면 의미가 없다. 그렇다고 다른 공부법들을 모두 무시하라는 뜻은 아니다. 중요한 것은 잘 알려진 공부법도 그대로 받아들이기보다 자신의 바이오리듬과 생활 루틴에 맞춰 수정하여 적용해야 더 높은 성과를 기대할 수 있다는 것이다. 아무리 효과가 좋다고 알려진 공부법이라도 나에게 맞지 않다면 과감히 배제할 줄 알아야 한다. 무엇보다도 나에게 가장 적합한 시간 관리법과 공부 방법을 택해야 성적에서도 유의미한 도약을 이룰 수 있을 것이다. 더욱이, 내가 코로나19 시기를 겪었던 것처럼 입시 기간 중 많은 사람이 위기라고 겁을 주는 순간이 찾아오게 되더라도 그 순간을 기회로 만들면 적어도 나에게만큼은 그 순간은 다시는 잡을 수 없는 소중한 기회의 순간이 되어 있을 것이다. 모든 것은 나의 마음가짐에 달려 있다는 것을 잊지 않길 바란다.

## 공부할 때 가장 위로 되었던 한마디

> "달을 향해 쏴라. 빗나가도 별이 될 테니."
> "꿈을 크게 가져라. 깨져도 조각이 크다."

내가 공부하며 불안감에 사로잡힐 때마다 떠올리던 두 가지 문구가 있다. 하나는 "달을 향해 쏴라. 빗나가도 별이 될 테니"이고, 또 하나는 "꿈을 크게 가져라. 깨져도 조각이 크다"라는 말이다. 입시를 준비하다 보면, 나를 전혀 모르는 사람들이 내 가능성을 함부로 판단하곤 한다. 또, 때때로 나를 무너뜨리려는 수많은 타인의 지적들과 마주하게 된다. 왜인지, 불안할 때는 나보다도 나를 잘 알지 못하는 그들의 말에 사로잡혀 흔들리고 절망하곤 했다. 하지만 나는 그럴 때마다, "달을 향해 쏴라. 빗나가도 별이 될 테니"와 "꿈을 크게 가져라. 깨져도 조각이 크다"라는 말을 다시금 되새겼다. 큰 꿈을 품었던 나에게 그 꿈이 이루지 못할 허황된 꿈이 아니라 비록 빗나가거나 깨지더라도 여전히 빛날 가치가 있는 멋진 꿈이라는 믿음을 심어주었다. 이루지 못할 꿈은 없다. 꿈꾸지 못할 꿈도 없다. 여러분의 가슴을 뛰게 하는 그 꿈을 믿어라. 그리고 여러분의 가능성을 함부로 재단했던 사람들에게, 여러분이 누구인지 당당히 보여주시길 바란다.

입시는 그 누구도 아닌 '나'에게 집중하는 시간이다. 대부분의 학생은 입시를 준비하면서 끊임없이 자신과 다른 학생들을 비교하거나, 그들의 공부량, 꿈, 성적에 초점을 맞춰 자신의 공부 계획을 세우곤 한다. 하지만 되돌아보니, 입시에서 진정으로 집중해야 하는 대상은 바로 '나' 자신이었다.

내가 입시를 하면서 끊임없이 되새겼던 말이 있다. 바로, '두고 봐라, 내가 보란 듯이 해 내보이겠다'라는 다짐이다. 입시에 있어 가장 큰 희열은, 내가 안 될 것이라 단정 지었던 사람들에게 보란 듯이 해낼 수 있다는 것을 증명하는 데 있다고 생각한다. 여러분도 잘 알고 있듯이, '나'를 가장 잘 아는 사람은 바로 나 자신이다. 그리고 내 삶을 끌어 나갈 유일한 주인공도 바로 '나'다. 입시를 준비하다 보면, 나를 잘 알지도 못하는 사람들이 내 목표를 비웃고 가능성을 함부로 재단할 때가 있다. 이때, "그래? 역시 난 안 되겠지?"라며 그들에게 수긍하기보다는 "아니, 네가 잘못 봤어. 나는 이룰 수 있는, 해낼 수 있는 사람이야. 보여줄게"라는 마음을 가지고 자신을 믿어줄 수 있는 단단한 심지를 가지길 바란다. 그들의 근거 없는 비난을 좌절의 계기로 삼지 말고, 오히려 다시 한번 뛰어오를 도약점이자 각성제로 삼길 바란다.

## 서울교육대학교 초등교육과(심화전공 영어교육과) ☆ 강지원

서울교육대학교는 초등학교 교사를 양성하는 교육대학이다. 서울교육대학교에 입학한 학생들은 모두 초등교육과를 전공하게 된다. 나는 수시를 준비했고 학생부종합전형인 교직인성우수자 전형으로 입학하였다.

### ¨ 나만의 용어 만들어 필기하기

내신 공부를 할 때, 교과서에 있는 내용의 중요도를 파악하는 것이 굉장히 중요하다고 생각한다. 따라서 나는 나만의 용어를 만들어 교과서에 표시해 두며 내신 공부를 하였다. 선생님께서 시험에 나올 수 있다고 언급하신 부분은 TANO, 외워야 한다고 언급하신 부분은 MHAH, 그 외 중요하다고 언급하신 부분은 TSO로 표시했다. 별표나 밑줄 등과 구분되는 나만의 용어를 만들어두니 교과서에 공부한 흔적이 쌓여가도 선생님께서 강조하셨던 내용을 한눈에 파악할 수 있었고, 다른 건 몰라도 나만의 용어가 표시된 내용은 절대 헷갈리거나 까먹으면 안 되겠다는 마음가짐으로 공부할 수 있었다. 쉬는 시간에 우연히 만든 나만의 용어는 대학생이 된 지금도 유용하게 사용하고 있다.

## ¨ 안정적으로 1등급 맞는 영어 내신 공부법

나는 교대뿐만 아니라 영어교육과를 희망했던 만큼 영어에 관심이 많았고, 영어는 어렸을 때부터 내가 가장 자신 있어 한 과목이었다. 따라서 영어 공부에는 시간을 거의 투자하지 않고 다른 과목에 집중했다. 하지만 고등학교에 올라와서 급격히 늘어난 시험 범위와 난도 높은 영어 지문을 맞닥뜨리게 됐고 체계적인 영어 지문 숙지 방법이 필요했다. 이렇게 해서 찾게 된 나의 영어 내신 공부법은 다음과 같다.

### °나는 영어 내신 준비를 3주 전부터 시작했다

### D-21

우리 학교의 경우 교과서, 부교재, 모의고사, 수능 특강 지문 등이 시험 범위로 출제되었다. 첫 2~3일은 그냥 반복적으로 읽어주었다. 나는 보통 다른 과목을 공부하기 전에 몸풀기로 10~15분 정도 읽어줬다. 이후에는 지문별로 주제를 한 문장으로 정리해 지문 위에 적어두었고, 지문 내용을 생각하며 지문 읽기를 반복했다. 지문 읽기를 반복할수록 읽는 속도도 빨라졌고, 나중에는 지문의 첫 문장을 읽으면 그 지문이 어떤 내용인지 바로 떠올랐다.

### D-14

2주 전부터 본격적으로 암기를 시작했다. 고등학교는 중학교와 달리 지문의 양이 길어 통 암기는 현실적으로 어렵고 오래 걸리기에 나는 해석본을 두고 이를 영어로 번역해서 읽을 수 있는 수준으로 암기했다. 너무 막막하면 한 본문당 10분의 시간을 갖고 외우고 다음 본문으로 넘어가는 것을 매일 반복하고, 하루 1시간 정도 공부하는 것도 좋다.

*영어에만 시간을 투자할 수 없기에 하루 1시간을 넘지 않는 선에서 공부했다. 지문의 개수가 너무 많을 시 선생님께서 강조하셨던 지문, 까다로운 지문을 우선으로 공부해야 한다.

## D-7

이쯤에서는 다른 과목을 공부하는 데 시간을 더 투자했고, 영어는 암기한 내용을 잊어버리지 않도록 하루 30분 정도씩 계속 암기했다. 자신이 잘 암기하지 못한 부분을 확인하려면 암기한 내용을 써보고 지문 내용과 비교해 보는 게 가장 확실하다. 나는 평가문제집 등을 아예 안 풀고 시험을 봤는데 문제 유형 확인과 취약 부분 확인을 위해서 문제집을 간단히 풀어보는 것도 괜찮다.

## D-1

가장 중요한 시기이다. 나는 우선 해석본을 보고, 내가 외운 본문을 모두 종이에 직접 써봤다.(내가 평소에 어려워했던 지문 순서대로 진행했고 쉬운 지문은 소리 내 읽어보는 것으로 대체했다.) 다음, 내가 쓴 내용을 본문과 하나하나 비교해 보며 다르게 쓴 부분을 표시했다. 특히 문법적으로 틀린 부분은 반드시 확인해 줘야 한다.

**D-DAY**

전날에 써본 종이를 시험장에 가져가서 마지막까지 틀린 부분을 다시 한번 확인해 준다. 나는 개인적으로 서술형을 어느 정도 써놓고 객관식을 풀면 마음이 안정돼서 서술형을 대충 보고 아는 부분은 답을 빠르게 적어주고 객관식을 풀었다. 하지만 분명 처음 봤을 때 안 풀리는 문제가 있을 수 있다. 따라서 나는 서술형 문제에서 오랜 시간 고민하지 않고 5분 경과 시 다 못 푼 문제가 있더라도 바로 객관식 문제로 넘어갔다.

## ·· 매력적인 생기부를 만드는 방법

### °학교 생활을 최우선으로 하기

학교에서 진행하는 다양한 활동에 적극적으로 참여하되, 생기부를 채운다는 생각보다 활동을 통해 배움을 얻는다는 마음가짐을 가지고 진심으로 참여하는 것이 중요하다고 생각한다. 진심으로 참여한 활동은 진로를 구체화하거나 나만의 이야기를 만드는 데 좋은 밑거름이 되어줄 것이다.

나의 경우에도 과제가 주어졌을 때 단순한 자료조사로 끝낸 적도 있었고 더 나아가 공간혁신프로젝트를 적용한 학교의 미래모습 설계, AR 이모지를 활용한 영어 챈트 동영상 제작, 분리수거 보드게임 제작 등 나만의 특별한 활동을 시도해 본 적도 있었는데, 결국 기억에 남고 자소서를 쓸 때 활용할 수 있었던 활동은 후자였다. 덕분에 자소서뿐만 아니라 면접에서도 나만의 성장스토리가 담긴 진솔한 이야기를 할 수 있었다.

학년이 올라갈수록 선택과 집중을 하는 것 역시 중요하다. 나는 1학년 때 관심 있는 분야뿐만 아니라 다양한 분야의 활동에 참여했고 연말에 내가 한 활동을 되돌아보며 인상 깊은 활동 몇 가지를 짚어보았다. 그리고 2학년, 3학년 때 이 활동과 연계된 심화 탐구를 다양한 과목에서 이어갔다. 예를 들어, 나는 1학년 때 국어 시간에 인공지능 관련 지문을 읽고 미래 교육에 대해 발표를 하고, 자율 동아리에서 미래 교육 도구 관련 보고서를 작성하는 등 미래 교육에 대한 관심을 보였다. 미래 교육이라는 키워드를 살려 2학년 때는 팬데믹 시대 교육에 집중해 영어 말하기 대회에서 코로나 시대 교육에 대해 발표하고 자율 동아리에서 디지털교과서를 제작했다. 3학년 때는 온, 오프라인 학습을 결합한 학습 방법인 블렌디드(혼합) 러닝을 적용한 영어 연극 수업 설계 및 연극 대본 제작 등으로 활동을 구체화 및 발전시켰다.

# 공부할 때 가장 위로 되었던 한 마디

> "주변에 휘둘리지 말고, 자신만의 길 걸어가기"

야자시간이나 자습시간에 공부를 하다가 친구들과 포스트잇으로 응원의 쪽지를 주고받으며 서로를 응원해주었던 것, 고등학교 3학년 점심시간에 친구들과 교내를 산책하며 개미들이 집을 짓는 모습을 구경했던 것과 같은 소소한 일상의 행복이 꾸준히 공부할 수 있는 큰 힘이 되어주었다.

고등학교 생활 중 가장 후회되는 점이 있다면 남의 성공 사례를 따라가기 위해 많은 시간을 허비했다는 것이다. 사람마다 자신에게 맞는 공부 방법은 다르고 정답은 없다. 나는 인터넷에 올라와 있는 공부 방법을 찾아보고 이것저것 겉핥기식으로 따라 해보려다가 중간에 포기한 적이 많았다. 부족한 과목의 인터넷 강의를 들을 때에도 수강 후기에 쓰여있는 말들에 휘둘려 여러 선생님의 커리큘럼을 조금씩 시도하다가 건들지도 못한 교재와 강의가 수두룩하다. 공부 방법이나 팁 등을 참고하되 어떤 방법이라도 가장 중요한 것은 본인이 스스로 고민해 보고 학습하는 시간을 늘리고 꾸준히 하는 것이니 외부적인 요소에 너무 의존하지 않았으면 좋겠다. 본인의 가능성을 믿고 끝까지 최선을 다하길 바란다.

### 포항공과대학교 화학과 ☆ 구민재

나는 포항공과대학교(POSTECH) 화학과에 재학 중이다. 포스텍은 소수 정예 이공계 대학으로, 한 학년 정원이 약 370명 정도이기 때문에 학생 개개인에게 다양한 학습 기회와 풍부한 지원이 제공된다. 이러한 환경 덕분에 대부분의 학생이 장학금을 받으며 학업에만 집중할 수 있다.

학생부 종합전형을 통해 무은재학부로 입학하여 1년 동안 일반물리, 일반화학, 미적분학 등의 기초 필수 과목들을 수강하며 다양한 분야를 접하였다. 이 과정에서 화학에 가장 큰 흥미를 느껴, 2학년 1학기 이후에 화학과를 전공으로 선택하게 되었다.

화학은 유기화학, 물리화학, 무기화학, 생화학 등으로 세분화되며, 물질의 구조와 성질을 규명하고 새로운 물질을 창조하는 과정을 연구하는 학문이다. 나는 현재 화학과에서 이러한 다양한 분야를 학습하며, 연구참여 기회를 바탕으로 물질 세계에 대한 깊이 있는 이해를 넓혀가고 있다.

## ¨ 가장 자신 있는 과목, 어떻게 공부했는가

### °수학 3등급, 변화의 시점

나는 파주에 위치한 기숙사형 사립 일반 고등학교에 다녔다. 이 학교는 경기도 단위로 학생을 모집하였으며, 중학교 성적이 상위권이었던 학생들이 많았다. 특히, 고등학교 과정의 수학을 선행 학습한 친구들이 있었지만, 나는 당장 중간고사 범위만 공부한 상태로 고등학교에 입학했다. 첫 학기 수학에서 3등급을 받았을 때, 목표했던 대학에 진학하려면 수학 성적을 반드시 올리겠다고 다짐했다. 이후 유튜브와 입시 사이트를 통해 수능 수학 고득점을 받은 선배들의 공부법을 찾아보기 시작했다. 어려운 문제의 해설 암기하고, 문제풀이 노트 작성하며, 틀렸던 문제를 반복해서 푸는 등 여러 방법을 시도해 보았다. 다양한 공부법을 실천해 보면서, 나에게 가장 잘 맞는 방법을 찾아 나갔다.

### °가장 잘 맞았던 공부방법과 내신, 수능 공부의 핵심

결과적으로 나는 세 가지 방법으로 수학을 공부했다. 어려운 문제 풀이법 암기, 문제풀이 노트 작성, 그리고 틀린 문제 반복해 풀기이다! 고등학교 수학은 성적을 잘 받는 것이 목표라고 생각한다. 모의고사와 수능 기출문제를 반복해 풀다 보니, 어려운 문제라도 기존 문제를 융합하여 복잡하게 출제된 것일 뿐, 대부분 기존 유형에서 크게 벗어나지 않는다는 것을 깨달았다. 쎈, 자이스토리, 수학의 바이블 등 수학 유형서를 공부할 때는 '유형1, 2' 옆에 쓰인 소제목에 주목해야 한다. 반복해서 틀리거나 어려운 문제의 경우, 이 유형별 풀이법을 체득해 두면, 문제를 읽는 순간 '몇 단원〉 어느 유형' 문제인지 파악할 수 있다. 문제의 키워드를 통해 유형을 파악하고, 전에 풀어본 풀이법을 떠올려 적용하는 방식으로 시험에 임했다.

앞의 방법을 시험에서 바로 활용할 수 있도록 수학 공부할 때 '문제풀이 노트'를 작성했다. 틀렸거나 어려운 문제를 정리한 문제풀이 노트에는 다음 사항들을 기록했다.

    i) 단원과 소단원, 해당하는 유형

    ii) 해당 유형 문제의 풀이방법

    iii) 특정 유형임을 알 수 있는 단서, 문제풀이 팁

    iv) 틀린 이유

시험 전에 이 노트를 훑어보고 들어갔을 때, 같은 유형 문제들이 출제되어 기쁜 마음으로 풀었던 경우가 자주 있었다. 이를 위해서는 중간고사나 기말고사 전, 시험범위의 단원과 소단원 제목은 머릿속에 정리해 두는 것이 좋다. 다음 그림은 문제풀이 노트의 예시이다.

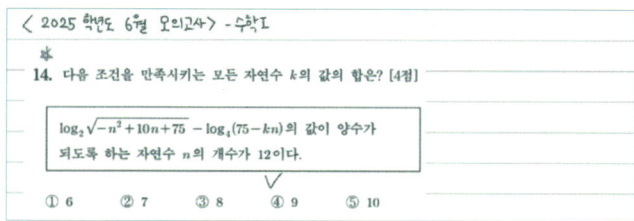

#14

ⓘ 단원 : 수학 I, 1-2.로그 / 유형 : 로그의 성질 및 로그부등식

ⓘ 풀이 방법

① 진수 조건 적용  ※ $\log_a N$에서 $N>0$

$-n^2+10n+75>0 \rightarrow n^2-10n-75<0$ , $(n+5)(n-15)<0$

$\Rightarrow -5<n<15$ ··· 식1

$75-kn>0 \Rightarrow n<\frac{75}{k}$ ··· 식2

② 문제 조건에 따라.

$\log_2 \sqrt{-n^2+10n+75} - \log_4 (75-kn)>0$  ※ 로그의 밑 통일하기 (계산)

$= \frac{1}{2}\log_2 (-n^2+10n+75) = \log_4 (-n^2+10n+75)$

$\rightarrow \log_4(-n^2+10n+75) - \log_4 (75-kn)>0$

$\rightarrow \log_4(-n^2+10n+75) > \log_4 (75-kn)$

$\rightarrow -n^2+10n+75 > 75-kn$

$\Rightarrow 0<n<10+k$ (k는 자연수) ··· 식3

③ 조건 만족하는 자연수 n 개수가 12이므로 ※ k는 자연수 → k개수 한정적이므로 조건 만족시킬 범위의
식1, 식3 → $10+k\geq 12 \rightarrow k\geq 2$   k는 직접 계산해서 구할 수 있음!

식1($-5<n<15$) 식2($n<\frac{75}{k}$) 식3($0<n<10+k$) 모두 만족하는 n 개수.

ⅰ) $k=3 \rightarrow 1\leq n<13 \rightarrow n$  12개 ○

ⅱ) $k=4 \rightarrow 1\leq n<14 \rightarrow n$  13개 ✕

ⅲ) $k=5 \rightarrow 1\leq n<15 \rightarrow n$  14개 ✕

ⅳ) $k=6 \rightarrow 1\leq n<\frac{25}{2} \rightarrow n$  12개 ○

ⅴ) $k=7 \rightarrow \frac{75}{k}<11 \rightarrow$ 만족✕  ✕ (k커질때도)

$\Rightarrow k=3$ 또는 $k=6 \Rightarrow 3+6=9$

ⓘ 틀린 이유 : 로그의 진수조건을 고려하지 못했다.

i)과 관련해 내가 문제를 틀렸던 이유는 크게 세 가지로 나눌 수 있다.

　a) 어떤 방법으로 풀어야 할지 몰라서(처음 보는 유형일 때)

　b) 문제의 유형을 파악하지 못해서

　c) 계산 실수

특히 모의고사나 수능 신유형 문제, 고난이도 문제들은 첫 번째 이

유 a)에 해당할 수 있다. 예를 들어, 자이스토리 문제집의 '1등급 마스터 문제'는 여러 유형의 문제를 혼합하거나 새로운 풀이 방법이 필요한 경우가 많다. 이러한 문제들은 고득점을 목표로 하는 학생들이 집중해야 할 부분이다. 두 번째 이유 b)에 해당하는 경우, i~iv 순서로 문제풀이 노트를 작성했다. 여기서 유형을 알 수 있는 단서는 문제에 제시된 식의 형태, 제시된 도형의 모양 등이 될 수 있다. 이를 해설지를 통해 확인하며, 이 방법으로 문제를 풀기 위해 필요한 정보가 무엇인지 중점으로 생각했다. 주로 복잡한 풀이가 필요한 문제에서 이 항목을 작성했다.

다음에 비슷한 문제를 풀 때 도움이 되도록, 이 문제에서 사용된 식뿐만 아니라 다른 문제에도 적용 가능한 풀이 방법 알고리즘을 만든다는 생각으로 과정별로 번호를 매겨 적어두었다. ii)의 단서나 문제풀이 팁의 경우 문제 풀이과정 중간에 빨간 펜으로 눈에 띄게 표시해 정리하였다. 오답 문제를 고치는 과정은 귀찮을 수 있지만, 이러한 문제들은 앞으로 시험에서 틀릴 수 있었던 문제를 미리 방지하도록 도와주는 귀중한 문제들이다. 나는 오늘 틀린 문제를 다시는 틀리지 않겠다는 마음가짐으로 노트를 작성했다.

### °문제집과 문제풀이 노트의 활용 방법

나는 한 문제를 일정한 시간을 두고 풀다가, 풀지 못하면 별표를 쳐두고 다음 문제로 넘어갔다. 고난이도 문제의 경우, 30분 정도 시도해

보다가 도저히 모르겠으면 해설지를 읽고 문제에 사용된 유형과 풀이 과정을 이해한 후, 다시 덮고 스스로 풀어본 뒤 문제풀이 노트를 작성했다. 틀린 문제 위에는 별표를 표시했고, 한 단원을 다 푼 후에는 별표가 쳐진 문제들만 다시 풀었다.

다시 푸는 문제라도 답이나 풀이 과정을 암기하는 대신, 문제 조건의 단서를 통해 유형을 파악하며 풀려고 노력했다. 그래도 다시 틀린 문제는 별표를 하나 더 쳐두고, 맞을 때까지 반복해서 풀었다. 시험 일주일 전에는 별표가 한 번이라도 쳐진 문제들을 모두 다시 풀어보았다. 시험 직전에는 문제풀이 노트를 훑어보면서, 문제를 틀린 이유를 되짚어보고 어려웠던 유형을 한 번에 파악하며, 시험에서 같은 실수를 반복하지 않도록 다짐했다.

### °수학 공부의 결과

고등학교 1학년 여름방학부터 한 학기 동안 나에게 맞는 방법을 찾아 수학을 꾸준히 공부했지만, 성적 향상은 즉시 나타나지 않았다. 그러나 포기하지 않고 고1 겨울 방학 때 고2 1, 2학기 과목인 수학 II, 미적분을 동시에 공부하며 매일 4~7시간씩 수학에 집중했다.

그 결과, 모의고사 고난이도 수준 문제의 증명과 풀이 위주로 출제된 2학년 1학기 교내 수리논술대회에서 1등을 수상했다. 또한, 2학년 2학기 미적분과 3학년 수학에서 내신 1등급을 받았고, 교과우수상을 받을 수 있었다. 이처럼 수학 성적과 수상 경력 덕분에 목표했던 대학인 포항공대에 합격할 수 있었으며, 나의 입시에 가장 큰 영향을 미쳤던 과목이라고 생각한다.

## 공부할 때 가장 위로 되었던 한 마디

> ### "가장 깊은 밤에 더 빛나는 별빛"

고등학교 3학년 때, 매일 열심히 노력하고 있는 것 같지만 성과가 눈에 보이지 않아 불안함이 컸다. '과연 내가 성장하고 있는 걸까?'라는 걱정이 항상 뒤따랐다. 그런 불안한 마음을 달래기 위해 쉬는 시간에 BTS의 노래를 자주 들었다. 특히, 〈소우주〉의 가사 중 "가장 깊은 밤에 더 빛나는 별빛"이라는 문장을 들으면서, 언젠가는 노력의 결실이 빛을 발할 것이라는 생각이 들어 큰 힘이 되었다.

앞에서 설명한 방법 내가 공부했던 방법이기 때문에 수학을 어떻게 공부할지 모르겠다고 생각하는 학생들이 참고해 시도해 보면 좋겠다. 나는 평범한 학생이었지만 매일 7시간씩 자면서도 남는 시간 잘 활용해 꾸준히 노력하며 고등학교 때 원하는 목표를 이룰 수 있었다. 여러분도 하루하루 성실히 공부하다 보면 원하는 대학에 합격하는 순간을 맞이할 수 있을 것이다. 자유로운 대학 생활을 상상하며 열심히 공부하고, 그 성취를 현실로 누리길 바란다.

# 신은 선물을 줄 때, 시련이란 포장지에 싸서 준다

## 서울교육대 초등교육학과 ☆ 김민서

 현재 서울교육대학교에 재학 중이며, 초등교육학부 내 교육학과가 나의 전공이다. 많은 사람이 모르겠지만, 교육대학교에는 다양한 심화 전공이 존재한다. 나는 그 중 교육학에 관심이 있어 위의 전공을 선택했다. 교육학과는 교육학에 관한 이론적 기초를 토대로 교육 현장에서 자신의 역량을 발휘할 수 있도록 공부하는 전공이다. 구체적으로 아동 심리, 교육 과정과 교육 환경에 대한 지식을 얻을 수 있다. 재수했지만 수시로, 교직 인성 우수자 전형으로 합격했다. 위 전형은 지원자가 교직이 적성에 맞는지 판단하여 합격 여부를 결정하는 전형이다. 생활기록부, 면접 그리고 수능 최저까지 모두 반영한다.


## ¨ 성적 때문에 꿈을 포기해서는 안 된다

　나의 공부법 이야기를 하기에 앞서, 독자분들은 공부를 왜 하는지 묻고 싶다. 아마 대부분 목적 없이, 사회적으로 모두가 하기에 공부하고 있다고 답변할 것이다. 나도 마찬가지였다. 중학교 때까지 그저 남들이 하고, 어른들이 해야 한다고 말씀하셔서 공부했다. 하지만 한 가지 다른 생각을 했다. 나중에 내가 꿈을 발견했을 때, 성적이 부족해서 하고 싶은 걸 포기하는 일은 없어야 한다는 생각이었다. 실제로 중학교를 지나 고등학생이 되는 시기에 진로 고민을 할 때, 내가 가장 행복한 순간이 언제인지 생각하게 되었다. 누군가에게 좋은 영향력을 주고, 나를 통해 누군가 성장하는 걸 보고, 이를 기억하는 게 제일 즐겁다고 느껴졌다. 그리고 이를 바탕으로 나의 꿈을 찾았다. 누군가에게 추억을 선물해 줄 수 있는 교사가 되어야겠다고 다짐했다. 이전에 했던 '성적 때문에 꿈을 포기해서는 안 된다'라는 생각 덕분에 난 꿈을 이루기 위해 더욱 노력했고, 원하는 학교에 진학하게 되었다. 그러기에 여러분도 나와 비슷한 생각을 하면서 공부에 최선을 다하면 좋겠다.

서울교육대학교 수시는 생활기록부, 내신 성적, 수능 최저를 모두 챙겨야 했기에 시간 관리가 중요했다. 생활기록부는 한 학기가 끝날 때마다 검토했고, 교과는 시험 기간 한 달을 잡고 준비했다. 수능은 내신 준비 기간인 한 달 외 모든 시간을 투자했던 것 같다. 비교과, 교과, 수능 세 개의 균형을 맞추는 것이 제일 중요하다. 이제 하나하나 짚어가며 교과, 비교과, 수능을 한꺼번에 잡을 수 있었던 나의 이야기를 시작해 보겠다.


내가 거주하고 있는 지역 특성상 나의 내신 성적은 다른 학생들에 비해 부족했다. 그래서 비교과에서 다른 이들과 차이점을 만들어야 했다. 고등학교 1학년엔 내신 관리에 힘을 많이 쏟았다. 그리고 비교과 부분에선 자신이 가고 싶은 분야를 정하고, 더 세부적인 내용으로 가지치기하며 구체화하는 시간을 가졌다. 예를 들어 심리학이 나의 관심 분야이다. 그러면 심리학 중 범죄 심리학, 교육 심리학으로 가지치기하며 더 자세히 그 분야를 알아보는 것이다. 앞으로 어떤 식으로 생활기록부를 채울지, 특정 분야의 어떤 것에 가장 관심이 가는지 알아볼 수 있다. 이렇게 이야기하면 몇몇 사람들은 분야를 세부적으로 고르기 어렵다고 할 것이다. 하지만 스스로 대화를 해보거나, 관련 도서를 읽거나, 친구들과 대화를 해본다면 자신이 특히 어떤 것에 흥미가 있는지 알 수 있을 것이다. 나는 친구들 고민 상담 들어주는 것을 좋아했다. 고등학교에 들어와서도 고민 상담을 많이 해주었는데, 당시 대부분 친구들의 고민이 현실의 벽 때문에 자신의 꿈을 포기한 것이었다. 우울해진 친구들을 보며 마음이 아프고, 한동안 '왜 현실의 벽이 높아졌을까?'라는 의문이 해결되지 않았다. 단순한 안타까움이 고등학교에서 진행한 진로 포트폴리오 대회를 통해서, 진로 교육에 관한 관심으로 발전했다. 이때 나는 생활기록부 핵심 키워드를 교육 분야에서 진로 교육으로 특정할 수 있었다. 고등학교 2학년도 마찬가지로 내신 성적 올리는 것을 바탕으로 한 뒤, 1학년 때 만든 나만의 관심 분야, 진로교육과 관련된 활동들을 생활기록부에 담으려고 노력했다. 어느 과목이든, 수행평가를 내주시거나 발표할 기회가 한 번쯤은 있을 것이다. 이때 최대한 나의 관심 분야를 드러내야 한다. 너무 억지로 엮을 필요는 없으나, 가능하다면 어필해야 한다. 난 수학 과목에서 《평균의 종말》이라는 책을 활용하여 수준별 교육의 한계, 진로 교육에서 발견한 평균의 모순 내용을 다뤘다. 고등학교 3학년은 이제 생활기록부가 정리가 되어야 할 때이다. 생활기록부는 고등학교 생활 축약본이자, 나만의 이야기이다. 그리고 나만의 이야기를 완성하기 위해선 스스로 잘 파악하고 포장해야 한다. 나로 예시를 들자면, 성적이 우상향 곡선을 이루고 있었다. 그래서 성장을 나의 생활기록부 키워드로 잡았다. 실제로 내가 꿈을 갖게 된 큰 이유도 누군가를 성장시키고자 하는 욕구가 있었으니, 내가 스스로 성장해 본 경험도 중요하다고 생각했다. 이를 어떻게 생활기록부에 녹여낼 수 있을지 고민했다. 고민 끝에 윤리와 사상 과목의 교육 사상가와 연관 지어 수행평가 일부로 '성장하는 나'라는 보고서를 제출했다. 부족했던 1학년의 성적을 성장이라는 단어로 포장했던 것이다. 그렇게 앞에서 이야기했던 키워드인 '진로 교육'과, 새로운 키워드 '성장'을 가지고 나는 생활기록부를 마무리했다. 눈에 띄는 나만의 생활기록부를 만들기 위해선 키워드를 설정하는 것이 제일 중요하다. 이를 위해 학생들은 자신과 대화하는 시간을 갖고, 자신을 잘 파악하고 있어야 한다. 또한 한 학기가 마무리될 때마다 지난 학기를 되돌아보고 자신이 놓친 것이 없는지, 생활기록부에 누락된 것은 없는지 지속해서 관심을 두고 점검하는 것이 중요하다. 나의 경우, 핸드폰 캘린더에 내가 한 활동들을 기록해, 학기 말에 생활기록부와 비교해 보는 방법을 사용하였다.

교과 같은 경우, 진부하겠지만 선생님의 수업에 집중하는 것이 제일 중요하다. 결국, 내신 시험은 학교 선생님께서 중요하다고 강조하시는 부분이 나온다. 그래서 학교에서 주는 프린트, 교과서 지문 중 반복하여 말씀하는 것을 수업 시간에 정리해 둬야 한다. 영어는 지문을 여러 번 읽으며 암기했다. 국어나 사회처럼 선생님께서 주관적으로 해석할 수 있는 과목들은 노트 정리를 해두고, 혼자 공부하다 선생님과 다른 의견이 생기면 주저 없이 선생님께 질문했다. 수학은 내가 공부하기 제일 힘들어했던 과목이다. 수학 개념을 이해하는 것이 어려웠고, 어떤 문제에 어떤 문제 풀이 방식을 사용해야 하는지 몰랐다. 과거에 난 문제 풀이를 통해서 개념을 익히는 경우가 많았다. 하지만 이는 개념을 제대로 이해하지 않은 것이기에, 조금만 문제가 어렵게 나오면 문제를 틀릴 수밖에 없었다. 이를 극복하기 위해서 개념 정리하고, 그 개념과 관련된 공식들을 노트에 모두 작성하였다. 작성된 노트를 들고 다니며 계속 암기하니 자연스럽게 개념들을 이해하게 되었고, 성적 향상에 많은 도움이 되었다. 또한 오답이 나온 문제를 내 것으로 만들기 위해, 문제집을 찢어 틀린 문제를 들고 다니며 풀이 방법을 생각해내려고 수시로 봤다. 그리고 문제집을 완벽히 이해하려고 한 문제집만 3번 넘게 반복하여 문제 풀었다. 이렇게 공부했더니 문제 유형만 보고도, 어떤 방법으로 문제를 풀어야 할지 떠올릴 수 있었다.

## ¨ 시간 관리와 멘탈 관리

수능 공부에서 내가 강조하고 싶은 것은 시간 관리와 멘탈 관리이다. 수능 공부는 단순히 벼락치기로 가능한 것이 아니다. 꾸준한 노력을 통해서만 자신의 본실력이 수능 날 발현될 수 있다. 매일 일정한 시작하는 시간에 일어나, 수능 과목 교시에 맞춰 공부해야 한다. 즉 몸을 수능에 익숙하게끔 해야 한다. 난 모의고사를 풀 시기가 아니라, 개념 공부를 할 때에도 수능 시간표에 맞게 공부하며, 몸이 그에 최적화될 수 있도록 공부 과목을 루틴화했다. 즉 수능 시간표를 체화하는 것이 나의 목표였다. 수능 공부를 처음 시작했을 때, 시간표대로 공부하는 것이 힘들었다. 그래서 억지로라도 시간표대로 공부하기 위해 플래너를 활용했다. 플래너에 수능 시간표대로 과목과 할 일들을 작성한다. 오전 시간에는 꼭 국어, 수학 순으로 공부한다. 점심을 먹은 뒤, 목표했던 국어, 수학 공부를 다 하지 못해도 무조건 영어, 사회 공부하는 것을 습관으로 만들었다. 수능 시간표대로 공부하고 남는 시간에 내가 이전에 못했던, 부족한 과목을 더 공부하는 것이다. 이렇게 플래너를 활용하니 수능 시간표를 체화하는 데 많은 도움이 되었다. 또한 모의고사를 여러 번 풀어보며, 시험 보는 중간에 발생할 수 있는 시간 관리 문제들을 미리 경험해 보라고 조언하고 싶다. 예를 들어, 비킬러 문항에서 시간이 예상보다 오래 걸리면 어떻게 할지 사전에 경험 및 생각해 보며 대응책을 구현해 놓는 것이 좋다.

나는 수능 공부를 하며 정신적으로 매우 힘들었다. 위에서 언급했다시피 수능은 한 달 공부해서 볼 수 있는 시험이 아니다. 그래서 여러 달 동안 비슷한 생활을 반복하며 공부해야 한다. 난 이 일상이 가끔 버겁고, 지루하고, 도망치고 싶다는 생각이 들었다. 이렇게 도피하고 싶다는 생각이 들 때마다 딱 30분 맛있는 음료수를 마시며 산책하는 해결책, 일주일 중 하루 정말 먹고 싶었던 음식점에 가 외식하는 해결책 또는 카페에서 매일 다른 음료를 시켜 먹는 등 생활의 변화를 주려 노력했다. 또한 수능을 준비하며 막연한 불안함과 두려움이 몰려올 때가 있었다. 대부분의 불안감과 두려움은 지금 하는 노력, 공부가 실전에서 활용 못 하진 않을지, 생각지 못한 변수가 발생하진 않을지에 대한 걱정으로부터 시작되었다. 이를 해결하기 위해 여러 가지 방법을 시도해 보았는데, 가장 효과적이었던 해결법은 스스로 매일 '한만큼 나온다'며 말해주고 책상 앞에 써놔 의식적으로 보려 한 것이다. 그리고 수능장에 가서 볼 편지를 썼던 것이다. 수능장에 들어가자마자 분위기에 압도되어 불안감이 올라올까 봐 사용했던 방법이었다. 편지에 '네가 걱정하는 것은 사실 아무것도 발생하지 않을 거고, 결과는 정해져 있어. 네가 지금까지 노력한 것 그대로 나올 거야.'라 작성했다. 이는 날 스스로 안심시킬 수 있었던 좋은 방법이었다.

비교과, 교과, 수능을 모두 준비하는 것이 시간상 정말 여유롭지 않다. 그래서 자투리 시간을 이용해 공부 시간을 확보했다. 밥을 먹을 때, 생각 없이 암기할 수 있는 영어 단어를 매일 30개씩 외웠다. 밥 먹는 시간도 딱 15분으로 정해두고 단어장만을 바라보며 식사했던 것 같다. 그리고 이동 시간을 활용했다. 학교 내에서 이동할 때나 집에 갈 때, 노트 정리한 것들을 입으로 여러 번 소리 내어 읽으면서 암기했다. 생각보다 밥 먹는 시간이나 이동 시간이 적어 보이더라도, 남들이 그냥 쉴 때 조금이라도 한 공부가 쌓이면 남들과 격차를 만들 수 있다는 마인드로 공부했다.

## 공부할 때 가장 위로 되었던 한 마디

> "결과는 정해져 있다."
>
> "신은 선물을 줄 때, 시련이란 포장지에 싸서 준다."

위에서 언급했다시피 나는 시험 당일 컨디션, 모종의 이유로 그동안에 했던 노력이 의미 없어지게 되는 것을 매우 두려워했다. 즉 나의 노력과 결과가 일치되기를 바랐다. 이런 나에게 '결과는 정해져 있다'라는 문장은 큰 힘이 되어주었다. '나의 노력이 의미가 없진 않을까?' 하는 불안감이 올라오면 난 스스로 위의 문장을 되새김했다. 신기하게도 심호흡하면서 위의 내용을 반복해 내뱉었을 때, 마음이 안정되면서 다시 공부에 집중할 수 있었다. 그리고 공부를 너무 하기 싫어도 위 문장을 생각해 보면 지금 공부하지 않으면 결과는 좋지 않을 거란 결론이 나온다. 그래서 억지로라도 공부를 할 수 있게 도와주었던 것 같다. 그리고 두 번째 힘이 된 말은 '신이 인간에게 선물을 줄 때, 시련이란 포장지에 싸서 준다'라는 문장이다. 이 문장은 수험생활 도중 너무 힘들어 포기하고 싶었을 때, 우연히 본 유튜브 영상에서 나온 것이었다. 누구나 공부하다 보면, 갑작스럽게 좌절하게 되는 순간들이 찾아온다. 하지만 중요한 것은 좌절의 순간이 찾아온 뒤 내가 보이는 태도이다. 그저 무너질 것인지, 아니면 이겨내 그 뒤에 찾아올 행복을 마주할 것인지, 내가 좌절감을 느낄 때마다 '신은 시련이란 포장지에 선물을 숨겨서 준다'라는 문장은 시련을 극복하고, 얼마나 큰 선물을 받을지 기대하게 되었다. 그래서 난 항상 이 문장을 생각하며 힘을 얻고 다시 공부할 수 있었다.

마지막으로, 현재 그리고 앞으로 자신의 미래를 위해 열심히 노력하고 있을 수많은 학생들에게 이야기해주고 싶은 것이 있다. 목표를 세우고 묵묵히 해내자. 맨 처음에도 이야기했지만, 공부할 때 목표가 있어야 한다. 이루고자 하는 것이 있어야 그만큼 노력을 가할 마음이 생긴다. 아직 꿈이 없는 학생들이 많을 것이다. 그러면 특정 학과가 아니더라도 가고 싶은 학교라도 설정하는 걸 추천한다. 목표를 세우고 난 뒤, 부끄럽더라도 가족에게만이라도 자신의 목표를 소리 내어 말해보는 것이 좋다. 목표를 써서 책상 앞에 붙여놔 매일 의식적으로 보는 것도 효과적이다. 나의 목표를 다른 이들에게 이야기한다면, 무의식적으로 목표를 의식하게 되고 이를 이루려는 생각이 더 강해진다. 목표를 다 정했다면 진득하게 목표를 달성해야 한다. 물론 공부라는 것이 절대 쉽지 않다. 그래도 우린 해낼 수 있다. 중간에 도망치고 싶고, 포기도 하고 싶을 거다. 나도 마찬가지였다. 회피하지 말고, 힘들어도 묵묵히 잘 해낼 수 있을 거라 믿는다. 나도 했기에 독자 여러분들도 할 수 있을 것이다. 나의 작은 학습 경험이 이 책을 읽은 많은 학생분들에게 큰 도움이 되길 바란다. 다들 자신의 꿈을 모두 이루길.

## 고려대학교 정치외교학과 ☆ 김보미

 현재 고려대학교 정치외교학과에 재학 중이다. 고려대학교 정치외교학과에서는 크게 정치사상, 비교정치, 국제정치 등에 대해서 배운다. 정치사상은 로크, 루스 등의 서양 정치사상가들 공자, 맹자 등의 동양 정치사상가들에 대해서 배운다. 비교정치는 정치 사상과 국제정치를 제외한 모든 부분으로 각 나라의 정치체계 비교, 입법과정, 정부 등 다양한 과목으로 구성돼 있다. 국제정치는 국제관계, 국제기구, 나라 간의 갈등에 대해서 배운다. 이 세 가지 분야 중 특히 국제정치에 관한 관심이 중학교 때부터 있었다. 나라 간의 분쟁과 전쟁에 대한 뉴스가 흥미롭게 다가왔다. 자연스럽게 국제 분야에 대한 관심을 가지기 시작했고 외교관이라는 꿈을 꾸게 되었다. 꿈을 이루고 국제정치학에 대해서 더 공부하고 싶어 정치외교학과에 진학하게 되었다.

## ¨ 공부를 열심히 한 이유

확실한 목표와 꿈이 공부의 원동력이 되었다. 확실한 목표와 꿈이 없었다면 고등학교 시절 겪은 실패를 극복하지 못했을 것 같다. 나의 꿈이자 목표는 정치외교학과에 진학하여서 장차 외교관이 되는 것이었다. 중학교 때 국제뉴스를 접하게 되면서 자연스럽게 국제 이슈와 국제정치에 관해 관심을 가지게 되었고, 이와 관련된 '외교관'이라는 직업이 매력적으로 느껴져서 꿈으로 설정하게 되었다. 우리나라를 대표하여서 세계 무대에서 활약하고 다양한 나라의 대표들과 협상할 수 있다는 점이 멋있었다. 이러한 목표가 있었기에 넘어져도 다시 일어날 수 있었다. 예를 들어 고등학교 시절 내내 수학을 제일 못했고 이에 대한 자신감이 아주 부족했다. 결과적으로 고1 때 수학 내신에서 3-4 등급을 받았다. 여기서 수학을 포기할 수도 있었지만 확고한 꿈을 이루고자 하는 의지가 있었기에 수학 공부를 더욱더 열심히 하였다. 실패를 자극제로 삼아서 방학 때 교과목 중 수학에 가장 많이 투자하였고 문제를 반복적으로 풀며 문제 유형을 익히려고 했다. 이후에 심화 문제도 꾸준히 도전하면서 수학 실력을 키워 나갔다. 결과적으로 고2 2학기 때 2등급을 받을 수 있었다. 여러분도 확실한 목표와 꿈을 설정하고 공부를 하면 좋겠다. 확실한 목표를 설정하면 이를 이루겠다는 의지가 발생하고 이 의지를 통해서 공부하기가 싫고 힘들어도 버틸 수 있다. 그리고 무엇보다 성적이 낮게 나오고 좌절할 때 다시 일어설 수 있게 도와주는 힘이 된다.

## ¨ 나만의 필기법

'필기'하면 무엇이 생각나는가? 보통은 노트나 교과서 등에 수기로 작성하는 모습을 떠올릴 것이다. 하지만 나는 이와 다르게 필기를 주로 노트북으로 했다. 노트북으로 암기과목에 대한 정리본을 만들었는데, 직접 손으로 쓰는 대신 노트북으로 타자를 치니 손이 덜 아팠고 시간을 절약할 수 있었다. 워드, 한글을 이용해도 되고 구글 문서를 이용하면 핸드폰, 아이패드에서도 쉽게 볼 수 있어서 좋았다. 그리고 문서를 pdf로 변환해서 아이패드 굿노트로 위에 필기나 형광펜을 치면서 공부하기도 하였다.

**사회계약설**

| | 홉스 | 로크 | 루소 |
|---|---|---|---|
| 시대배경 | -17C 초중반→ 유럽 대륙이 30년 전쟁으로 혼란스럽던 시기<br>-영국 청교도 혁명& 왕정복고 | -17C 중후반, 영국 청교도 혁명 & 명예혁명<br>-입헌군주론이라는 시대적 한계를 지님<br>-당시 의회파 지지 윌리엄 왕 지지 | -18C 중반, 프랑스 혁명의 분위기가 무르익던 시기 |
| 인간의 본성 | -성악설<br>-권력 추구 욕망<br>→ 무엇이 자기 욕망을 충족하는지 숙고한후 행동함<br>-정념(passion): 욕구, 혐오로부터 발생(ex: 희망, 절망, 공포, 용기)<br>-숙고: 이런 욕구와 혐오, 공포등이 그 일을 실행에 옮기거나 혹은 포기할 때까지 계속될 경우 그 정념(정념의 연쇄)<br>-의지: 숙고에 있어서의 마지막 욕구<br>-이성: 자연법은 이성에 의해 발견된 규칙<br>→ 도구적 이성을 갖함<br>-권력: 명예나 가치도 권력으로 환원<br>-어떤 역할을 수행할 것인지를 결정하는 것=권력 자질x | -tabula rasa(백지로 태어나서 경험에 의해 인격 형성)<br>-재산 추구 욕구<br>-재산권<br>-자유의지<br>-노동가치설: 자신의 노동이 첨가된 것에 대한 권리가 있음<br>-이성: 인간이 자신의 의지에 따라 행동할 수 있는 자유는 이성을 가지는데 근거 | -성선설→ 문명에 의해 타락<br>-자기보존욕구: 특수의지의 근원<br>-동정심: 우리 동포가 죽거나 고통 당하는 것을 보면 자연스럽게 혐오감을 느낀다는 원리<br>-자유의지 |
| 자연 상태 | -전쟁 상태, "만인에 대한 만인의 투쟁"<br>-모든 사람이 평등 = 모든 사람은 각자 타인에게 똑같이 위협적인 존재=누구도 타인의 공격으로부터 안전할 수 없음<br>Ex) 국가 간의 대립, 일상생활 속 문단속(자연 상태의 흔적이 남아있음) | -취약성을 갖는 목가적 상태(취약성을 갖는다=아예 갈등 상황이 없는 것은 아님)<br>-자연법의 지배를 받음<br>-재산권과 집행권(처벌권, 손해배상청구권) 보유<br>-평등하고 자유로운 상태<br>-근거: 아메리카 인디안 -> 자연 상태 | -평등의 평화 상태<br>→ 불평등 (농업, 야금술, 화폐 때문) : 잉여 생산물의 불평등적 분배, 빈부격차가 심해짐, 계속 갈등 발생<br>→ 전쟁 상태 |
| 사회계약 | -자연상태에서 각자가 가지는 자기보존과 자기 이익을 무제한적으로 추구하는 권리인 자연권이 혼란의 주범 | -대의민주주의 모델<br>-자연법 위반자 처벌과 손해 배상 받는 자 연법 집행권이 혼란과 갈등의 근원00> 자 | -직접민주주의 모델<br>-자기 인신과 이를 통해 얻는 소유물 및 이에 관한 권리가 갈등의 원 |

예시를 통해서 더 구체적으로 살펴보자면, 위 사진은 고2 때 정치와 법에서 사회계약설에 대해 배우면서 정리했던 것이다. 워드에서 표를 만들어서 홉스, 로크, 루소의 사회계약설의 특징을 적었고 이를 pdf 파일로 변환해서 아이패드에서 보면서 공부를 하였다. 손 필기를 했을 때와 다르게 가독성이 좋고 깔끔하게 정리를 할 수 있다는 부분이 장점이다. 그리고 문서로 필기할 때 팁을 주자면 필기를 나열하는

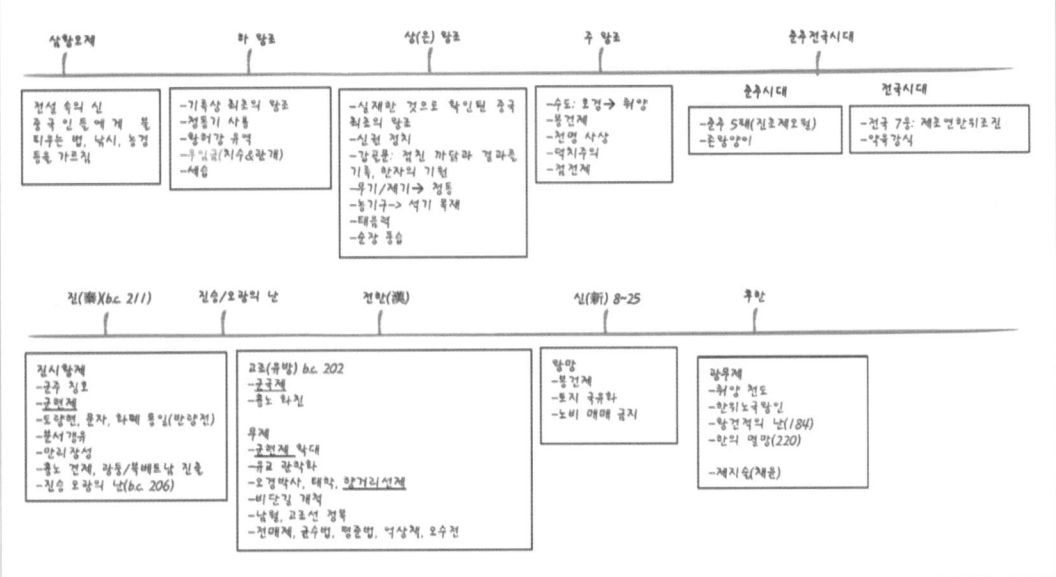

형식으로 정리하기보다는 위 사진처럼 표로 정리하는 것을 추천한다. 필기하는 내용을 한눈에 정리할 수 있고 정보들을 체계적으로 암기할 수 있기 때문이다.

역사 시간에도 이 필기법을 적극적으로 활용하였다. 역사 과목에서는 사건이 일어난 순서를 외워야 하는 경우가 많아서 타임라인을 항상 제작했다. 발생한 사건들이 많고 범위가 넓으면 손으로 타임라인을 제작하기 어려운 경우가 있는데 이를 문서로 작업하니 더욱 편했고 한눈에 사건 순서들을 정리할 수 있어서 좋았다. 여러분도 문서로 필기하는 것을 시도해 보길 바란다.

# 공부할 때 가장 위로 되었던 한 마디

> "우리는 너를 계속 지켜봐 왔는데,
> 많이 노력하고 열심히 했으니 잘할 거야!"

나는 미래에 대한 걱정이 많고 불확실한 미래에 대해 불안감을 많이 느꼈던 학생이었다. 그래서 항상 내신 시험이나 모의고사를 보기 전에 많이 긴장했고 시험 결과를 받고 나서 좌절을 하기도 하였다. 하지만 부모님과 친구들 덕분에 힘든 수험생활을 버틸 수가 있었다. 특히 부모님이 불안하고 걱정이 많았던 나에게 도움이 많이 되었는데, 실패에서 극복하고 긍정적으로 생각하는 방법을 알려주셨다. 시험 점수로 인해 좌절하고 있을 때면 "이미 지나간 시험이니 지금 와서 후회한다고 아무것도 달라지지 않아. 이제 점수를 수용하고 앞으로 어떻게 공부할지에 대해서 고민하자"라고 이야기를 하셨다. 이미 지나간 과거에 연연해하며 미래에 대해 걱정하던 나에게 실패를 딛고 올라가는 데 도움이 많이 되었다. 또한 시험 전에는 수학과 같이 항상 시험 점수를 낮게 받았던 과목에 대해서는 자신감이 부족하고 긴장이 특히 많이 되었는데 "열심히 공부했으니까 잘할 거야. 넌 할 수 있어"라고 응원을 계속하셨다. 나도 스스로 '할 수 있다'고 세뇌를 하고 부모님께서도 아낌없는 응원과 지지를 보내주셔서 많은 도움이 된 것 같다. 친구들도 내가 성적이나 시험으로 인해 스트레스를 받을 때면 "우리는 너를 계속 지켜봐 왔는데, 많이 노력하고 열심히 했으니 잘할 거야!"라고 응원하고 위로해 줬다. 친구들도 수험생활을 보내느라 힘들었을 텐데 항상 응원해 주고 지지해줘서 고마웠다. 여러분도 주변의 사람들에게서 응원과 지지를 받아서 힘냈으면 좋겠다!

할 수 있다고 생각하고 나 자신을 믿으라고 조언해 주고 싶다. 입시에는 실력도 따르지만, 실력이 100% 발휘되기 위해서는 건강한 마인드셋과 자신감이 필요하다고 생각한다. 실패를 한번 겪었다고 좌절하시지 않기를 바란다. 누구나 학창 시절 때 실패를 겪기 마련이고 중요한 것은 '어떻게 극복해 나가느냐'이다. 과거에 집착하지 말고 미래를 생각해 보며 자신이 무엇이 부족한지 어떻게 개선해나갈지 계획을 짜는 것이 중요하다. 또한 구체적인 목표와 꿈을 설정하시길 바란다. 목표는 공부하는 데에 있어 원동력이 되고 동기부여가 된다. 힘든 상황에서도 공부를 계속하게 도와주기에 자신의 관심 분야에 대해 탐구를 해 보고 목표를 설정해 보시길 바란다. 모두 입시에서 성공하길 바로 항상 응원한다!

# 열매 속을 들여다보기 전에는 속 꽃을 피웠는지 알 수 없는 무화과처럼

**고려대학교 국어교육과 ☆ 김보민**

누구나 지난날을 돌아보았을 때 '인생의 명장면'이 있다고 한다. 그때의 공기, 온도, 습도가 마치 녹화를 해놓은 듯 생생하게 떠오르는 그런 순간. 나는 한양대학교 최초 합격을 확인한 순간이 그런 명장면이었다. 2023년 12월 14일, 한양대학교 국어교육과 최초합격자 김보민이라고 적혀있는 합격 증서를 받은 열아홉의 김보민. 고작 5명만 뽑는 학생부종합전형에 지원한 나로서는 지난 3년의 노력과 고생을 고스란히 보상받은 듯하였던 그때를 잊지 못한다.

부산 끝자락에 있는 동네에서 서울에 있는 소위 명문대에 합격하는 것은 엄청난 일이었기 때문에, 사람들은 내가 대단한 모범생이었을 거라 넘겨짚을지도 모르겠다. 그러나 고등학생 김보민은 그런 '전형적인' 모범생과는 거리가 먼 학생이었다. 그리고 그것이 제가 학생부종합전형에서 빛을 발한 이유기도 하다. 지금부터 그 이야기를 보다 자세히 해보고자 한다.

아침 7시에 등교해서 수업과 야자를 거쳐 저녁 10시가 되어서야 집에 가는 흔한 고등학생의 삶, 우리 모두에게 낯설지 않을 것이다. 체력적으로도 정서적으로도 한 공간에 15시간 동안 앉아 있으면 지치기 마련이다. 나 또한 고등학교 첫 등교일에 집에 오는 봉고에서 힘들어 울던 게 또렷이 기억난다. 중학생의 나는 학교에서 친구들과 만나 놀고 공부하던 게 정말 행복했었다. 그런데 한순간에 녹록지 않은 고등학생의 현실에 던져진 열일곱의 김보민은, 이렇게 하루하루가 힘들기만 하면 분명 버틸 수 없겠다는 것을 깨달았다. 그 후로 모든 학교생활을 최대한 '재밌게' 하겠다고 다짐했다.

급장을 도맡고, 여러 가지 학급 이벤트를 기획하였다. 이는 비단 비교과 활동에만 국한되지 않아 학업적 역량에도 영향을 미쳤다. 교무실을 뻔질나게 드나들며 쓸데없는 질문을 일삼곤 했기 때문이다.

음운 규칙에 대해서 배우면 그 예외 사례들을 기어코 찾아내어 정리하고, 문제에서 발췌하여 나온 문학 작품은 전집을 찾아 읽기 일쑤였다. 수학 문제도 네댓 개의 풀이법을 찾아내어 증명식을 작성하였고, 사회문화 시간에 배운 내용을 가지고 밈을 활용한 릴스를 찍어댔다. 요약하자면 교과서에는 없고 수능엔 나올 리 없는 그런 것들을 틈틈이 즐기며 지냈다. 시간이 흘러 고3이 되고 대입을 준비할 시점이 되니, 이것들은 고스란히 생활기록부에 남아 엄청난 자산이 되어주었다. 단순히 재밌게 살고 싶어서 쏟아내던 에너지가 대입에 가장 매력적인 요소가 되었던 것이다.

그러나 '즐거운 입시'라는 말만큼 어색한 게 없듯이, 저도 밝고 행복하기만 한 3년을 보낸 건 아니었다. 어쨌거나 수험생이라면 내신을 신경 써야 했기에, 누구보다 치열하게 공부하고 노력하였다. 카페인 음료를 입에 달고 살았고, 밥과 잠도 종종 걸렀기 때문에 건강은 점점 망가져 갔다. 저보다도 더 많은 문제를 풀고 더 늦게까지 스터디카페에 남아있는 친구들이 수두룩했기 때문에 아무리 열심히 해도 안심할 수 없었던 것 같다.

2024년 6월, 한국에서 〈인사이드 아웃 2〉가 개봉하였다. 영화를 보지 않으신 독자분들을 위하여 간단히 내용을 설명하자면, 사춘기가 된 10대 소녀 라일리가 불안, 당황, 부러움, 무기력과 같은 섬세한 감정들을 맞이하며 생기는 일들을 다루고 있다. 그중에서도 '불안함'이라는 감정에 초점을 맞추어 전개되는 이야기는, 라일리의 "I'm not good enough(나는 아직 부족해)"라는 목소리를 중간중간 들려준다. 이 영화를 보며 저는 대입을 준비하던 수험생 김보민이 떠올라 눈물을 멈출 수 없었다. 수험생활 나는 학년이 올라갈수록 불안함을 원동력 삼아 하루하루를 지내곤 했다. "지금 내가 아무것도 하지 않으면 뒤처지고 말거야…"라는 생각만 하면 쉬고 싶어도 그럴 수 없었었다.

흔히들 입시를, 특히 학생부 종합전형을 수시에 비유하곤 한다. 3년 동안 생활기록부를 꾸려 나가고 내신을 챙겨야만 원하는 종착지에 도달할 수 있기 때문이다. 그렇기에 학생부 종합전형을 준비하는 독자분들은 단거리 달리기를 하듯 전력 질주를 목표로 삼아서는 안 된다는 말을 꼭 전달하고 싶었다.

## 공부할 때 가장 위로 되었던 한 마디

"열매 속을 들여다보기 전에는

속 꽃을 피웠는지 알 수 없는 무화과처럼"

그래도 명색이 국어교육과인데, 글을 어떻게 마무리하는 게 좋을까 고민하다가 내가 제일 좋아하는 시를 소개하려 한다. 2024 수능완성 막바지에 수록되어 있기도 한 이 시는 수험생활 중 지쳐있는 저에게 커다란 위로를 안겨준 아이다.

돌담 기대 친구 손 붙들고

토한 뒤 눈물 닦고 코 풀고 나서

우러른 잿빛 하늘

무화과 한 그루가 그마저 가려 섰다


이봐

내겐 꽃 시절이 없었어

꽃 없이 바로 열매 맺는 게

그게 무화과 아닌가

어떤가

친구는 손 뽑아 등 다스려 주며

이것 봐

열매 속에서 속 꽃 피는 게

그게 무화과 아닌가

어떤가


일어나 둘이서 검은 개굴창가 따라

비틀거리며 걷는다

검은 도둑괭이 하나가 날쌔게

개굴창을 가로지른다.

_〈무화과〉 김지하

　　수험생활 중 슬럼프를 겪는 이유는 나의 부족함이 '숫자'라는 얼핏 보면 객관적이고 절대불변할 것 같은 형태로 드러나기 때문이라고 생각한다. 무화과가 얼핏 보기엔 꽃조차 없는 하찮은 열매 같아 보이는 것처럼. 그러나 그 숫자들은 여러분의 노력이나 의지, 가능성을 전부 보여주기엔 너무 단조롭다는 사실을 꼭 명심하여야 한다. 열매 속을 들여다보기 전에는 속 꽃을 피웠는지 알 수 없는 무화과처럼, 우리는 표면적으로 보이는 성적 이상의 가치를 가지고 있으니까.

### 연세대학교 영어영문학과 ☆ 김소정

중학교 때까지 꿈꾸던 진로를 반강제로 포기하고, 자율형 사립고등학교에 진학했다. 그 후 원래 원하던 꿈과 새로운 꿈 사이에서 계속 갈등해 왔고, 결국 원하는 진로를 찾지 못한 채 고등학교 생활을 보냈다. 그래서 학과를 선택할 때, 조금은 현실적인 방법을 택했다. 바로 뽑는 인원수를 고려한 것이다. 훗날 꿈꾸게 될 진로가 무엇인지 확실하지 않지만, 많은 학문과 직업에 연결점이 많으면서 합격 가능성이 높은 학과를 찾았다. 그래서 연세대학교 논술 전형에서는 영어영문학과를, 고려대학교 학업우수형 전형에서는 중어중문학과를 선택했다.

언어는 세상을 보는 창문이다. 모든 학문과 연결될 수 있고, 어떤 일을 하든 강력한 무기가 될 수 있다. 아직 명확한 진로를 찾지 못한 인문 계열 학생이라면, 어문 계열도 고려해 보는 것이 좋다고 생각한다.


## ¨ 배우를 꿈꿨던 내가 공부를 열심히 한 이유

중학교 3학년의 내가 상상한 스물하나의 나는 지금 모습과 완전히 다른 모습이었다. 연세대학교 영어영문학과 학생이 아닌 한국예술종합학교 연기과 학생이었으며, 셰익스피어의 《리어왕》의 코델리아를 활자로만 공부하는 것이 아니라 생생하게 연기할 것이라고 생각했다. 하지만 현실은 그렇지 않았다. 원하던 예술 고등학교 진학에 실패했고, 여러 현실적인 제약과 고민 끝에 배우라는 꿈을 잠시 접어두기로 했다. 그렇게 당장의 꿈이 없어졌고, 새로운 진로를 찾기 위해 노력했지만, 고등학교 졸업 때까지 마땅한 진로를 찾지 못했다.

그렇지만 나는 새로운 꿈이 생겼을 때, 공부가 나의 걸림돌이 되지 않기를 바랐다. 만약 새로운 꿈이 생겼는데, 고등학교 때 소홀했던 공부가 나의 발목을 잡는다면, 그것만큼 후회되는 일이 있겠느냐는 생각이 들었다. 그래서 당장 눈앞에 놓인 공부에 집중했다. 아직은 마땅한 꿈이 없지만, 미래의 내가 마음껏 꿈꿀 수 있도록 공부에 최선을 다했다.

## ¨ 내가 3년 동안 수시를 위해 준비했던 것들

### °생활기록부

무한도전에서 노홍철이 위인전에 관해 이야기하면서 했던 말을 아는가? 베토벤은 음악에 미쳤고, 이순신은 무술에 미쳤던 것이라며 재미있게 이야기했었다. 이렇듯 위대한 업적을 남긴 사람들은 모두 어떤 하나의 '전공'에 미쳐 있었다. 지극히 개인적인 의견이지만, 생활기록부에서는 이처럼 어떤 하나에 미쳐 있다는 것을 보여주는 것이 중요하다고 생각한다.

나는 특별히 꿈꾸는 진로가 없었기 때문에, 정말 내가 좋아하는 것을 중심으로 생활기록부를 채워 나가기 시작했다. 나는 중학교 때부터 연극, 뮤지컬과 같은 무대예술을 좋아했다. 그래서 배우를 꿈꾸기도 했었다. 하지만 무대를 사랑해서 꿈꿀 수 있는 진로는 배우만 있는 것이 아니다. 나는 그 점을 이용하였다. 내가 사랑하는 연극, 뮤지컬이라는 장르를 많은 과목에서 이용했다. 국어에서는 희곡 작품을 이용해 수행평가를 했고, 수학 과목에서는 무대 예술의 통계를 분석했으며, 사회 과목에서는 연극, 뮤지컬계에 남아있는 성차별에 대해 글을 썼고, 반 대표로 뽑혀 수상까지 했다. 이렇게 1학년 때는 많은 과목에서 연극, 뮤지컬 등 무대예술에 관심이 많다는 것을 표현했다.

2학년 때는 무대예술이라는 넓은 분야에서 점점 좁혀 나가는 것을 시도했다. 그러던 중 '예술 경영' 분야를 알게 되었고, 이를 이용해 보기로 했다. 무대예술을 발굴하고, 기획하고, 연출하는 분야에 대해 더 공부했으며, 이를 2학년 활동에 적용했다. 학교 학생회의 문화체육부 부장으로 활동하면서 실제로 행사를 기획하고 연출하기도 했으며, 이를 생활기록부에 녹여냈다.

3학년 때는 대략 원서를 넣을 학과를 정했고, 그 학과에 맞는 내용을 추가했다. 중어중문학과에 넣기 위해 중국의 무대 예술과 예술 교육에 관한 책을 읽고, 독후감을 제출하여 독서 활동에 기록했다.

이렇듯 좋아하는 분야에 내가 이만큼 진심이라는 것을 보여주며 남들과 다른 나만의 이야기를 써 내려가면 매력적인 생활기록부가 될 것이라고 생각한다. 내신 성적이 기대보다 조금 낮았기 때문에, 생활기록부를 채우는 것에 더욱 신경을 썼다. 무대예술에 대한 진심 어린 열정이 담긴 생활기록부가, 비교적 낮은 내신 성적에도 불구하고 고려대학교에 최종 합격할 수 있었던 이유가 아닐까 싶다.

### °비교과 활동

고등학교 때 기억 남는 비교과 활동이라고 하면 나는 단번에 학생회 활동이라고 말할 수 있다. 학생회에 지원하기 직전까지, 많은 고민을 했다. '학생회를 하다가 공부할 시간이 없어지면 어떡하지?'라는 고민이 제일 지배적이었던 것 같다. 하지만 다시 오지 않을 고등학교 시절에 좋은 추억을 남기고 싶기도 했고, 다양한 경험이 나를 더 성장시켜 줄 것 같았다. 그렇게 학생회를 시작하게 되었다.

행사 지원을 받기 위해 행사 기획서를 써서 기업에 보내기도 하고, 학교 유튜브 영상 기획에 참여하기도 했다. 불우이웃 모금을 활성화하기 위해, 학교 선생님들 사진을 받아 아이돌 굿즈처럼 만들어 판매하는 등 고등학생 때만 할 수 있는 경험을 했다. 학생회 활동이 시간을 많이 잡아먹은 건 부정할 수 없는 사실이다. 하지만 이는 나만의 소중한 재산이 되었다. 수시 지원을 위한 자기소개서에 학생회 활동을 많이 이용하여 적기도 했고, 서로 응원해 주는 좋은 친구들이 생겼다.

### °내신 공부

고등학교에서는 시험을 출제하시는 것도 선생님이고, 수업을 진행하시는 것도 선생님이다. 그렇기에 내신 공부를 할 때는, 선생님 수업에 최대한 집중했다. 고등학교 시절, 많은 친구들이 수업을 들을 때 예쁘게 필기하기 위해 노란색 형광펜, 빨간색 펜, 파란색 펜을 번갈아 가며 바쁘게 필기했던 기억이 떠올랐다. 하지만 나는 학교 수업을 들을 때 무조건 검은색 펜이나 연필로만 필기했다. 선생님의 말씀을 빠르게 받아 적고 표시만 했다. 그 후 수업이 끝나고, 혼자 복습할 때 본격적으로 필기를 시작했다. 수업 시간에 제대로 된 필기를 하려 하면 선생님의 말씀에 온전히 집중하기 어려워지고, 훗날 내가 필기를 봤을 때 제대로 기억나지 않을 확률이 더 높았다. 따라서 수업이 끝났을 때, 스스로 연필로 했던 필기와 교과서의 내용을 보고 정리했다. 선생님의 말씀을 토대로 모든 내용을 파란색 펜으로 정리하고, 강조하셨던 내용은 빨간색 펜, 따로 설명하진 않았으나 교과서 혹은 문제집에 있는 개념은 초록색 펜 등 나만의 규칙을 만들어 필기했다. 또한 나는 필기보다는 오답 정리에 더 공들였다. 한국사나 탐구 과목 같은 경우 단원별로 틀렸던 선지를 모두 모아 정리했고, 시험 전날까지 틀렸던 선지를 끊임없이 보며 외우려고 노력했다.

그리고 말하기, 쓰기를 최대한으로 활용하며 공부했다. 역사나 탐구 과목과 같이 인과 관계와 흐름이 확실한 과목을 공부할 때는 누군가에게 가르친다고 생각하고, 말하면서 공부했다. 가르치는 대상이 부모님일 때도 있었고, 키우는 강아지일 때도 있었으며, 심지어는 인형일 때도 있었다. 대상이 어떻든 관계없이, 시험 전 범위에 해당하는 것들을 아무것도 보지 않고 끝까지 설명할 수 있도록 끊임없이 말로 뱉으며 공부했다. 백지 복습 또한 자주 하던 공부법이었다. 시험이 일주일도 채 남지 않았을 때, 이제까지 외웠던 모든 개념을 백지에 구조화하여 적었다. 그중에 기억이 나지 않아 적지 못했던 것들은 색깔 펜으로 다시 책이나 필기본을 보고 채워 넣었고, 색깔 있는 단어들이 점점 사라질 때까지 이를 반복했다.

그리고 반드시 재충전하는 시간은 필요하다! 수험 생활은 마라톤과 비슷해서, 처음에 너무 속도를 내고 달리다 보면 수능이라는 결승선에 가까워지기도 전에 지쳐버릴 수 있다. 방학 때 잠깐 떠나는 여행이든, 시험이 끝난 날 보러 가는 공연이든, 좋아하는 것들이 완벽한 통제의 대상이 되지 않았으면 한다. 오히려 반대로 나를 더 힘 나게 하는 기제가 될 수 있다. 공부가 너무 지치고, 슬럼프가 왔다면 좋아하는 것을 이용하여 재충전하는 시간을 통해 회복하도록 노력하는 걸 추천한다.

## °논술

나는 고등학교 2학년 때까지 논술을 생각해 본 적은 없었다. 내신 성적이 기대만큼은 나오지 않아 정시로 가고 싶다는 마음이 컸고, 논술 전형은 이름만 들어봤지, 어떤 전형인지 정확히 알지도 못했다. 고등학교 3학년이 되는 겨울 방학, 논술 전형을 준비해 보는 것이 어떠냐는 부모님의 권유가 있었다. 나는 배우를 꿈꾸기 전, 작가를 꿈꾸기도 했었다. 그만큼 책 읽는 걸 좋아했고, 글 쓰는 걸 좋아했다. 거기에 고등학교를 다니는 동안, 국어 경시 대회나 백일장, 논술 대회 등에서 꾸준히 상을 타오기도 했기 때문에 부모님은 논술 전형도 괜찮을 것 같다고 생각하신 것 같았다. 사실 난 논술 전형으로 대학을 갈 수 있다고 생각하지 않았다. 확률이 너무 낮다고 생각했고, 정시로 가는 게 더 가능성이 있을 것 같았다. 하지만 수시 원서가 남는 것이 아까웠고, 그렇게 논술 전형에 도전해 보았다.

　논술 전형에서 가장 힘들었던 건 마찬가지로 불확실함이었다. 잘 썼다는 선생님의 말씀이 거짓말처럼 느껴질 때도 있었고, '그럼 뭐해, 어차피 논술은 떨어질 텐데'라는 생각이 자꾸 들었다. 하지만 주변 사람들은 나에게 계속 확신을 주려고 노력하였다. 그렇게 시간이 갈수록 조금씩 자신감이 붙었다. 하지만 여전히 수능 공부를 우선으로 했다. 최저가 있는 학교가 대부분이었고, 최저를 맞추지 못한다면 글을 잘 쓰는 것도 다 소용없어진다고 생각했기 때문이다. 가능성이 보이는 길을 포기하고 싶지 않아서, 수능 공부에 방해되지 않는 선에서 최대한 논술 준비도 병행했다. 그렇게 연세대, 성균관대에 합격할 수 있었다.

　인문 논술 같은 경우에는 합격률이 높지 않다. 또한 논술 전형이 특히 잘 맞는 친구들도 분명 존재한다. 나와 같이 국어에 강하고, 글 쓰는 것에 거부감이 없는 친구들이 유리한 것은 부정할 수 없는 사실이라 생각한다. 논술에 대해 조금 고민하는 친구들이 있다면, 방학 기간에 시도해 보고 결정하는 게 좋을 것 같다고 생각한다. 합격 가능성이 있다고 판단하면 논술도 준비하고, 만약 가능성이 부족한 것 같다고 느껴지면 논술보다는 수능 준비에 더욱 집중해야 한다.

### 공부할 때 가장 위로 되었던 한 마디

"지금처럼만 하면 돼!"
"걱정 마, 다 잘될 거야. 응원할게!"

고3 때 항상 들고 다니던 노트가 있었다. 그 노트에는 모의고사 리뷰, 헷갈렸던 개념 정리, 오답 정리 등 다양한 것을 적어 놓았고, 마지막 장에 할머니가 써주셨던 카드 두 장을 붙여 놓았다. 그 카드에 적혀 있던 할머니의 말씀이 많은 위로가 되었다. 한 장에는 "지금처럼만 하면 돼!"라고 적혀 있었고, 다른 한 장에는 "걱정 마, 다 잘될 거야. 응원할게!"라고 적혀 있었다. 수험 공부를 하다 보면 외롭다는 느낌이 들 때가 자주 있었다. 나 또한 수험 생활을 하면서 가장 힘들었던 것은 자꾸만 느껴지는 의심과 불확실함이었다. 내가 지금 잘하고 있는 것인지에 대한 의심, 수능을 잘 볼 수 있겠느냐는 불확실함. 그런 구덩이에 빠져 있을 때면, 노트 맨 뒷장을 펼쳐 할머니가 써주셨던 카드를 보았다. 잘하고 있으니, 지금처럼만 하면 된다. 다 잘 될 테니 걱정하지 말라는 단순한 응원이 무엇보다 큰 힘이 되었다.

　앞서 말한 것처럼 수험 생활에서 가장 큰 적은 본인이 느끼는 불확실함과 알지 못하는 미래에 대한 의심이라고 생각한다. 하지만 전력을 다해 무언가를 열심히 한 경험은 절대 헛되지 않다. 현재 최선을 다해 열심히 하고 있다면, 어떤 형태로든 반드시 성장할 수 있다. 열심히 잘하고 있는 나 자신을 믿으면서, 훗날 미래의 자신이 후회하지 않을 정도로 열심히 불태웠으면 좋겠다.

### 서강대학교 중국문화학과, 경영학과 ☆ 김영서

나는 현재 서강대학교 중국문화학과와 경영학과를 복수 전공하고 있는 3학년 학생이다. 생기부종합전형으로 중국문화학과를 합격하였고, 이후 본전공을 살릴 수 있는 학과 중 경영학과를 복수전공으로 하게 되었다. 중국문화학과는 중국어뿐만 아니라 중국의 문학, 역사, 문화를 비롯하여 중국에 대한 전반적인 지식을 쌓을 수 있는 학과이고, 경영학과는 재무, 마케팅, 영업 등 회사 경영과 관련하여 전문적인 지식을 쌓을 수 있는 학과이다.

## ¨ 나의 공부 의지

내가 공부를 열심히 했던 이유는 단순한 내 욕심 때문이었다. 어릴 때부터 무엇이든지 잘해야 한다는 욕심을 가지고 있었던 나는 공부에 대해, 정확히는 성적에 대한 욕심이 컸다. 사실 욕심이라고 하면 부정적으로 생각하는 사람들이 많은데, 욕심만큼 나 자신에게 동기부여가 되고, 실행력을 심어주는 것이 없다. 아무리 부모님이 잔소리하고 학원 선생님이 혼을 내도 나 자신이 공부에 대한 욕심이 없으면 다 소용이 없는 것처럼, 나 자신이 공부에 대해 어느 정도 욕심을 가지고 있음을 확인하고, 이런 나의 공부 욕심을 이루어 나가는 것은 고등학교 시절에 매우 필요한 요소다. 물론 '나는 공부 관련해서 아무 욕심도 없는데'라고 생각하는 학생분들도 있겠지만, 한번 깊이 생각해보면 나도 모르는 내 공부 욕심을 찾게 될지도 모른다. 그것이 가고 싶은 대학일 수도, 특정 과목 성적이 전교권 안으로 들어가는 것일 수도 있다. 사소하더라도 내 공부 욕심이 무엇인지를 찾게 되면, 그 욕심을 이루기 위한 나만의 목표로 삼고 점차 구체적인 계획을 세워 나갈 수 있게 되고 수능이나 내신 공부를 하는 데에 있어 매우 큰 도움이 될 수 있다.

학창 시절 동안 나에게 가장 도움이 되었고, 졸업한 지 3년이 지나서도 아직까지 활용하고 있는 공부법은 바로 "플래너 작성하기"다. 여기서 가장 중요한 건, 남들에게 보여주고자 하는 공스타그램 같은 곳에서 볼 법한 플래너 작성이 아니라 정말 내 자신에게 도움이 되는 플래너를 작성하는 것이다. 플래너를 작성할 때의 첫 번째 단계는 바로 목표를 설정하는 것인데, 길게는 한 달, 짧게는 일주일을 잡고, 그 기간 내가 얼마나 공부를 할 것인지를 정한다. '문제집 1단원을 끝내기', '영어 단어 1,000개를 외우기' 등의 큰 목표를 정했다면, 이제 그 목표를 바탕으로 내가 정해둔 기간 동안 어떻게 공부할 것인지를 계획해야 한다. 예를 들어, 한 달이라는 기간 동안 영어 단어 1,000개를 외우는 목표를 정했으면, 하루에 약 33개씩 외우는 구체적인 계획이 정해진다. 이렇게 각 과목마다의 목표를 잡고 나면, 이를 날마다 일별 플래너에 적고 내가 이 계획을 이뤘는지 체크하는 습관을 길러야 한다. 이런 식으로 플래너를 작성하면서 공부를 진행하다 보면, 내가 어떤 과목을 소홀히 공부하고 있는지, 다음 달에는 어떤 과목의 공부량을 늘려야 하는지 등 나의 공부 습관을 파악할 수 있게 되고, 그 목표를 이뤄냈을 때의 성취감은 나의 공부 의지를 향상시켜주어 이후의 공부 목표를 성취할 수 있는 동기부여가 된다. 이렇게 규칙적으로 공부를 진행하다 보면, 이후에는 내가 어떤 과목을 얼마나 공부하고 있는지를 파악할 수 있는 데이터를 파악할 수 있는데, 이는 시간을 관리하는 데에도 매우 효율적으로 작용한다. 중·고등학교 공부가 대학에 와서 완전히 100퍼센트 도움이 된다고 말하기는 어렵지만, 플래너 작성과 같은 나만의 공부법을 갖는 것은 대학에서 공부하는 데에 정말 큰 영향을 끼친다. 꼭 플래너 작성하기가 아니라 하더라도 나만의 공부법을 찾는 것은 지금을 위해서도 나중을 위해서도 꼭 필요한 작업이다.

## ¨ 나의 영어 공부

나는 고등학교 3년 내내 영어를 혼자 공부했다. 학원도 다녀 보기도 했지만, 학원에서 진행하는 방식이 나와는 맞지 않았다. 물론 개인차가 있기 때문에 나의 방법이 잘 맞을 수도, 그렇지 않은 사람도 있을 수 있다는 것을 미리 이야기하며 나의 영어 공부 방법 중 가장 효과적이었던 다섯 가지를 소개하고자 한다.

### ° 문법 노트 제작하기

가장 먼저 시중 문법 문제집 중 마음에 드는 한 권을 선택해서 나만의 정리 노트를 만드는 작업을 해야 한다. 영어 공부를 하다 보면 느끼겠지만, 내신이든 수능이든 결국 나의 영어 성적을 좌우하는 것은 문법이다. 우리나라 교육상 영문법만큼 중요한 것이 없기 때문에 기본적인 문법부터 심화 부분까지 영어 문법을 한번 정리하는 공부가 필요하다. 이는 나중에 학교에서 문법 진도를 나가거나, 문법 문제를 틀렸을 때 다시 한번 내가 정리한 노트를 보면서 복습도 할 수 있다는 점에서 매우 큰 도움이 된다.

### °모의고사 유형별 문제 풀기

수능에서 영어가 절대평가인 만큼 1등급을 받는 것은 매우 중요하다. 수능 1등급을 위해서는 모의고사 유형별로 문제 풀이 루틴을 만드는 것이 필요한데, 내가 선택했던 방법은 바로 빈칸형, 순서형 등 영어 모의고사 유형별로 모아놓은 문제집을 골라 날마다 유형별 문제를 풀면서 더 효율적으로 문제를 푸는 방법을 습득하는 것이었다. 예를 들면, '주제문 찾기' 유형을 풀면서 맨 앞 문장과 맨 끝 문장만 읽어도 주제가 어느 정도 파악이 가능하다는 것을 깨달았고, 이후 이 유형이 나오면 그 두 문장만 읽고 정답을 찾아내는 연습을 하였다. 유형별로 풀이법을 만들게 되면 그것들이 모여 시간을 단축하는 데에 매우 큰 효과를 불러일으킬 것이다.

### °매주 한 번씩 영어 모의고사 풀기

고등학교 3학년이 되면, 적어도 매주 한 번은 꼭 모의고사를 풀면서 감을 익혀야 한다. 3학년이 아니라 하더라도, 고등학생이 되면 꾸준히 모의고사를 푸는 연습을 해야 한다. 나의 경우, 고1 때부터 꾸준히 모의고사를 풀어왔고, 꼭 70분에 맞춰 문제를 푸는 연습도 병행하였다. EBSi 홈페이지에 들어가 보면 모든 교육청의 기출 시험지를 무료로 다

운받을 수 있고, EBS 인강 선생님께서 직접 풀이 영상도 올려 주시기 때문에 스스로 답지를 보면서 해석해보고, 혼자 풀이가 안 되는 문제는 영상을 보면서 해결할 수 있다.

## °고3이라면 수능 특강의 모든 지문은 내가 직접 해석해보자

만약 학원에 다니는 고3 학생이라면, 수능특강 문제집의 문제를 푼 다음에 인강 혹은 학원 선생님의 수업으로 독해를 끝내면 안 된다. 문제의 정답 여부와 관계없이 해당 지문을 한 문장씩 다 해석하고 분석해보는 습관을 길러야 한다. 스스로 해석해보면서 모르는 단어를 따로 단어장을 만들고, 주제에 해당하는 문장이나 단어에 형광펜으로 표시하고, 해석이 안 되는 문장은 답지의 해석본을 참고하면서 왜 그렇게 해석되는지를 따져봐야 한다. 이런 식으로 공부하면, 독해 실력도 확실히 늘고, 나만의 단어장까지 만들 수 있다는 점에서 매우 효율적인 영어 공부가 될 것이다.

## °모의고사의 경우, 듣기 파트 중간마다 독해 문제를 푸는 연습을 하자

듣기 파트는 독해에 비해 많이 틀리는 부분이 아니라 1달에 1번 정도 풀곤 했었다. 독해 문제를 푸는 데에 시간이 매우 부족하다는 것을 느끼면서 나는 듣기 파트를 푸는 중간에 독해 문제 푸는 연습을 하기 시작했다. 빈칸이나 순서 유형과 같이 어려운 문제들을 제외하고, 도표·그래프 유형이나 주제문 유형처럼 쉬운 문제들은 연습만 한다면 충분히 듣기 파트 중간에 해결할 수 있다. 물론 처음에는 어렵지만, 꾸준히 연습한다면 확실히 실력을 키울 수 있다. 실제로, 고3 때는 듣기를 하면서 독해 문제 10문제까지 풀기도 했었다. 다른 학생들은 듣기 문제 17문제를 푸는 동안, 나는 27문제나 푸는 셈이니 독해 문제를 위한 시간도 훨씬 많아지면서 어려운 문제를 맞히는 빈도도 높아졌다. 이 방법은 특히 수능 당일에 빛을 발했는데, 모의고사를 풀면서 한 번도 영어 풀이 시간이 부족한 적이 없었던 나는 수능 당일에 독해를 푸는 시간이 부족했다. 만일 이때 듣기 파트에서 독해 문제를 푸는 습관을 들이지 않았다면, 1등급은커녕 3등급도 못 받았을지도 모른다. 하지만 이 마지막 방법은 처음부터 적용하기에는 어렵기 때문에 모의고사 유형을 최대한 접해보면서 문제 풀이에 익숙해졌을 때 천천히 연습해 나가는 것을 추천한다.

## 공부할 때 가장 위로 되었던 한 마디

> "넌 누구보다 열심히 생활해왔으니 충분히 그럴 자격이 있어."

수험생 시절, 나에게 가장 큰 위로와 용기를 주었던 말은 바로 "넌 누구보다 열심히 생활해왔으니 충분히 그럴 자격이 있어" 였다. 고등학교 3학년, 가장 집중해서 공부해야 할 시기에 성적이 점점 떨어지면서 자존감이 매우 부족했던 시절이 있었다. 그 당시 번아웃까지 오게 되면서 공부에 집중을 아예 못 하고 날마다 불안해하면서 하루하루를 지냈었는데, 내가 가장 좋아하는 선생님께서 본인 페이스에 맞춰 충분한 휴식을 취하는 것도 실력이라고 말씀하시며, '지금까지 열심히 달려왔으니 충분히 쉴 자격이 있다고 해주셨다. 이 말은 나의 노력을 인정해주는 말이기도 했기 때문에 내가 마음가짐을 새롭게 가지고, 더욱 열심히 달려갈 수 있도록 해주는 밑받침이 되어주었다. 이후 수능 결과가 나오고 서강대에 합격했을 때도 가족과 친구들을 포함한 주변 사람들로부터 비슷한 말을 들었다. "너가 열심히 달려온 만큼의 결과야, 충분히 합격할 자격이 있어." 이 말은 지금까지도 내게 가장 큰 칭찬이자 위로로 남아있다. 이 글을 읽고 있는 당신도 지금까지 열심히 달려온 만큼, 현재에도 열심히 노력하고 있는 만큼의 좋은 결과를 얻을 수 있었으면 좋겠다. 그리고 가끔 너무 힘들어서 집중이 하나도 되지 않을 땐 좀 쉬어주자. 우리는 충분히 그럴 자격이 있으니까.

**서울대학교 경제학부 ☆ 김예진**

수시(학생부 종합 전형)를 통해 서울대학교, 고려대학교, 연세대학교 경제학부에 합격했다. 학생부 종합 전형의 경우 비교과 부문도 중요하긴 하지만, 일차적으로 가장 중요한 건 내신 성적 관리다. 나는 일반 고등학교를 나왔는데, 특히 일반고에서 최상위권 대학에 진학하기 위해선 내신 성적을 1점대 극초반으로 유지하는 것이 필요하다. 고등학교 3년 평균 내신 성적을 1.06으로 이끌었던 내 공부법의 중심에는 '복습노트'가 있다. 복습의 중요성과 '나만의 복습노트 작성법'에 대해 소개하고자 한다.

### ¨ 나만의 복습노트를 만들어라!

다들 복습의 중요성에 대해 익히 들어봤을 것이다. "예습은 못 해도 복습은 꼭 하라"는 말이 있을 정도다. 하지만 생각보다 많은 학생들이 복습을 성실하게 실천하지 않는다. '수학'처럼 문제 해결 능력 및 응용력이 요구되는 과목을 제외하고, 대부분의 '내신' 과목은 개념 복습을 철저히 하는 것만으로 시험에서 좋은 결과를 얻을 수 있다. 연습문제를 별도로 풀지 않아도 말이다. 실제로 나는 일부 과목의 경우 공부 시간이 부족해 문제집을 사서 풀지 못했었는데, 복습을 꾸준히 해온 덕분에 시험에서 좋은 결과를 얻기도 했다.

물론, 무작정 여러 번 개념을 반복해 읽으란 말은 아니다. 복습도 효율적으로, 전략적으로 해야 한다. 나는 '복습노트'라는 걸 만들어서 꾸준히 복습을 실천했다. '성실함'과 '열정'만 있다면 누구나 쉽게 따라 할 수 있다.

**ᐥ 복습노트 작성법**

**°매일의 수업 내용을 '한 권'에 '순서대로' 정리하라!**

내 복습노트의 핵심은 '수업 시간 순서대로, 개념을 한 권에 정리'하는 것이다. 아마도 대다수 친구들이 과목별로 노트를 만들어 공부하고 있을 것이다. 하지만 나는 전 과목을 '한 권'의 노트에 기록했다. 하루 수업의 진행 순서에 맞춰 매일 내용을 한 권에 순서대로 정리했다.

예컨대 오늘이 월요일이고, 월요일 수업이 {1교시 국어, 2교시 사회, 3교시 과학, 4교시 영어}이라고 가정하자. 이날 저녁엔 한 권의 노트를 펼치고, 상단에 '0월 0일 월요일'이라고 쓴 후 1교시 과목부터 4교시 과목까지 순서대로 개념을 정리하면 된다.

화요일 역시 마찬가지다. 앞서 월요일에 진행된 마지막 수업(4교시 영어)에 이어 내용을 작성하면 된다. '0월 0일 화요일'이라고 쓴 후 1교시부터 4교시까지 배운 개념을 순서대로 정리하면 된다. 수요일, 목요일, 금요일도 같은 방식으로 노트를 작성한다.

## °어떤 내용을 기록하나

수업 때 선생님께서 설명하신 내용을 기반으로 노트를 작성한다. 내신은 학교 선생님께서 출제하시기 때문이다. 선생님께서 수업 시간에 가르치신 개념이 시험에 출제될 가능성이 크다. 그중 강조하신 내용이 있다면 해당 개념은 출제 확률이 매우 높다.

하지만 일부 선생님께선 수업 시간에 다루지 않은 내용도 출제하시는 경우가 간혹 있다. 아무리 선생님께서 수업 시간에 설명하지 않은 내용이라고 할지라도, 교과서 내용을 벗어나긴 어렵다. 이런 경우를 대비해 추가로 교과서에만 나와 있는 내용도 보충 기록을 해준다.

정리하자면, 다음과 같이 세 가지를 노트에 정리한다고 생각하면 된다.

①선생님께서 수업 시간에 설명하신 내용

②특히 강조하신 내용

③선생님께서 설명하시진 않았지만 교과서엔 나와 있는 내용


①, ②, ③의 세 가지 내용을 전부 다른 펜을 사용해 구분할 수 있도록 한다. ①과 ②가 핵심이기 때문에, 해당 내용은 삼색 볼펜과 형광펜으로 기록하고, ③은 보충 내용이기 때문에 연필이나 샤프로 기록할 것을 추천한다.

나는 ①은 검은 볼펜으로 작성했고 ②는 파란 볼펜으로 작성했다. 빨간 볼펜과 형광펜은 복습을 여러 차례 진행하면서 잘 외워지지 않

는 개념을 표시하는 용도로 활용했다. 첫 번째 복습 진행 시 기억이 잘 안 났던 개념은 빨간색으로 밑줄을 치고, 두 번째 복습 진행 시 기억하지 못한 개념은 노란 형광펜으로, 세 번째 복습 진행 시 기억하지 못한 개념은 초록 형광펜으로 밑줄 치는 방식이다. ③은 연필로 작성하되, ①과 ②보다 작은 글씨로 작성했다.

①, ②, ③ 외에도 선생님께서 수업 중간에 던지신 농담이나, 수업 중 친구가 재밌는 발표를 했다든지 소란이 발생했다든지 기억에 남는 사건이 있다면 추가적으로 기록할 것을 추천한다. 이를 기록하는 이유는 뒤에서 자세히 설명하겠다.

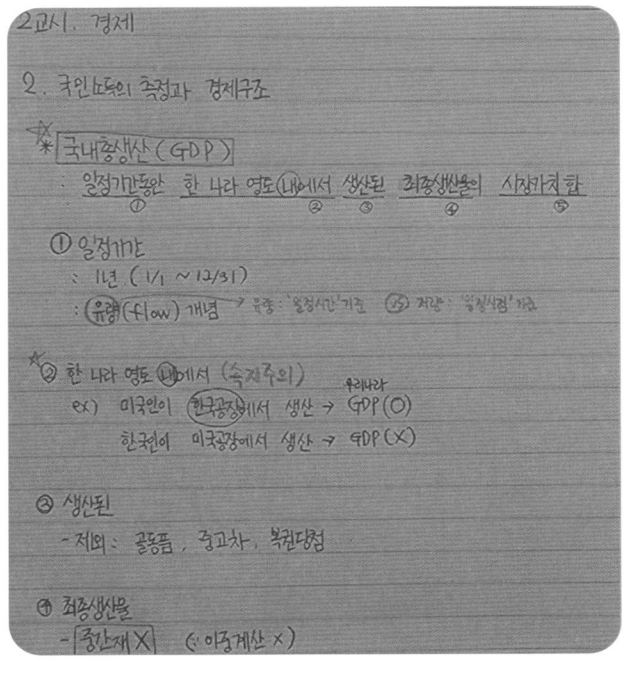

노트에 작성하는 내용을 펜, 형광펜, 연필 등으로 구분해 작성하는 것도 물론 중요하지만, 더 중요한 두 가지가 있다.

먼저, ①과 ②의 내용은 수업 당일 저녁에 바로 작성해야 한다는 것이다. 우리의 뇌는 시간이 지나면서 기억을 빠르게 망각한다. 하루만 지나도 전날 수업에서 어떤 말이 오고 갔는지 자세히 기억하기 어렵다. 수업을 들은 당일, 가장 생생한 기억이 남아있을 때 빠르게 노트를 작성해야 한다.

다음으로, 수업을 집중해서 듣는 태도이다. 수업을 열심히 듣지 않으면, ①과 ②가 무엇인지 파악할 수가 없다. 수업 시간에 선생님께서 어떤 내용을 설명하시고, 어떤 점을 강조하시는지 귀 기울여 듣는 것이 내신 공부의 가장 기본이 됨을 명심하자.

### °왜 이 방식을 추천하는가

수업 내용을 노트에 시간표 순서대로 작성하는 방식은, 추후 복습을 할 때 그 효과가 빛을 발한다. 우리는 보통 어떤 이야기를 기억에서 끄집어낼 때, 그 이야기가 나온 맥락이 무엇이었는지를 떠올리곤 한다. 맥락 정보가 해당 이야기를 기억해 내는 데 도움이 되기 때문이다. 바로 이 점을 복습에도 적용하는 것이다.

수업의 순서대로 내용이 정리된 노트를 따라 읽다 보면, 놀랍게도 당시의 수업 장면이 머릿속에 어렴풋이 그려진다. 물론 수업을 집중해서 열심히 들었다는 전제가 충족될 때 말이다.

노트 내용 중간에 선생님께서 던지신 농담을 표시해두는 것 역시, 이러한 맥락 효과를 극대화하는 하나의 방법이다. 이 농담은 일종의 맥락 정보이기 때문이다. 노트에 쓰인 농담 정보를 보면, 농담 전후의 수업 시간 흐름과 장면이 머릿속에 자연스레 그려진다. 이 상태에서, 수업 때 배운 개념을 공부한다면 훨씬 잘 기억할 수 있을 것이다.

각 수업 사이 쉬는 시간이나 점심, 저녁 시간에 기억에 남을 만한 일이 일어났다면, 해당 정보 역시 간단히 메모해둘 것을 추천한다. 그날 하루에 학교에서 일어났던 장면을 떠올리는 데 상당한 도움이 된다.

## 복습 주기는 어떻게 되는가

아래 세 가지를 실천해 주길 바란다.

①주말이 되면, 주중에 작성한 복습노트를 1회독한다.
②누적 복습을 진행한다. 노트의 첫 장부터 지난주까지 작성해둔 내용을 1회독하는 것이다.
③학교 수업 시작 전에는 복습노트를 펼치고, 해당 과목에서 지난 시간에 어떤 내용을 배웠는지를 찾아 빠르게 훑어본다.

먼저 ①번을 설명하겠다. 주말이 되면, 월요일부터 금요일까지 해당 주차에 작성한 노트를 꼼꼼하게 읽는다. 아마 노트를 읽다 보면 감짝 놀랄 것이다. 수업을 듣고 난 후 일주일이 채 지나지도 않았는데, 내용이 벌써 새롭게 느껴지는 경험을 많이들 할 것이다. 걱정하지 않아도 된다. 자연스러운 현상이므로, '내가 수업을 열심히 안 들었나?' 자책하지 않길 바란다. 기록해둔 맥락 정보와 선생님 말씀을 기반으로, 수업 장면을 떠올리며 '시간의 흐름'을 그대로 머릿속에 재현한다는 마음으로 공부해 보자.

①번을 진행한 후엔 ②번을 실천하면 된다. 이번 주 내용이 아닌, 학기 초부터 지난주까지의 내용에 대해 누적 복습을 진행하는 것이다. 복습 진행 초반에는 기억이 잘 나지 않아, 내용을 떠올리느라 시간이 오래 걸릴 수 있다. 하지만 이 누적 복습을 3주 정도 진행하다 보면, 초반보다 훨씬 내용을 수월하게 기억해 내는 자신을 발견할 수 있을 것이다. 누적 복습을 진행할 때 내용 복기가 쉬운 내용이 있다면, 해당 부분은 빠르게 훑고 넘어가도록 하자. 여러 번 복습을 진행함에도 계속 까먹는 부분이 있다면, 표시를 해놓고 신경 써서 공부하도록 하자.

다음은 ③에 대한 설명이다. 이 과정은 복습을 통한 암기가 주목적이라기보다는, 수업 집중도를 높이기 위한 사전 작업이라고 생각하면 된다. 수업 시작 전 2~3분 정도만 투자해도 충분하다. 쉬는 시간에 별다른 할 일이 없다면, 쉬는 시간에 이를 진행하면 된다. 만약 쉬는 시간에 친구들과 시간을 보내거나 매점에 가는 바람에 복습노트를 보지 못했다면, 수업 종이 친 후 선생님께서 교실에 들어오시기 전 혹은 본격적인 수업을 진행하시기 전까지의 짧은 시간 동안 빠르게 노트를 훑으면 된다. 해당 과목의 전 시간에 어떤 내용을 배웠고, 중요한 개념은 무엇이었는지 체크하는 것만으로도 수업에 대한 몰입도를 훨씬 높일 수 있다. 이는 곧 당일에 작성할 복습노트 내용의 질을 올리는 데도 영향을 미친다.

°복습노트는 작성했지만, 꾸준히 안 보게 된다면?

복습의 중요성과 복습노트 작성법을 알았다면, 이제 남은 일은 뭘까? 바로 실천하기다. 그런데 생각보다 이걸 꾸준히 실천하는 게 쉽지 않다. 내가 고등학생일 당시 주변 친구들에게 이 방법을 알려줬었는데, 다들 작심삼일로 끝났던 기억이 있다. 물론 나도 하루도 빠짐없이 성실하게 복습노트를 쓰고 읽었던 건 아니다. 가끔 피곤하면 복습노트 작성을 다음 날로 미루거나, 주말에 하루 종일 자버려서 누적 복습을 진행하지 못한 날도 있었다. 하지만 이는 두세 번에 그쳤던 것 같다. 나는 스스로가 나태해진다고 느껴질 때면 '내가 공부를 열심히 해야 하는 이유'가 무엇인지를 상기하며 마음을 다잡았다.

여러분이 공부를 열심히 해야 하는 이유가 무엇인지 생각해 보라. 동기부여가 정말 중요하다. '공부를 통해 이걸 이룰 수 있다면 난 너무 행복할 것 같아!'라고 말할 수 있는 걸 복습노트 표지에 크게 쓰는 걸 추천한다. 공부를 열심히 해서 받을 수 있는 보상이 있다면, 그것을 표지에 쓰는 것도 좋다. 좋아하는 연예인이 있다면 해당 연예인 사진을 표지에 붙이는 것도 도움이 된다.

나는 고등학생 당시 세븐틴 팬이었는데, 멤버 중 민규를 가장 좋아했다. 그래서 복습노트 표지에 'SKY 가면 민규 만날 수 있다'라는 문구를 매직으로 크게 써놨다. 목표로 하는 대학에 가면 세븐틴 콘서트나 팬미팅에 가서 민규를 보겠다는 '보상'을 설정한 것이다. 민규 사진도 노트 표지에 여러 장 붙였다. 복습노트에 대한 애정도 올라가고, 그 덕에 항상 가슴에 복습노트를 품고 다녔던 것 같다. 어디든 노트를 들고 다니면서, 시간이 나면 틈틈이 읽었다.

물론 친구들이 내 복습노트 표지를 볼 때면 조금 민망하기도 했다. 하지만 나는 민망함보다 복습노트를 꾸준히 쓰고 보는 게 더 중요하다고 판단했고, 부끄러움을 무릅쓰고 표지에 나의 팬심을 마음껏 표현하는 방식을 택했다. 여러분도 자신만의 동기부여 요소를 찾아서, 복습노트 표지에 크게 써둘 것을 강력히 추천한다.

### 공부할 때 가장 도움 되었던 누군가의 한마디

> **"공부는 나 자신과의 싸움이다."**

내신은 아무래도 학교 구성원 내에서 상대적으로 등급을 매기는 것이다 보니, 친구들과의 경쟁에서 오는 스트레스도 상당할 거라고 생각한다. 나도 친하게 지내던 친구와 1, 2등을 다툴 때 상당히 스트레스를 받았던 경험이 있다. 그럴 때는 꼭 "공부는 나 자신과의 싸움"이라는 말을 기억하면 좋겠다.

'저 친구보다 시험 잘 봐야지'보다는 '어제의 나를 이기자', '어제의 나보다 한 문제만 더 맞혀보자', '어제의 나보다 더 성실하게 공부해 보자'와 같은 마음가짐을 가지길 바란다. 친구에게 불필요하게 부정적 감정을 가질 필요 없이, 오로지 나 자신에게 집중할 수 있다. 친구들 모두 함께 잘 되길 바라는 마음을 지니고 공부하는 것 자체가, 메마른 수험생활에 오아시스가 될 것이다.

고등학교 3년이라는 기간이 너무 길게 느껴져 답답할 수 있다. 공부도 해야 하는데 비교과도 챙기려다 보니 체력적으로도 많이 지칠 수 있다. 내 고등학교 시절을 떠올려보면, 힘든 여정을 버티게 해줬던 건 나를 응원해 주는 가족과 친구들이었던 것 같다. 꼭 가족과 친구가 아니어도 되니, 든든한 내 편이 되어주는 누군가·무언가와 소소한 행복을 많이 쌓을 것을 추천한다. 또한 '간절한 꿈' 역시 힘든 고등학교 여정을 버티게 해준 원동력이었다. 내가 좋아하는 일이 무엇이고, 하고 싶은 일이 무엇인지에 대해서도 진지하게 생각해 볼 시간을 가지길 바란다. '진로 설정'처럼 거창한 일이 아니어도 된다. 소박한 일이라도 내가 어떤 일을 할 때 행복하고 보람을 느끼는지 깨닫는 것만으로 자아존중감을 높일 수 있다.

긍정적인 마인드를 갖는 것조차 힘든 시기를 이겨낼 수 있는 방법

중 하나다. 고등학생 시절을 '내 꿈에 한 발짝 더 다가가는 과정'이라고 생각해 보자. '힘들다' 혹은 '하기 싫다'와 같은 부정적인 언어보다는, '열심히 하면 나는 꿈을 분명 이룰 거야'와 같은 긍정적인 말을 여러 번 외쳐보길 바란다. 자존감이 낮아진 것 같다면 '나는 최고다'를 하루에 여러 번 외쳐보자. 실제 기분은 좋지 못할지라도, 억지로라도 긍정적인 말을 되뇌며 우리의 뇌를 속여보자. 생각보다 세상의 많은 일들은 우리가 세상을 어떻게 바라보는지에 달린 경우가 많다.

# 수학으로 최상위권을 목표로 한다면

## 연세대학교 의학과 ☆ 김은진

현재 연세대학교 의학과에 재학 중이다. 나는 여러 과목들 중 수학에 가장 자신이 있었고 실제로 결과도 좋았던 만큼 수학 공부법과 공부를 대하는 태도 위주로 이야기를 해볼까 한다.

### ¨ 수학으로 최상위권에 들고 싶다면

고등학교에 들어와서 수학을 처음 제대로 공부하는 친구들의 경우 중학교 수학 과정이 제대로 되어있지 않은 경우가 많다. 하지만 중학교에서 다루는 수학 지식들은 고등학교 과정을 이해하고 고난도 문제를 완벽하게 풀어내는 데에 있어서 많은 역할을 한다. 그래서 고등학교 입학 전이라면 부족한 중학교 수학 부분부터 준심화서로 빠르게 훑는 것을 추천한다. 하지만 이미 고등학교에 입학했다면 중학교 과정부터 시작하기에는 부담이 있을 것이다. 그런 경우에는 고등학교 과정 진도를 처음부터 나가면서 어려운 부분이 있다면 혹시 중학교 과정 중에 비슷한 내용을 다루지는 않았는지 확인해 보고 그 단원만이라도 추가적으로 학습을 하는 것이 좋다. 특히 최상위권을 목표로 한다면, 중학교에서 매 학년 2학기에 배우게 되는 합동, 닮음, 원 등 도형 관련된 내용들은 심화된 문제까지 풀 수 있는 능력을 갖추는 것이 매우 도움이 된다. 고등학교에서는 도형들을 좌표평면 위에 올려두어 수식으로 도형을 해석하게 된다. 이때 중학교 도형 내용을 활용하면 계산량을 크게 줄일 수 있는 다른 풀이법을 사용할 수 있는 경우가 종종 있어 문제풀이 시간을 단축하는 데 크게 도움이 되기도 한다.

고등학교 과정을 처음 배울 때는 보통 쉬운 개념서로 시작할 것이다. 수학의 개념을 받아들이는 과정에서 독학하는 것은 크게 추천하지 않는다. 처음 새로운 개념을 접하게 되면 무엇이 중요한지, 이 개념들을 왜 배우며 어떻게 적용해야 하는지 등 방향을 잡기 어렵기 때문이다. 선행을 하고 싶다면 학원이나 인강을 이용하고 상황이 여의치 않다면 최대한 자세하게 설명이 되어 있는 개념서를 참고하는 것을 추천한다. 적절한 여건만 주어진다면 수학의 개념을 익히고 기본적인 문제를 풀어내는 것은 자신의 노력과 의지만 있으면 누구나 충분히 가능하다. 중요한 것은 심화된 문제들을 풀어낼 수 있냐는 것이다. 보통 쉬운 문제들은 한 가지 수학 개념으로 풀린다. 어려운 문제일수록 여러 가지 수학 개념을 복합적으로 이용해야 한다. 하지만 모든 개념을 완벽히 알고 있다고 해도 특정한 문제를 보고 그 개념을 어떻게 적용할지 떠올리는 것은 쉽지 않다. 반대로 말하면 특정한 문제를 보고 어떤 개념을 어떤 순서로 어떻게 조합해서 사용하면 될지 떠올릴 수만 있다면 어떤 문제든 풀어낼 수 있다는 것이다. 따라서 쉬운 문제들을 풀 때 단순히 '기억'에 의존해서 풀면 절대 심화된 수준으로 나아갈 수 없다. '이런 유형의 문제는 이런 식으로 푸는 거였지'라고 생각하면서 풀면 안 된다는 것이다. 쉬운 문제들에서 왜 그 풀이 방식을 쓰는지를 정확히 이해해야 어려운 문제에서 비슷한 상황이 나왔을 때도 그 방식을 적용할 생각을 할 수 있다는 것이다.

예를 들어 루트가 들어간 식이 있을 경우 다들 별생각 없이 유리화를 하거나 제곱을 하는 등의 방식으로 식을 변형할 것이다. 하지만 왜 그러한 식 변형이 필요한지를 구태여 생각해 본 경험은 별로 없을 것이다. 유리화를 하는 이유는 분모가 통일되어야 분수끼리 더하고 뺄 수 있는데 이때 유리화해야 이 과정을 진행할 수 있고, 제곱을 하는 이유 또한 그래야 사칙연산이 수월하기 때문이다. 그렇다면 $\sqrt{a} + \sqrt{b} \geq a + b$ 식이 참인지 거짓인지 판단하는 문제를 푼다고 생각해 보자. A와 B식의 대소 비교를 할 때 A − B를 0과 비교하거나 A ÷ B를 1과 비교하는 방법이 있다는 것을 기본 개념으로써 알고 있다면 주어진 식에 루트가 들어가고, 대소 비교를 위해서는 식끼리의 사칙연산이 필요하니 양쪽 변을 제곱해야겠다고 생각할 수 있을 것이다. 즉, 루트의 사칙연산과 관련된 기본 개념과 식의 대소 비교와 관련된 기본 개념을 더해서 이 문제를 풀게 되는 것이다. 물론 예시가 너무 간단하여 이렇게 복잡하게 생각하지 않아도 문제를 쉽게 풀 수 있을 것이다. 하지만 이렇게 간단한 문제들을 풀 때 항상 왜 그렇게 풀어야 하는지를 정확히 이해하고 넘어간다면 여러 가지 기본 개념을 복합적으로 조합해 놓은 고난도 문제들을 풀 때도 그 풀이법을 그대로 적용해 쉽게 풀어낼 수 있을 것이다.

### ¨ 공부할 때 마음가짐은 어떠해야 할까?

어떻게 공부할지 그 방법을 안다고 해도 실제로 공부를 열심히 하는 것은 또 다른 문제일 것이다. 많은 사람들이 공부를 잘하는 사람들을 보고 공부를 별로 싫어하지 않을 거라고 생각하지만 나 또한 정말 공부하는 것이 싫었다. 당연히 공부하면서 앉아 있는 것보다는 게임, 웹툰, 드라마, 수다, 여행 등 여가 활동이 재밌는 것은 어쩔 수 없는 것 같다. 과외 학생들이 나에게 공부하기 싫을 때는 어떻게 해야 되냐고 물을 때면 나는 공부하고 싶을 때가 있기는 하냐고 되묻는다. 학창 시절을 되돌아보면 공부를 하고 싶은 적이 거의 없었던 것 같다. 아마도 다들 그럴 것이다. 하지만 공부를 잘하고 싶다면 공부가 하기 싫다는 생각 자체가 사치인 것 같다. 결국 다들 하기 싫은 것을 누가 더 오래 참고 실제로 해내는지가 중요한 것이다. 그러면 어느 정도로 해야 적절한 공부량일까? 이것은 자신의 목표에 따라 너무 다른 이야기일 것 같다. 하지만 적어도 지금 자신의 성적대를 바꾸고 싶다면 가능한 모든 시간에 공부하는 것이 맞을 것 같다. 원래 하던 대로 공부를 해봤자 같은 성적대의 친구들도 다 그 정도는 할 테니 당연히 달라지는 것이 없지 않겠는가? 나의 경우에는 학교 쉬는 시간, 점심시간, 석식 시간에 친구들과 놀면서 쉬었고 나머지 모든 시간에는 공부를 하고자 노력했다. 물론 가끔 외출도 하고 여가 생활을 즐기기도 했지만 기본적으로 항상 공부를 하려고 했다. 물론 힘들었지만 그렇게 했기 때문에 수험생활에 후회가 남지 않는 것 같다.

공부하다가 힘들 때는 왜 힘든지 스스로 물어보기를 바란다. 체력적으로 한계라면 잠을 충분히 자고, 성적이 오르지 않아 괴롭다면 정말 최선을 다하고 있는지, 자신의 공부 방법이 효율적인지, 집중이 어려운 환경에서 공부하고 있지는 않은지 확인해 보아야 한다. 혼자서 문제점을 찾기 어렵다면 선생님이나 공부를 잘하는 친구에게 자신의 공부 방식을 설명하고 피드백을 받는 것이 도움이 된다. 공부는 혼자 힘으로 하는 것인 만큼 공부에서의 슬럼프는 다른 사람의 위로나 한마디보다는 스스로 그 벽을 넘어섰을 때 비로소 극복할 수 있는 것 같다. 다들 자신의 능력을 믿고 최선을 다해서 최고의 결과를 얻기를 바란다.

# 울고 힘들어하더라도, 결국 해낸 자가 강한 자다

### KAIST 전산학부 ☆ 김이겸

공부법에 대한 내용을 설명하기에 앞서, 간단한 자기소개로 본 글을 시작하고자 한다. 필자는 21학번으로 KAIST에 입학하여 현재 전산학부에 재학 중이다. 전산학부라는 이름이 생소할 수도 있겠지만, 타 대학에서는 주로 컴퓨터 공학과로 일컬어진다. 수시 학생부종합전형으로 지원하여 최초 합격하였으며, 해당 전형으로 합격한 다른 대학으로는 연세대 컴퓨터과학과와 고려대 컴퓨터학과가 있다. 성적으로는 내신 최종 평균 성적 1.5, 수능은 전 과목에서 8개를 틀렸는데, 평소 모의고사 성적에 못 미쳤던 결과가 유일한 아쉬움이다.

고등학생, 중학생 독자들로서는 나를 비롯한 대학에 합격한 선배들의 공부법에는 뭔가 특별함이 있으리라 기대하고 이 글을 읽기 시작했겠지만, 솔직히 말하자면 이 이야기는 나의 개인적인 경험과 습관일 뿐이다. 나의 방법이 독자 여러분에게 꼭 들어맞으리라는 보장은 하기 어렵고, 나보다 나은 많은 사람들과 다양한 방법론이 존재할 수도 있다. 다만 작은 경험과 조언이나마 여러분에게 도움이 되기를 바라며 글을 시작하고자 한다.


## ·· 메타 인지

고등학교 생활을 보내며 주변의 성적 좋은 친구들, 그리고 나 스스로를 돌아보며 알아낸 공통점 중의 하나는 바로 "스스로를 잘 알고 있다"는 것이었다. 단박에 이해하기는 어려운 말이지만, 세간에 잘 알려진 단어를 인용하자면 나를 비롯한 그들의 무기 중 하나는 바로 '메타 인지'였다고 말하고 싶다.

독자 여러분에게 자신을 돌아볼 질문을 몇 가지 던져보겠다. 자신이 몇 시간 안에 몇 개의 수학 문제를 풀 수 있는지 알고 있는가? 또 내신 국어 100점을 맞기 위해서는 어떤 방향으로, 얼마나 공부해야 하는지 알고 있는가? 중·고등학교 공부, 더 넓게 보자면 시험이 존재하는 공부는 대부분 정해진 기한 안에 정해진 목표를 달성해야 하는 방식으로 이루어진다. 즉, 이러한 형식의 공부를 제대로 해내기 위해서는 자신의 목표를 이루기 위한 공부량이 얼마인지, 그리고 그것을 전부 해내는 데 어느 정도의 시간이 걸리는지를 정확히 알수록 유리하다는 것이다.

메타 인지를 기르기 위해 추천하는 방법은 쉽고 뻔하게도 '복기'다. 다만 여기에서 '복기'는 오답 노트처럼 문제 하나하나를 복습하는 것이 아닌, 특정 시험을 대비하기 위해 계획하고 실행했던 모든 공부의 과정과 그 결과를 연결 지어 곱씹어 보는 것을 말한다. 문제를 맞히는 데 집중하느라 서술형 풀이에서 감점을 당했다면 앞으로의 공부에서는 풀이를 논리적으로 쓰는 연습을 추가하고, 외웠다. 생각했던 지문을 까먹어서 빈칸을 채우지 못했다면 다음번에는 암기를 한 회독 더 하면 된다. 또 3시간이면 80문제를 너끈히 풀 수 있겠다는 예상과 달리 오답 풀이를 포함하니 시간이 1시간은 더 걸렸다면, 다음부터는 더 넉넉히 시간을 잡고 문제를 풀면 된다. 어렵지 않다. 자신의 공부량이 목표를 달성하기에 충분한지 예상해 보고, 결과가 나온 후에는 이를 일전에 세웠던 예측과 비교하며 모자란 부분은 다음번에 반영하는 것이다.

이와 같은 과정이 반복되면 목표 점수에 필요한 공부량이 어느 정도인지, 그것을 해내는 데 어느 정도의 시간이 걸릴지 알아내는 것이 어렵지 않게 된다. 적절히 계획한 공부량을 채웠다면, 대체로 목표 또한 달성할 수 있게 된다. 물론, 이 정도면 충분하다는 생각은 시험을 준비하는 학생에겐 자만과 방심에 빠질 위험이 큰 태도이기 때문에 경계해야 하지만, 시험 문제를 풀 때 잘 본 것 같다고 생각했던 감각이 맞아떨어지는 경험은 자신감을 올리는 데 도움이 된다. 수험생에겐 거의 친구와도 같은 불안감을 잠재우는 데에도 꽤 좋은 영향을 주는 것 또한 사실이다.

### ¨ 수시(학생부종합전형)와 정시를 모두 준비하기

또 앞서 소개한 이력을 보고 고3 학생들이라면 내가 수시와 정시를 모두 준비했는지 궁금해할 수도 있겠다. 답을 하자면, 그렇다. 고교 내내 나는 내신보다는 모의고사 성적이 항상 더 잘 나오는 학생이었기 때문에 고3 때 두 전형 모두 준비하였고, 수시 전형도 서울대학교를 포함한 4개 학교 모두 교과 전형이 아닌 학생부종합전형으로 지원하였기 때문에 비교과도 함께 준비했다.

### ° 내신과 비교과

수시는 내신 성적을 잘 받는 것이 가장 중요하다. 비교과 때문에 성적을 포기하지 말자. 정말 세상의 모든 대회에서 상을 휩쓸 것 같은 학생이 아니라면 외고, 과학고, 자사고 등의 세부능력 및 특기사항이 화려한 학생들 사이에서 나의 생활기록부가 첨예하게 눈에 띌 가능성은 상당히 낮다. 성적이 내가 가고 싶은 대학의 예상 합격선보다 낮다면 할 수 있는 한에서 열심히 성적을 올리는 것을 우선순위로 두는 것을 추천한다.

비교과 활동은 성적에 영향을 주지 않는 선에서 하는 것이 내가 생각하는 최선이다. 비교과 생활기록부의 핵심은 과목별 세부능력 및 특기사항이라고 볼 수 있다. 모든 과목에 진로를 연계할 필요는 없다. 하지만 진로와 관련 있는 과목만 진로와 연계할 필요도 없다. 나의 경우를 예시로 들어 이해를 돕고자 한다.

나는 수시 지원한 4개 대학 모두 컴퓨터 전공을 희망했는데, 지원하고자 하는 진로에 통일감이 없다면 교과 심화 내용을 중심으로, 나와 비슷한 경우에는 진로에 대한 내용을 추가하여 비교과를 준비하는 것을 추천한다. 진로를 연계한 비교과를 작성하고 싶다면, 자신의 진로와 그나마 연관 있는 과목과 아닌 과목을 구분하자. 나의 경우에는 관련 있는 과목은 수학과 생명과학이었고 관련 없는 과목은 국어, 영어, 지구과학 등이 있었다. 이때, 전공과 관련 있는 과목은 교과 심화 내용의 비교과를, 관련 없는 내용은 전공을 어떻게든 엮어 준비해보자. 희망하는 학과에서 주의 깊게 살펴볼 과목이라면, 거기서 굳이 꿈과 진로를 설명하는 것보다 그 과목에서의 능력치를 보여주는 것이 더 효과적이다. 반대로, 연결하기 어려운 과목에서 진로를 향한 열정을 피력한다면, 학생의 진로와 역량을 외려 눈에 띄게 만드는 효과를 누릴 수 있을 것이다.

교과 심화 내용을 준비할 때는 교과 외 과정을 탐색하려 시간을 낭비할 필요 없다. 교과 과정에서 조금 나아간 수준으로, 어려웠던 개념 및 문제를 어떻게 해결했는지에 집중하자. 나는 수학2 과목에서 한 점에서 그은 이차함수의 두 접선 문제에서 규칙성을 발견하는 문제 풀이를 통해 기초 개념으로부터 다음 교과 과정인 기하 과목의 포물선 준선 개념을 유도함으로써, 교과 과정 내에서 심화한 학습 능력을 보여주려 애썼다.

진로 내용과 연계할 때는 뚜렷한 꿈이나 목표를 설정하면 좋다. 나의 경우에는 "뇌파와 연결하여 안구를 복원하지 않고도 시각장애인에게 시각을 되찾아줄 수 있는 VR 기기 개발"이라는 구체적인 진로 목표를 생활기록부 전체의 방향으로 잡고, 각 과목에서 가닥을 잡아 연결하는 식으로 비교과를 준비했다. 생명과학1에서는 근육 신호와 뇌신경 내용을, 언어와 매체 (국어) 과목에서 언어의 개념과 인공지능의 언어 창조 가능성을 다루는 보고서의 결론을 진로와 연결함으로써 생활기록부 내용에 통일감을 주고 진로 역량과 열정을 보여주고자 했다.

위의 언어와 매체 보고서가 앞서 말했던, 전공과 관련 없는 과목의 세부능력 및 특기사항에 전공을 연결 지은 예시 중 하나다. 언뜻 보기에 컴퓨터 공학과 국어 과목은 전혀 관련이 없어 보일 수 있다. 그러나 나는 모든 소프트웨어를 제작하는 것이 컴퓨터 '언어'라는 생각에

착안하여 주제를 잡았다, 결론적으로 내가 작성한 보고서는 인간이 프로그래밍 언어를 창조하고, 그 언어로 만든 인공지능이 다시 언어를 새롭게 만들어낸다면 언어가 언어를 스스로 창조하는 것이 가능하냐는 논의를 주요하게 다뤘다. 이를 통해 숱한 인공지능의 인간성, 그리고 창의성에 대한 논의를 새로운 국면에서 조명하여 전혀 연관 없어 보였던 국어라는 과목을 컴퓨터 과학과 윤리의 영역으로 끌어들였다. 이처럼 전공과 연관이 없어 보이는 과목을 억지스럽지 않게 전공에 대한 여러분의 열정이나 심층적 사고로 연결하기 위해서는, 지원하는 전공 관련 분야에서 과목과 연관된 개념을 찾는 것을 추천한다. 내가 프로그래밍 언어에서 '언어'를 발견했듯 말이다. 구체적인 진로와 정확히 같은 결의 내용이 아니어도 좋다. 해당 학과에 대해서 조금이라도 더 알아보고, 유망한 분야나 요구하는 역량 등을 학교에서 공부한 과목에서 찾아보는 것이 가장 도움이 된다.

## °수시와 정시의 병행

고등학교 학생들의 여러 고민 중 하나는 수시와 정시를 동시에 준비하는 방법일 것이다. 정시까지 바라보는 학생이라면, 수시와 정시를 '동시에' 준비한다는 생각보다는 특정 기간에 둘 중 하나를 '선택'하고 그것에만 '집중'한다는 생각으로 일정을 조정하는 게 도움이 되리라 생각한다. 나의 경우에는 내신을 집중적으로 준비할 때는 2~3주 정도 과감히 수능 공부를 중단했다. 사실 수능은 쉽게 말하면 감의 싸움인

데, 수능을 준비하는 초반에는 수능에 필요한 개념을 처음부터 점검하기 때문에 몇 주 정도 수능 문제를 풀지 않는다고 해서 크게 감이 떨어지거나 하지 않는다.

앞서 말했던 비교과 또한 마찬가지다. 3학년 1학기 마지막 비교과를 준비하는 여름은 정시를 준비할 때도 중요한 시기이기 때문에 짧은 시기 동안 수능 생각을 아주 잠시 접고 비교과를 짧고 효율적으로 준비하자. 그 외 시간에는 전부 수능에 투자하는 것을 추천한다.

### 공부할 때 가장 도움 되었던 누군가의 한마디

> "강한 자가 해내는 것이 아니다.
> 울고 힘들어하더라도, 결국 해낸 자가 강한 자다."

이야기는 길었지만, 고등학교를 졸업한 지 벌써 4년이 지난 오랜 선배의 작은 경험일 뿐이라 여러분에게 도움이 될지 확언하기는 어렵다. 다만 가장 강조하고 싶은 것은 여러분 자신의 상태를 잘 알고 준비하는 것이 중요하다는 점이다. 메타 인지는 단기간에 쌓기 어렵지만, 자신의 실력과 계획을 점검하며 발전하는 과정만으로도 여러분의 공부에 오래도록 도움이 되리라 믿는다. 마지막으로, 이 글을 읽어준

학생 여러분에게 해주고 싶은 말과 함께 나의 공부법 소개는 여기서 마치고자 한다.

나에겐 지난 중, 고등학교 생활에 대한 후회는 단 한 톨도 남아 있지 않다. 최선을 다해 노력하고 공부했으니까 가능했던 일이다. 대학에 가서, 혹은 다시 입시를 준비하면서 지난 학교생활 및 수험 생활에 대한 일말의 후회도 남지 않도록 최선을 다하길 바란다.

그리고 여러분은 잘하고 있으니, 너무 불안해하지 않으면 좋겠다. 고등학교 2학년 때 짝꿍을 했던 같은 반 친구의 말을 들려주고 싶다.

"울고 힘들어하는 네가 나약하다고 생각하지 마. 힘들어하고 울면서도 결국엔 항상 해냈으니까 넌 사실 강한 사람인 거야."

### 고려대학교 사학과 ☆ 김하늘

고려대학교는 사학과와 한국사학과가 나누어져 있어 사학과의 경우 세계사를 위주로 배우는 학과라고 보면 된다. 대학 입학은 성균관대학교 의상학과에 수시 전형으로 입학하였고, 이후 2학년을 마치고 일반 편입을 하여 고려대학교에 다니게 되었다.

#### ¨ 반복의 중요성

나만의 독특한 공부법이라고 할 만한 것은 없지만 다른 학생들처럼 학원에 다니지 않고 혼자서 공부했다는 부분이 특이한 점이라고 할 수 있다. 일부러 다니지 않은 것은 아니고 초등학교 때부터 혼자 공부해 버릇하다 보니 학원의 필요성을 크게 느끼지 못한 것 같다. 사실 공부나 성적에 욕심이 아주 많은 편도 아니고 밤새워 공부하는 친구들만큼 열심히 할 정도로 의욕이 있는 사람도 아니었기 때문에 그랬던 것 같기도 하다. 게다가 학원에 다니는 주변 친구들을 보면 학원에 들이는 시간에 비해 성적이 크게 오르지도 않고 오히려 효율적으로 공부하지 못하는 것 같다는 생각이 들었고, 차라리 그 시간에 내가 할 수 있는 방법으로 공부하는 것이 낫다고 판단하게 되었다. 학원에 다니지 않다 보니 될 수 있으면 학교 수업 시간에 집중하려고 노력했고, 선생님들이 중요하다고 강조하시는 부분들을 놓치지 않으려 했다. 판서를 하시는 선생님이 계시면 그대로 노트에 정리하여 부연 설명을 적었고, 이를 반복해서 보았다.

암기 과목이든 아니든 상관없이 공부하는 데 가장 중요한 것은 '반복'이라고 생각한다. 암기과목의 경우 교과서를 반복해서 읽거나 수업 시간에 필기한 노트를 여러 번 읽었다. 몇 번 읽다 보면 이어지는 내용, 관련이 있는 내용들이 자연스럽게 머릿속에 떠오르게 되고, 나중에는 교과서나 노트를 보지 않고도 내용을 읊을 수 있는 정도가 된다. 수학 문제집을 풀 때에도 문제집에 바로 풀이와 답안을 작성하는 것이 아니라 노트에 문제 번호를 적고 문제를 푸는 형식으로 공부했다. 문제집에 바로 체크하면 나중에 지우고 다시 풀어보려고 할 때 연필 자국이 남아 자꾸 그것을 보게 되어 아예 흔적이 보이지 않도록 하려고 이 방법을 이용한 것이다. 이렇게 노트를 이용하면 같은 문제를 여러 번 풀어볼 수 있고, 계속해서 틀리는 문제를 확인해 내가 어떤 개념을 모르는지 확실하게 인지할 수 있다.

가장 자신 있는 과목은 역사였다. 나는 역사를 공부할 때 이야기의 형태로 기억하는 것을 좋아했다. 단순한 사건들의 암기라기 보다는 특정 사건의 발생으로 또 다른 사건이 일어나고, 그렇게 사건들의 연결고리를 찾아가며 이해하는 것이 재미있었다. 앞에서 언급한 반복학습이 가장 크게 다가온 과목 역시 역사라고 볼 수 있다. 아무래도 역사는 암기 과목이다 보니 반복하여 학습하면 오래, 확실하게 기억에 남았다. 나는 교과서와 내가 따로 필기한 노트를 같이 반복해서 읽었다. 처음 읽을 때는 시간도 오래 걸리고 앞에 읽은 문장이 기억나지 않아 되돌아와 읽어야 해서 힘들지만, 읽다 보면 확연히 줄어드는 시간을 체감할 수 있을 것이다.

　나는 설명을 들어도 그때만 이해가 되고 금방 잊어버려서 설명을 들은 후 직접 생각을 정리해 보거나 문제를 풀면서 습득해야 기억에 오래 남았다. 그래서 반복을 더 중요하게 생각했던 것 같다. 수업 한 번 듣는 것, 교과서 한두 번 읽는 것으로는 진짜 나의 것으로 만들어지지 않기 때문에 반복하여 교과서와 필기를 읽어보고, 같은 문제를 또 풀어보며 해당 개념을 온전히 나만의 것으로 만들었다.

　잠이 많은 편인 나는 공부할 때도 일정 시간 이상의 수면을 꼭 지켜야만 했다. 밤에 오래 자는 대신 낮잠은 될 수 있으면 자지 않으려고 했다. 공부할 때 잠이 오면 최대한 몸을 움직여 피곤을 떨치려는 노력을 해보고, 그래도 너무 졸릴 때는 잠깐 엎드려 쪽잠을 자고 일어났다. 침대에 누워서 자면 너무 오래 자거나 자고 나도 계속 졸리기 때문에 공부해야 할 경우 책상에서 잠깐 자고 일어났다. 커피나 에너지 음료를 마시지 못해서 졸리면 잠시 움직이거나 일어나 물을 마시고 오는 등의 행동을 했던 것 같다.

　잠을 중요하게 여겼기 때문에 학창 시절은 물론 지금까지도 밤을 새웠던 기억이 손에 꼽을 정도로 적다. 다들 시험공부를 하며 밤을 새워 본 기억이 있을 것 같은데, 나는 시험 기간에 밤을 새웠던 적이 없다. 밤을 새우게 되면 그다음 날 뿐만 아니라 일주일 내내 피곤하기 때문에 시험 기간에도 충분히 잠을 잤다. 혹시나 공부할 시간이 부족하다고 하더라도 극단적으로 잠을 줄이면 피곤해서 시험 볼 때 실수하거나 제 실력을 발휘하지 못할까, 걱정이 되어 컨디션 관리 차원에서 잠을 충분히 잤다. 대신 평소보다 아침 일찍 일어나 전날 봤던 내용을 다시 읽거나 당일 시험인 과목을 공부하는 등 아침 시간을 활용했다. 시험 당일에는 꼭 평소에 일어나는 것보다 일찍 일어나 정신을 차리고 마무리하는 느낌으로 정리해 둔 것들, 다시 확인해야 할 것들을 확실히 해 두었다. 늦게까지 자다가 시험을 보러 가게 되면 잠이 다 깨지 않아 실수할 확률이 높기 때문에 이 역시 잠이 많은 내게는 필수적인 것으로 생각했다.

## ¨ 당연한 것들을 확실히

가능한 학교의 모든 활동에 참여하는 것이 내가 학창 시절 특별하게 한 것이라고 할 수 있다. 학교에서 하는 행사, 특강, 교내 대회 등등 다양한 활동들에 되도록 모두 참여할 수 있도록 했다. 학원에 다니지 않으니 방과 후 이루어지는 활동들에 제약 없이 참여할 수 있었고, 덕분에 많은 경험을 할 수 있게 되었던 것 같다.

당시에는 생활기록부에 한 줄이라도 더 적기 위해 했던 것들이었지만, 생각해 보면 도움이 되었던 활동들이 많았던 것 같다. 나는 동아리와 자율 동아리의 부장, 학급 회장, 학생 자치 법정 검사, 학교 홍보단, 인문학 프로그램 참여 등 다양한 활동들을 했다. 이 중 도움이 되었다고 명확하게 이야기할 수 있는 것이라고 한다면 편입 논술 시험에서의 경험을 예시로 들 수 있다. 편입 논술 시험을 거의 준비하지 못하고 치렀는데, 논술 제시문 중 하나가 고등학교 인문학 프로그램에서 다뤘던 책이었다. 당시에는 책이 어렵기도 하고, 발췌를 하고 토론한다는 것이 쉬운 과정이 아니어서 불만을 가지고 활동에 임했던 기억이 있는데, 그때 그렇게 생각하고 이야기했던 것들이 떠올라 논술 답안을 어렵지 않게 작성했다. 특별하지 않다고 생각했던 학교의 활동들이 이렇게 내게 다시 도움이 되어 돌아온다는 것이 새삼 놀라웠고, 그렇기 때문에 이 책을 읽을 분들께 학교의 다양한 프로그램에 될 수 있으면 많이 참여하라고 권유하고 싶다. 당장의 생활기록부, 성적에 연연하며 입시에 필요한 활동들을 하는 것도 당연히 중요하고 등한시할 수는 없지만, 그만큼 학교의 활동들이 인생을 살아가는 데 있어 자신도 모르는 사이 도움이 될 것이라고 말해주고 싶다.

  사실 나도 진로가 명확하지 않아 학과를 정하는 데 비교적 늦은 편이었다. 고등학교 1, 2학년 때는 막연히 경영, 언론 정보같이 많이 들어본 학과를 희망했었다. 그러나 내가 막상 들어간 곳은 의상학과. 이 진로가 정해진 데는 동아리의 힘이 컸다. 고등학교에 입학하고 나서 처음 하는 결정이 아마 동아리일 것이다. 나는 어렸을 때부터 키가 커서 모델을 하라는 소리를 자주 들었고, 이 때문에 별생각 없이 의상반에 들어가게 되었는데, 그것이 나에게 길을 만들어주었다. 동아리 차장이었던 한 학년 선배와 친분이 있었는데 그 선배가 성균관대학교 의상학과에 합격했다는 말을 들었고, 의상학과가 있는지도 몰랐던 나는 그저 신기해했었다. 그런데 선배가 의상학과는 실기가 없이 성적과 자기소개서만 필요하다는 말을 듣고 '나도 한 번 해볼까?'하는 생각이 들었고, 이것이 사건의 발단이었다. 선배의 적극적인 도움으로 인해 자기소개서를 작성하고 학교 비교과 항목들도 의상과 관련한 것들로 채워 나갔다. 갑작스러운 희망 학과의 변경으로 고등학교 초반과 다른 내용들이 많았지만, 자기소개서에서 이 이야기를 풀어나갔다. 여담이지만 수시 6개 중 3개를 의상 쪽 학과로, 3개를 경영학과로 썼다. 경영을 지원한 학교의 면접에서 생활기록부에는 의상과 관련된 내용이 많은데 왜 경영을 지원했냐는 질문만 세 번 넘게 들은 것 같다. 면접관을 잘 납득시킨 것인지 다행히 합격하기는 했는데, 자신만의 이야기로 설득할 자신이 없다면 나처럼 아예 다른 학과에 지원하는 것은 추천하지 않는다.

또 나는 의상학과에서 사학과로, 아예 다른 분야의 학과로 편입했다. 앞서 말했듯 나는 학창 시절 역사 과목을 좋아했었다. 의상학과를 다니며 이 길은 내 길이 아님을 깨닫고 전과를 희망했으나 성균관 대학교는 전과가 불가능했고, 이에 차선책으로 생각한 것이 편입이었다. 사실 일 년 동안 휴학을 하면서 편입 공부를 하려고 했는데, 운 좋게 시험 삼아 본 첫 시도에 합격하게 되어 고려대학교에 다니게 되었다.

그래서 내가 하고 싶은 말이 무엇이냐. 진로가 명확하지 않다면 지금 당장 내가 가장 좋아하는 학과로의 진학을 생각하라는 것이다. 나중에 대학에 가서 그 과가 나와 맞지 않는다고 생각된다면 전과할 수도, 전과가 안 된다면 나처럼 편입할 수도 있다. 한 번의 선택으로 모든 것이 결정되는 것이 아니므로, 다양한 방법이 있으므로 너무 고민하지 말고 자신이 가장 좋아하는 것이 무엇인지를 먼저 생각해 보는 것이 좋을 것 같다.

# 매일 공부를 하면서 루틴을 지키려고 노력했다

### 고려대학교 사학과 ☆ 김현율

현재 고려대학교 사학과에 재학 중이다. 사학과는 세계화가 급진전하여 가는 상황에 발맞추어 학생들에게 세계 역사에 대한 전문 지식을 가르치며, 동양과 서양 어느 한쪽에 국한되지 않는 폭넓은 역사학적 안목을 기르도록 하는 과다. 나는 역사를 배우며 과거를 통해 현재와 미래에 대해 생각해 볼 수 있다고 생각해서 사학과에 진학했다. 나는 2024학년도 정시 전형으로 입학한 재수생이다. 2023 수능 때에는 언어와 매체 3등급, 미적분 3등급, 영어 3등급, 한국사 1등급, 생명과학1 5등급, 지구과학1 4등급 라는 성적표를 받고 대학교에 다니다가 반수를 통해 2024 수능에서 언어와 매체 2등급, 미적분 1등급, 영어 2등급, 한국사 1등급, 생명과학1 2등급, 지구과학1 1등급이라는 성적을 받았다.

## ¨ 나의 공부법

내가 반수를 시작하며 했던 다짐은 한 가지이다. 매일매일 학원에 나가서 공부하겠다고 다짐하고 시작했다. 이렇게 생각한 이유는 내가 현역 시절 정시에 실패한 원인이 공부 시간의 부족이라고 생각했기 때문이다. 그렇게 공부 시간을 기본적으로 가져가고 나니 성적은 계속 올랐다. 또한 나는 매일 공부를 하면서 루틴을 지키려고 노력했다. 현역 때 나는 수업 시간에 하고 싶은 과목만 공부했고 다른 과목들에 소홀했기에 성적이 안 좋았다는 생각도 했다. 그래서 루틴을 세우게 되었는데, 나의 루틴은 아침에 가서 수능 시간표대로 국어 공부를 하고 수학 공부, 영어 공부, 탐구 공부를 순서대로 하는 것이다. 이렇게 시간표대로 하는 이유는 내 몸이 수능 날 익숙해져서 시험에서 나에게 익숙하지 않은 상황이 오더라도 시간대에 맞춰 풀던 몸이 덜 당황하게 해주기 때문이다. 나는 8시에 학원에 도착해서 11시 정도까진 국어 공부를 하고 수학 공부를 시작했다. 수학 공부를 4~5시 정도까지 한 뒤 영어 공부를 하고 남은 저녁 시간에 탐구 공부를 했다. 국어와 수학은 꾸준히 해야 성적이 오르기에 매일 많은 시간을 투자하였다.

국어 공부는 인터넷 강의, 주간지, 기출문제, 모의고사를 시기별로 다르게 이용하며 공부했다. 초반엔 기출문제와 인터넷 강의로 공부했다. 가자마자 인터넷 강의 범위에 맞는 문제를 풀고 푼 문제가 기억에 남는 상태로 인터넷 강의를 들었다. 그렇게 한 뒤 기출문제를 풀어서 인터넷 강의에서 들은 내용을 기출문제에 적용하려고 노력했다. 그러다가 점점 인터넷 강의의 비중을 줄이고 내가 문제를 많이 푸는 방향으로 가려고 했다. 주간지와 기출문제, 모의고사를 풀며 내가 어느 부분을 지속적으로 틀리고, 어떤 부분은 잘 맞히는지에 대해 파악하고 부족한 유형은 그런 문제를 더 풀며 보완해 나갔다. 개인적으로 국어는 인터넷 강의보다 자신이 깨닫는 것이 중요하다고 생각한다. 인터넷 강의 선생님들도 서로 가르치는 방향이 다른 만큼 국어 공부에는 정답이 없다. 자신이 문제를 풀며 어떠한 방식이 잘 맞는지 찾는 것도 중요하다.

## ¨ 가장 신경을 많이 쓴 수학 공부법

★ 수학에 관한 기본이 있다면 초기에 모든 개념 인터넷 강의부터 듣기보다는 기출문제를 풀며 내가 틀리고 모르는 문제에 관한 부분의 개념 강의만 본다. 그렇게 모르는 부분의 개념만 다시 정리하다 보면 어렵지 않은 4점 문제들은 쉽게 해결할 수 있다.

★ 상위권으로 가기 위해 가장 중요한 어려운 4점 문제들을 풀기 위해서는 생각을 많이 하는 것이 중요하다. 이 문제를 해결하기 위해 문제에서 준 단서가 무엇인지, 그 단서를 통해 내가 해야 하는 행동이 무엇인지를 알게 되면 문제는 해결이 될 것이다. 처음엔 분명 어려울 텐데 인터넷 강의나 해설지를 통해 그것을 알고 여러 번 복습하며 자신이 생각하는 시간이 많아진다면 나중엔 스스로 어려운 4점을 풀 수 있을 것이다.

★ 모의고사를 통해서는 시간 관리를 하고 어려운 문제를 어떻게 대해야 할지에 대한 판단을 가진다. 요즘 수학은 예전같이 어렵게 출제되기보단 적당히 어려운 문제를 많이 출제하는 만큼 문제 번호에 대한 편견은 버리고 모든 문제를 시도해 본 뒤 어렵다면 포기하는 것이 좋다. 그렇게 적당히 포기하는 것을 알아야 실전 상황에서 어려운 문제에 잡혀 있기보다는 검토나 덜 어려운 문제에 도전하여 점수를 높

일 수 있다.

모의고사는 점수를 잘 받고자 하는 것이 아니다. 물론 점수를 잘 받는 법도 배울 수 있겠지만 모의고사를 통해 최대한 많은 상황에 노출되어서 그 상황을 어떻게 이겨낼지에 관한 공부가 가장 중요하다. 시간 관리와 어려운 문제 버리기, 새로운 문제 해결하기와 같은 것들을 연습하면 실전도 그렇게 낯선 상황이 아니게 되어 덜 당황할 수 있고 그만큼 본 실력을 나타낼 수 있을 것이다.

### ¨ 수험 생활에 관한 몇 가지 팁

★ 공부를 하다 보면 분명 너무 힘든 상황이 있을 것이다. 그것에도 단계가 있을 텐데 마냥 하기 싫을 때 나는 수학 문제를 풀었다. 하던 공부를 멈추고 노래를 들으며 수학 공부를 하다 보면 그래도 시간도 잘 가고 힐링이 될 수 있을 것이다. 물론 노래를 들으며 문제를 푸는 것은 좋지 않지만 그래도 슬럼프를 해결하기엔 좋은 해결책이었다. 이처럼 본인이 좋아하는 과목의 공부를 하며 슬럼프를 극복해 보도록 하자.

★ 잠은 항상 부족할 것이다. 아무리 카페인을 먹어도 잠이 올 때에 나는 잠을 잤다. 유튜브에 15분 낮잠이라는 영상이 있는데 그 영상을

틀어 놓고 잠을 자면 15분 후에 알람을 해준다. 그걸 하고 나면 정말 귀신같이 개운해진다. 너무 졸려서 집중되지 않을 때는 오히려 잠시 쉬었다가 시작해 보자. 더 많은 공부를 할 받침대가 되어줄 것이다.

★ 분명 수험 생활이 쉽지는 않을 것이다. 정체기가 오고 스트레스를 받는다면 정말 공부가 손에 잡히지 않을 텐데 나는 그날은 그냥 학원을 가지 않고 집에서 푹 쉬었다. 그런데 그날이 나에게 많은 도움이 된 것 같다. 집에서 쉬며 생각도 다시 해보고, 아무 생각 없이 보내기도 하며 힐링을 잠시 하는 게 정말 중요하다. 나는 딱 하루 쉬면서 그렇게 했는데 최대한 참아보다가 그런 시간을 갖는 걸 추천한다.

## 공부할 때 가장 도움 되었던 누군가의 한마디

> "공부는 힘들고 끝은 보이지 않을 거야. 그래도 수능이 끝난 뒤에
> 네가 너 스스로를 되돌아볼 때 부끄럽지 않게 노력했으면 좋겠어.
> 항상 응원할게."

마지막으로, 제가 공부할 때 가장 도움이 되었던 어머니의 말씀이 있다. 어머니께서는 "공부는 힘들고 끝은 보이지 않을 거야. 그래도 수

능이 끝난 뒤에 네가 너 스스로를 되돌아볼 때 부끄럽지 않게 노력했으면 좋겠어. 항상 응원할게, 아들"이라고 말씀해 주셨다. 여러분도 꼭 후회가 남지 않게 노력하고 자신과 응원해 주신 부모님께 부끄럽지 않은 시간을 보내서 좋은 결과를 얻길 바란다.

**한양대학교 ☆ 김효정**

글의 제목에 역사가 들어가서 그냥 넘긴 사람도 있겠지만, 이래 봬도 수학 & 과학으로 고등학교 꽉꽉 채워서 보낸 이과인이다. 본인을 간단히 소개하자면, 현재 한양대학교 서울캠퍼스에 재학 중인 졸업이 1년도 안 남은 대학생이라고 할 수 있다.

### ¨ 역.알.못에서 KBS 진출까지, 역사 공부 잘하고 싶은 사람?

우선 나는 초·중학교 재학 당시 역사 과목으로 처참하게 평균을 깎아 먹던 사람이었고, 부끄럽지만 역사 과목에서 70점을 넘겨본 적이 없었다. 이에 스스로에게 당당해지고 싶은 마음에, 고등학교에선 역사 과목과 담판 지어 보기로 다짐하게 되었다.

고등학교에 재학 중이던 시기, 마침 '3·1운동 및 대한민국임시정부 설립 100주년'을 맞아 이를 기념하기 위해 다양한 곳에서 역사 관련 행사들이 개최되었다. 그중 하나가 바로 KBS 〈도전! 골든벨〉이었다.

해당 기회를 통해 역사를 제대로 마스터해보고 싶었고, 교내외의 수많은 역사 덕후들과 함께 도전장을 내밀었다. 결과적으로, 약 3차례의 치열한 예선을 거쳐 마침내 KBS 행 티켓을 쟁취해 낼 수 있었다. 그러나 TV 프로그램에 출연한다는 기쁨도 잠시, 역사 덕후들 사이에서도 엄청난 경쟁을 뚫고 온 '찐'들과 함께, 그것도 카메라 앞에서 함께 문제를 풀어야 한다는 생각에 당시 상당히 많은 부담이 되었다.

공영 방송 채널에서 전국구 적으로 방송된다는 점과 가족과 친척, 친구들, 학교 선생님들과 아는 지인들까지 모두 본다고 생각하니 촬영을 도저히 가볍게 생각할 수 없었다. 짧게 공부한 얕은 역사 지식이 들통나서 방송에서 창피를 당한다면, 나의 소심한 성격상 얼굴을 들고 다니지 못할 것 같아, 촬영 전까지 정말 죽기 살기로 공부했던 기억이 아직도 생생하다.

### ¨ 'Why, How, For example' 공부법

다양한 방법으로 공부를 시도했으나, 개인적으로 가장 덕을 크게 본 방법은 바로 'Why, How, For example' 공부법이었다. 범위와 양이 방대한 역사 과목의 특성상, 무조건 적으로 암기하는 것은 좋은 방법이 아니라는 것을 나는 그동안의 수많은 경험과 실패로 알고 있었다. 따라서 각 시대별로 상징적이고 중요한 사건을 중심으로 해당 사건이 '왜(Why)' 일어났고, '어떻게(How)' 진행됐으며, 꼭 알아야 할 '인물 혹은 단체(For example)'를 정리하는 것으로 공부를 시작했다.

이 방법은 수많은 사건, 사고들이 일어났던 조선시대 후기부터 근현대사에 상당히 적합한 공부법이었다. 특히 일제강점기 시대와 광복 이후 남·북의 분단 과정, 그리고 현대사에서 가장 활용도가 높았다.

　최종적으로 'Why, How, For example' 공부법을 바탕으로 나는 KBS 〈도전! 역사통일골든벨〉에서 최후의 3인까지 생존할 수 있었다. 누군가에게는 별것이 아닐 수 있지만, 역.포.자에 가까웠던 나에게 해당 기억은 역사 과목과의 대결에서 승리했던 나름 상징적인 사건으로 남아 있다. 참고로 해당 방송이 궁금하다면, 2019년 8월 15일 광복절에 방영된 KBS 〈도전! 역사통일골든벨〉을 확인해 보면 된다.

　고등학교를 마지막으로 역사에게 안녕을 고할 수 있을 줄 알았는데, 역시 인생살이 새옹지마(塞翁之馬). 대학교 입학 후, 등록금을 뽕 뽑겠다는 마음으로 흥미로워 보이는 교양이란 교양은 다 잡아다가 수강을 해버렸다. 그중에는 〈중국근현대사〉라는 과목도 있었다. 지금 와 생각해 보니 당시에 도대체 무슨 생각으로 보기만 해도 가슴이 꽉 막히는 이 강의를 잡았는지 모르겠다. 아무튼 학점을 버리지 않기 위해 열심히 강의를 들었지만, 다사다난한 중국의 근현대사는 역시 쉽지 않았다. 심지어 지필고사는 100% 서술형 답안을 요구했었기에, 강의를 들을 때마다 정말 수강 포기가 절실했다. 그러나 한국사로 골든벨에서 나름 좋은 성적 좀 내봤다는 알량한 자존심에 차마 포기하지 못하고, 열심히 강의를 수강했다. 깨질듯한 머리를 잡고 시험공부를 하며 느낀 점은 이 'Why, How, For example' 공부법이 서술형 답안을 작성하기 참 좋은 공부 방법이라는 것이다. 덕분에 자랑질 아닌 자랑질이지만, 해당 과목에서 A+의 성적을 얻어 나의 작고 소중한 자존심을 챙길 수 있었다.

혹시 방대한 양의 암기 과목에 애를 먹고 있는 사람이 있다면, 이 'Why, How, For example' 공부법을 추천하고 싶다. 단순 입시를 위한 공부 방법이 아닌, 100% 서술형 주관식 시험에도 톡톡히 효과를 본 방법이니, 속는 셈 치고 한 번 시도해 봐도 좋을 것 같다.

### 공부할 때 가장 도움 되었던 누군가의 한마디

"세상에 정답이 없듯이, 공부 방법에도 정답은 없다.
공부란 그저 세상에 있는 수많은 지식을 나에게 가장 잘 맞는 방법으로
흡수해 보는 경험일 뿐이다."

내가 가장 힘들 때, 세.젤.지(세상에서 제일 지혜로운 여자)인 나의 창조주이자 어머니께서 해주신 말이 있다.

"세상에 정답이 없듯이, 공부 방법에도 정답은 없다. 공부란 그저 세상에 있는 수많은 지식을 나에게 가장 잘 맞는 방법으로 흡수해 보는 경험일 뿐이다."

이 글을 보는 모두가 이 책에서 자신이 원하는 것을 조금이나마 얻

어갈 수 있기를 바라며, 글을 마무리 지으려고 한다. 아래는 내가 학창 시절부터 가슴에 품고 다닌 말이자, 나의 모토(Motto)이기도 한 문장이다. 모쪼록 모두 자신의 분야에서 건승하기를!

하느님, 저에게 제가 바꿀 수 없는 것을 받아들일 수 있는 차분한 마음과 제가 바꿀 수 있는 것을 바꿀 수 있는 용기와 언제나 그 차이를 분별할 수 있는 지혜를 주소서. _커트보니것, 「제5도살장」

# 학교에서 지쳐 돌아오곤 했던 나는 어느 날

**고려대학교 영어영문학과 ☆ 김희서**

현재 고려대학교 영어영문학과에 재학 중이다. 나는 어렸을 때부터 다양한 언어에 관심이 많은 아이였다. 그중에서도 영어는 내가 가장 좋아하는 언어였기에 이렇게 영어영문학과에 다니게 되어 하루하루 행복한 마음뿐이다. 학창시절에 나는 공부를 재미있어하기도, 공부 때문에 슬럼프를 겪기도 했지만 돌이켜 생각해보면 그 모든 경험들이 나를 발전시키는 좋은 양분이었다고 생각한다. 내가 걸어온 길을 앞으로 걸어 나가실 후배들에게 들려줄 이야기가 조금이나마 보탬이 되었으면 좋겠다.

## ¨ 첫 번째 이야기. 슬럼프

중고등학교를 졸업하고 대학 동기들과 이야기를 나눌 때 빠지지 않고 등장하는 소재가 있다.

"학창 시절에서 제일 기억에 남았던 순간은?"

만일 내게 학창 시절에서 가장 중요한 순간을 꼽으라고 한다면 나는 망설임 없이 중학교 때 겪었던 슬럼프를 언급할 것이다. 솔직히 말하자면, 중학교는 내게 아직까지도 꽤나 힘들었던 기억으로 남아있다. 초등학교 때와는 달라진 공부 환경, 순탄치만은 않았던 친구관계와 열심히 해야 한다는 압박감. 여러 가지 스트레스를 참고 견디는 것에 지쳐있었던 나는 처음으로 큰 슬럼프를 맞이했다. 그때 나를 우울에서 건져 올린 것은 내 취미였던 글쓰기였다.

학교에서 지쳐 돌아오곤 했던 나는 어느 날부터인가 스트레스를 받는 일이 있을 때마다 원고지에 몇 자씩 단편 소설을 쓰곤 했다. 신기하게도 그렇게 취미에 몸을 푹 담글 때면 현실에서 벗어나 위안을 얻는 느낌을 받았다. 그러던 중 친구의 조언으로 소설 연재 사이트에 원고를 투고해 실제 연재 제의를 받은 경험이 있는데, 이 경험이 바로 내가 슬럼프를 끝내고 열정을 되찾게 된 계기였다. '공부'라는 학생의 본분을 뒤로 한 채로 내가 원하고 잘하는 일에 몰두하는 경험은 어린 나이의 내게 아주 큰 카타르시스로 다가왔다. 그 이후 나는 누구에게도 말하지 않은 채 학교에서는 학생으로, 집에서는 작가로 지내는 흥미로운 이중생활을 지속했고, 이는 아이러니하게도 내가 더욱 학업에 집중하게 하는 원동력으로 작용했다. 이때의 일을 계기로 나는 공부라는 '책임'과 취미라는 '자유'를 적절히 섞는 방법을 알게 되었다. 중학교 때는 조용히 쓰던 글, 남몰래 하던 이중생활이었지만 대학생이 된 지금은 공부할 때에는 공부를, 노는 시간에는 글을 쓰면서 당당히 대학생활을 하고 있다. 만일 이 글을 읽는 당신이 자신의 취미를 떠올리고 있다면, 아무리 사소한 것이라도 그것을 소중히 해달라고 부탁하고 싶다. 만일 당신도 언젠가 슬럼프를 겪게 된다면, 별것 아니었던 소소한 행복이 그 슬럼프를 이겨낼 원동력이 되어줄 수 있기 때문이다.

## ¨ 두 번째 이야기. 수학

앞서서 중학교 이야기를 했다면, 이젠 고등학교 시절의 이야기로 넘어가고 싶다. 고등학교 때 내 발목을 잡은 것은 슬럼프도, 친구관계도 아닌 '수학'이었다. 나는 현재 영어영문학과에 진학한 덕에 수학을 더는 사용하지 않지만(그리고 앞으로도 사용하지 않기를 간절히 바라지만), 과거의 나처럼 수학 때문에 고생하는 학생들이 많을 것 같다는 생각에 두 번째 이야기 테마를 '수학'으로 잡았다.

나는 어렸을 때부터 수학에 큰 재능이 있는 아이는 아니었다. 국어, 영어, 사회 등 학생들이 소위 말하는 '문과적인' 과목은 별다른 노력 없이도 항상 상위권을 유지했지만 이상하게도 수학만큼은 아무리 노력해도 성적이 잘 오르지 않았다. 불행히도 내가 진학한 고등학교는 과학중점 고등학교여서 유달리 수학에 재능이 있는 친구들이 많았다. 게다가 내가 고등학교에 진학한 연도부터 입시 요강이 바뀌어 전처럼 문과와 이과를 따로 분리해서 수학 내신 등급을 산정하는 대신, 모두가 똑같은 시험을 치르고 함께 등급을 산정했기에 2학년까지 나의 수학 내신 성적은 형편없었다.

고3, 정신을 차려야 한다는 생각이 강하게 들었던 나는 3학년 수학 과목이었던 확률과 통계에 사활을 걸었다. 이전에 겉핥기식으로 공부했던 개념서, 기초적인 문제들만 담겨서 풀기 귀찮아했던 문제집들을 모두 꼼꼼히 정독하는 것은 물론 눈으로만 봐도 풀 수 있을 것 같은 문제들에서도 '원리'를 찾아보려고 노력했다.

쉬운 예시로, 확률과 통계의 가장 기초적인 파트에 등장하는 원순열을 들어보겠다.

「원순열의 수: 서로 다른 n개를 원형으로 배열하는 원순열의 수는 (n-1)!」

이전의 나였다면 이 공식을 암기식으로 외우고, 바로 문제에 적용했을 것이다. 물론 처음에는 그렇게 해도 아무런 문제가 없다. 오히려 속도가 빠를 수도 있다. 그러나 더 어려운 문제로 갈수록, 처음 보는 유형을 맞닥뜨리게 될수록 그 한계를 느끼게 될 것이다. 그것을 알았던 나는 쉬운 개념일지라도 하나하나 손으로 공식을 증명해가면서 공식이 나오게 된 과정을 이해하려고 노력했다. 확률과 통계의 경우 하나하나 경우의 수를 적다 보면 공식이 자연스레 이해되는 경우가 많아더 쉬웠다. 그러다 보면 위의 예시 문장이 이렇게도 읽히게 된다. '개념을 따지다 보니까, 원순열이라는 게 꼭 원이 아니어도 적용될 수 있겠는걸? 정사각뿔이라든지, 사각뿔대라든지, 회전해서 경우의 수가 일치하는 상황에서는 원순열이 적용될 수 있겠구나.' 이렇게 개념을 꼼꼼히 다지다 보니 고난도 문제들을 만나도 처음의 기초 개념으로 내려가 차곡차곡 벽돌을 쌓아 올리듯 문제를 풀 수 있었다. 만년 수학 1등이었던 내 친구가 해준 말이 있다.

"수학은 네가 위에서 문제를 내려다보는 과목이야. 네가 문제에 끌려

다니면 망한거지."

무슨 뜻인지 이해가 가지 않았던 그 말이 차츰 이해가 되기 시작한 순간, 나는 확률과 통계에서 최종적으로 1등급을 받아볼 수 있었다. 만일 이 글을 읽는 당신이 과거의 나처럼 수학에 '끌려다니는' 사람이라면 개념을 꼭 튼튼히 하라고 말해주고 싶다. 개념이 나의 것처럼 쫄깃쫄깃하게 느껴지는 순간 비로소 수학 문제를 '내려다볼' 수 있을 테니까.

## ¨ 세 번째 이야기. 면접 D-5

나는 최종적으로는 고려대학교 영어영문학과에 입학했지만 동일 연도에 연세대학교 독어독문학과에 구술 면접을 보고 최초 합격을 한 경험이 있다. 이때 면접을 본 경험과 내가 익힌 팁들이 도움이 될 것 같아 이야기해볼까 한다.

내가 지원한 연세대학교의 학교장 추천 전형은 1차는 성적, 2차는 면접으로 이루어져 있었다. 나는 내신 성적이 아주 좋은 편은 아니었기에 학교 선생님께서 '1차 합격이 확실하지 않으니 면접 준비는 하지 말자'라고 이야기하실 정도였다. 면접 준비도 하지 않은 채 마음을 놓고 있던 찰나 모두의 예상을 깨고 1차를 통과해버렸고, 2차 면접까지 일주일도 남지 않은 시점에서 부랴부랴 면접 준비를 시작했다.

구술 문제는 내게 절대 넘을 수 없는 거대한 산처럼 다가왔다. 나는 무작정 구술 면접 준비로 유명한 학원에 등록해 면접 시뮬레이션을 했는데, 그때마다 내가 얻는 것은 자신감이 아닌 좌절이었다. (가), (나), (다) 지문을 관통하는 공통된 키워드를 찾으라는 문제에서 지문 간의 차이점만 눈에 들어오곤 했고, 세 지문에 적용할 수 있는 배경지식을 활용하라는 문제에서는 상투적인 배경지식만을 늘어놓아 차별화에 실패하곤 했다. 그렇게 면접까지 5일이 남은 시점, 나는 학원과 해설서에 의존하던 기존의 전략을 버렸다. 대신 집에서 3년 치 기출문제를 프린트해 닥치는 대로 분석하기 시작했다. 내 분석이 틀렸다면 왜 틀렸는지, 맞았다면 어떻게 맞췄는지를 최대한 꼼꼼히 파악했다. 기출문제를 혼자서 분석하다 보니 깨닫는 점이 많았고, 이는 학원에서 일률적으로 받았던 이론 수업보다 훨씬 더 도움이 되었다. 아래는 치열했던 5일간의 시간을 정리한 표이다.

| 날짜 | 공부 과정 | 깨달은 점 | 시뮬레이션 점수 |
|---|---|---|---|
| D-5 | D-6, D-7차에 풀어보았던 모든 구술 면접 기출문제 재분석 | 면접 기출문제가 '물어보는 것'과 내가 '대답하는 것' 사이에 간극이 크다. 내 머릿속에 떠오르는 '멋져 보이는' 답안을 얘기하지 말고, 다소 투박하더라도 문제 출제자의 의도에 맞는 답안을 얘기하려고 노력하자. | 75.0 |

| | | | |
|---|---|---|---|
| D-4 | 연세대학교 역대 구술 면접 기출문제 분석(1) | 문제 출제자의 의도는 파악했는데, 답변을 빠르고 유창하게 하는 것에 급급한 나머지 답변의 퀄리티가 떨어진다. 말의 높낮이와 빠르기에 집착하지 말고 논리에 집중하자. | 75.5 |
| D-3 | 연세대학교 역대 구술 면접 기출문제 분석(2) | 구술에 꽤나 익숙해졌지만, 아직 많이 버벅거린다. 'A와 B를 분석해본 결과~,' 'A와 B의 차이점을 토대로~' 등 많이 쓰는 표현들을 정리해 암기 노트를 만들어 유용하게 써보자. | 86.5 |
| D-2 | 고려대, 성균관대 등 타교 역대 논술 면접 기출문제 분석 | 연세대 구술 기출문제들을 모두 풀었으니, 구술 면접과 비슷한 논리성을 지닌 타교의 논술 기출문제를 풀어보자. 논술 문제를 구술 문제처럼 푸는 것은 난이도 높은 구술 모의고사를 푸는 것과 같은 효과를 낸다. | 98.0 |
| D-1 | 오답 정리 | 많은 양의 기출문제의 오답을 정리하다 보니 여태까지 내가 저지른 오류들도 명확히 보여 공부에 도움이 많이 된다. 그리고 내가 여태까지 푼 양을 토대로 자신감도 생긴다. | 99.0 |
| D-day | D-3에 제작한 표현 암기 노트, D-1에 정리한 오답 노트 복습 | 표현 암기 노트와 오답 노트를 들고 시험 전까지 계속 암기하니 긴장도 풀리고, 여태까지 공부했던 것들이 잘 기억나서 워밍업이 되는 느낌이다. 시험 잘 치고 오자! | |

기출분석을 토대로, 나는 학원과 해설서만으로는 얻을 수 없었던 값진 지식들을 얻었다. 내가 출제자의 의도를 파악해서 답하는 대신 내가 하고 싶은 말을 하기 때문에 면접 점수가 저조하다는 점, 답변의 논리와 짜임새를 생각하는 대신 말투와 빠르기에만 집착하는 버릇을

고쳐야 한다는 점, 말문이 막힐 때를 대비해 표현 암기 노트를 만들어야겠다는 깨달음 등등. 기출 분석을 통해 얻은 노하우는 나라는 사람에게 100% 맞춰져 있어 나만의 면접 전략을 세우는 데에도 큰 도움을 주었다.

각고의 노력 끝에 면접날이 가까워질수록 시뮬레이션한 점수는 유례없이 올라 모두를 놀라게 하곤 했다. 그 결과 모두가 회의적이던 '낮은 내신을 면접으로 뒤집기' 전략을 성공시켰고, 최초 합격이라는 기쁨을 누릴 수 있었다. 나와 같이 구술 면접이 포함된 전형에 지원하는 사람이 이 책을 읽고 있다면 꼭 기출 문제를 스스로 분석하는 과정이 필요하다고 당부하고 싶다. 내가 스스로 시간을 드려 느리더라도 꼼꼼히 기출문제를 분석해보는 과정은, 나조차도 알지 못하던 나의 허점과 강점을 깨닫게 해주는 가장 빠른 길이니까.

### 공부할 때 가장 도움 되었던 누군가의 한마디

> "자꾸 '내일'을 생각하니까 머릿속이 복잡해지는 거야.
> '내일'은 절대로 네 예상대로 흘러가지 않아.
> 우린 그냥 '오늘'을 충실하게 살면 돼."

**서울대학교 컴퓨터공학부 ☆ 문동휘**

자기소개를 하자면, 서울대학교 컴퓨터공학부에 재학 중인 문동휘이다. 컴퓨터공학부는 컴퓨터와 관련된 다양한 분야를 배우는 학부로, 소프트웨어와 하드웨어를 균형 있게 다루며 각각 50% 비율로 학습한다. 2022학년도에 학생부 지역균형전형으로 합격하였다.

## ¨ 공부에 필요한 세 가지 키워드

나는 암기력과 이해력이 좋은 편이 아니다. 암기력은 남들과 비교해 보면 적당한 정도이고 이해력은 다른 친구들보다 낮다. 그런데도 성적을 유지할 수 있었던 비결은 효율적인 공부법에 있다고 생각한다. 공부에 있어서 중요하게 생각하는 세 가지 키워드는 목표 설정, 빠른 1회독, 유치함이다.

★첫 번째 키워드인 목표 설정은 공부법에서 다루기엔 너무 진부한 주제처럼 들릴 수도 있다. 하지만 목표 설정은 모든 공부의 단계 중에서 가장 중요한 요소이다. 당신은 '공부를 왜 하는가?'라는 질문에 대답할 수 있나? 공부를 잘해지기 위해서일 수 있고 원하는 목표를 이

루고 싶어서일 수 있다. 좋은 목표이다. 하지만 때로는 이러한 목표들이 추상적이고 멀다고 느껴져서 와닿지 않을 때가 있다. 여기서 말하고 싶은 목표 설정은 추상적인 목표뿐만 아니라 당장 눈앞에 보이는 구체적인 목표를 설정하는 것이다. 예를 들면 목표를 공부 잘해지기에서 특정 과목 한 등급 올리기로 바꿀 수 있을 것이다. 이러한 구체적인 목표 설정은 당장 내가 해야 할 것들을 알려준다.

★두 번째 키워드인 빠른 1회독은 좋지 않은 이해력을 보완해 준다. 빠른 1회독에 대해서 간단히 설명하자면 이해가 되지 않는 내용을 우직하게 읽으며 정해진 범위를 1회독 하는 것이다. 먼저 이해가 되지 않는 단어들을 맥락으로만 이해하고 끝까지 정독한다. 문제집 같은 경우에는 암기하지 못한 개념이 있더라도 기본 예제들을 풀어보고 기억나는 내용을 제외한 문제를 모두 틀린다. 그리고 틀린 문제를 바탕으로 왜 틀렸는지 앞의 내용을 살피는 디버깅을 하며 공부한다. 이렇게 공부하기 위해서는 모르는 것이 있다는 두려움을 인정할 수 있어야 한다. 모든 것을 한 번에 이해할 수는 없다. 1회독을 마친 뒤 앞부분을 보았을 때 처음보다 훨씬 잘 이해가 되는 경험을 할 수 있을 것이다.

★마지막 키워드인 유치함은 나의 암기력을 보완해 주었다. 공부는 정말 유치하게 하는 것이다. 예를 들어 과학 공식들을 외울 때 음정이 맞지 않는 노래를 부르며 반강제로 외우거나 전혀 관련 없는 발음만

비슷한 단어를 연상하면서 외우는 것도 효과적이다. 통합과학을 가르쳐주신 장풍 선생님께서 중학교 때 가르쳐주신 암기송이 지금까지 기억이 난다. 유치하다고 생각할 수 있지만 유치할수록 기억에는 오래 남는다.

많은 학생이 어떻게 해야 좋은 생활기록부를 만들 수 있는지 고민한다. 또는 자신이 하는 활동이 도움이 될지도 모르면서 그저 열심히 하는 경우도 있다. 생활기록부에 있어서 적극적인 참여가 가장 중요하다. 적극적임을 보이기 위해서 '이것까지 해보았다'라고, 자부할 수 있는 활동들 하기를 바란다. 예를 들면 나는 지구과학 시간에 입자의 크기가 클수록 물에서의 침강 속도가 빠르다는 사실을 배웠다. 이는 스토크스 법칙과 관련이 있는 개념이었지만 당시에 스토크스식이 잘 이해가 안 됐고 실험해 보고 싶었다. 이에 과학실에서 수조를 하나 빌린 뒤 친구와 함께 운동장 흙을 3시간 동안 팠다. 여담으로 파다가 운동장 깊숙이 박혀있던 썩은 야구공도 발견했다. 그리고 그 흙으로 침강 속도 실험을 했었다. 수조가 작고 물에 흙을 섞는 순간 혼탁해져서 결과 확인은 어려웠으나 열정을 보여주기에 충분한 즐거웠던 실험이었다. 예시가 비정상적으로 보일 수 있으나, 이 정도로 열심히 활동에 참여해 보라고 독려하고 싶어서 가장 특이한 예시를 가져와 보았다.

## 공부할 때 가장 도움 되었던 누군가의 한마디

> "감정은 사라져도 결과는 남는다."

　공부할 때 가장 위로되었던 한 마디는 "감정은 사라져도 결과는 남는다"는 것이었다. 인터넷에서 우연히 마주친 문장인데 공감되는 문장이어서 메모해 놓고 힘들 때마다 위로를 얻었다. 공부를 즐길 수 있다면 가장 좋다. 공부를 평소에 즐기기엔 주변에 재미있는 것이 너무 많다. 성취감이 느껴지면 공부 자체가 재밌어지지만, 항상 성취감을 느끼긴 어렵다. 특히 공부를 시작하기 위해서는 정말 많은 결심이 필요하다. 하지만 이를 이겨내고 해야 할 일을 하면 하기 싫었던 감정은 흩어지고 결과만이 남는다.

　가장 중요하다고 위에서 언급했던 목표 설정에 관해 이야기하며 글을 마무리하고자 한다. 무엇을 위해 우린 공부할까? 필자는 행복하기 위해서 공부한다. 그리고 가장 쉽게 행복해지는 방법은 나를 사랑해 주는 사람들에게 고마움과 사랑을 표현하는 것이다. 공부하면서 아주 힘들겠지만, 주변을 돌아보며 사랑을 나누는 여유를 갖자. 이 책을 빌어 인생의 동반자 아버지께 사랑을 전하며 글을 마친다.

# 혼자서 소리 내어 말하기

## 이화여자대학교 교육공학과 ☆ 민소은

나는 이화여자대학교 재학생 민소은이다. 사범대학 교육공학과에 2024학년도 수시 학생부 종합 전형으로 합격하였다. 기계적인 학습보다는 자기 주도적인 학습을 선호하기 때문에 나에게 맞는 공부법을 찾으려고 노력했고, 그 결과 꾸준히 성적을 향상할 수 있었다.

## ¨ 스스로 가르치기

나는 내 공부법을 '스스로 가르치기'라고 표현한다. 교내 멘토링을 통해 남에게 알려줄 수 있을 만큼 이해하면 자연스럽게 나의 지식이 된다는 점을 깨달았다. 이후 혼자서도 배운 내용을 가르치듯이 말하면서 공부했다. 먼저 필기 자료를 참고하여 스스로 개념을 설명하고 그 내용을 녹음한다. 글자를 그대로 읽는 것이 아니라 자신의 말로 풀어서 설명하는 것이 중요하다. 제대로 설명할 수 없는 부분이 나오면 녹음을 멈추고 복습한다. 그리고 매일 등하굣길에 녹음 파일을 들으면서 머릿속으로 다음에 나올 내용이 무엇인지, 설명할 때 막혔던 부분은 없는지 떠올려 보았다. 내용이 익숙해지면 칠판이나 휴대용 화이트보드에 판서하며 복습했다. 처음에는 혼자서 소리 내어 말하는 것이 어색할 수 있지만 적응

하고 나면 지루하거나 졸리지 않아 좋은 공부법이다. 이 방법을 통해 개념을 꼼꼼히 구조화할 수 있었고, 이해에 초점을 맞추어 학습하니 오히려 암기에 걸리는 시간이 크게 줄었다.


## ¨ 나만의 필기법

필기의 핵심은 단순화와 목록화이다. 처음에는 서술형 문항 대비를 위해 완결된 문장을 작성했지만, 실제로는 단어 중심 암기가 훨씬 빠를 뿐만 아니라 중간에 머릿속에서 막힐 일이 없어 서술형 문제 풀이에도 효과적이었다. 필기를 시작하기 전에 교과서나 학습지를 읽고 자료에 남길 내용을 선별했다. 연필로 새롭게 알게 된 내용에 밑줄을 긋고, 색이 있는 볼펜으로 핵심어를 표시하였다. 이 과정에서 자연스럽게 내용의 중요도를 파악할 수 있었다.

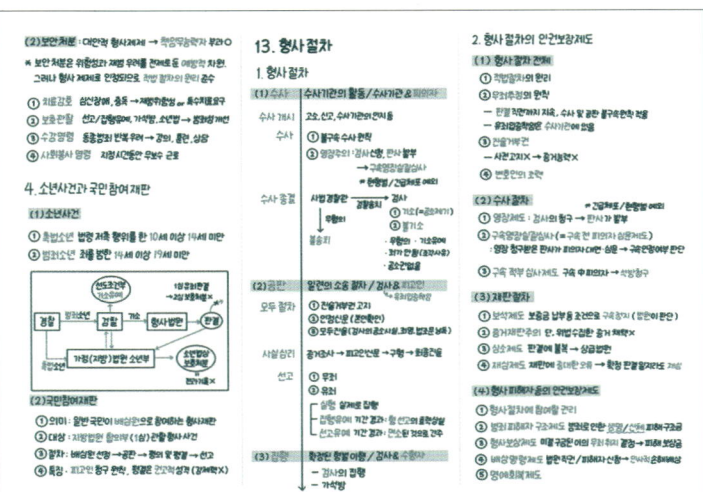

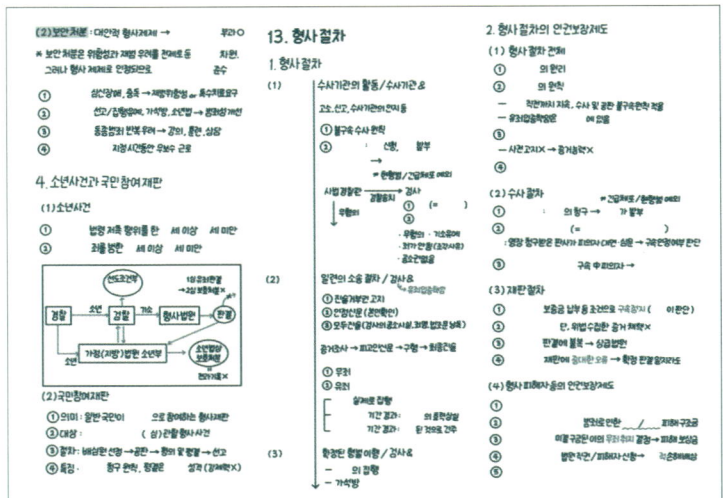

태블릿 PC로 필기할 때는 볼펜으로 표시한 부분, 즉 핵심어와 정의를 '형광펜'으로 작성하였다. 대부분의 필기 어플리케이션에서는 펜의 종류에 따라 지우개 작동 여부를 설정할 수 있는데, 자료를 완성하면 형광

펜으로 작성한 부분만 지워서 두 번째 버전을 만들었다. 그리고 영단어를 외울 때 한국어 뜻을 적는 것처럼 비어 있는 부분을 여러 번 채워보았다. 태블릿 PC가 없다면 종이에 볼펜 색을 달리하여 필기한 뒤에 같은 색의 셀로판지를 덧대어 비슷한 효과를 낼 수 있다. 쉽게 채울 수 있는 개념이 늘어날 때마다 성취감을 느끼며 반복 학습할 수 있었다. 자주 틀리는 부분을 직관적으로 확인할 수 있어 메타 인지에도 효과적이었다. 효율적인 필기를 위해 '한 단원의 내용을 A4 용지 한 장에 옮기겠다'와 같이 대략적인 분량 목표를 설정하는 것이 좋다. 무의식적으로 내용을 압축하려고 노력하게 되어 불필요한 내용을 최대한 배제할 수 있었다. 또한, 숫자 번호나 등호, 화살표 등의 기호를 활용하면 개념의 인과 관계와 순서를 시각적으로 기억할 수 있다.

## ¨ 교과, 비교과, 수능 동시에 관리하는 방법

자신이 선택한 전형에 따라 우선순위를 정하고, 하루 단위로 투자할 시간을 고정하기를 추천한다. 수시 원서를 모두 학생부 종합 전형으로 선택해서 입시 마지막까지 세 가지를 병행하였는데, 동시에 준비할 것이 늘어 혼란스러웠다. 그러나 일과를 적절히 배분하니 피로도가 감소하고 항목별 목표 달성에 걸리는 시간을 쉽게 파악할 수 있었다. 나의 고등학교 3학년 2학기 일과를 예시로 들자면, 첫 번째 우선순위인 수능 대비는 집중이 잘 되고 주변에 질문을 주고받을 수 있는 친구와 선생님이 있는 학교 자습 시간을 활용했다. 방과 후에는 상대적으로 혼자서 소화하기 쉬운 교과 시험 준비를 하고, 저녁 이후에는 비교과 활동을 정리하거나 면접 준비를 했다. 계획한 분량을 다 하지 못했어도 정해진 시간에는 다른 부분의 준비를 하고 남는 시간에 보충하였다.

### 공부할 때 가장 도움 되었던 누군가의 한마디

> "너무 잘하고 있어. 항상 응원할게!"

고등학교에 입학한 뒤에 아버지께서 '너무 잘하고 있어, 아빠가 항상 응원할게'라는 내용의 손편지를 적어 주셨다. 짧은 메시지임에도 나를 매 순간 응원해주는 존재가 있다는 사실을 다시금 깨닫게 되어 큰 힘이 되었다. 편지를 스터디 플래너 앞장에 늘 붙여두고 꺼내 보고는 했는데, 이 글을 읽는 독자들도 자신에게 힘이 되는 말이 있다면 눈이 닿는 곳에 적어 두기를 추천한다.

몰입과 무리는 다르다는 점을 명심하고 스스로를 돌보는 것이 중요하다. 특히 건강 관리에 유의해야 한다. 나는 1학년 때 한동안 공부에 집중하지 못해 자책하고는 했는데, 그해 겨울방학에 갑상샘 질환을 진단받았다. 적절한 건강 관리와 휴식을 취한 뒤에는 무작정 책상 앞에 앉아 있던 때보다 공부 효율이 확연히 높아졌다. 만약 부쩍 지치고 피곤하다면 대수롭지 않게 넘기지 말고 건강 검진을 받아보아도 좋겠다. 또한, 미래의 행복을 위해 투자하는 날들이 꼭 불행할 필요는 없다. 입시를 치르는 학생들은 자신의 노력, 성과, 심지어 감정에 대해 죄책감을 가지는 경우가 많다. 누구나 거치는 과정이지만 힘들지 않은 것은 아니다. 처음 맞이한 입시를 잘 해내고 있는 자신에게 다정한 나날들을 보내기를 바란다. 나를 격려하는 태도가 더 큰 성취로 이어질 것이라고 생각한다.

## 이화여대 스포츠과학전공 ☆ 박나영

체대 입시 학원 원장님께서 자주 하셨던 말씀이다. 체대라고 해서 대학은 실기 능력만을 평가하지 않는다. 성적이 높으면 높을수록 대학 선택의 폭은 넓어지기 때문에 수능은 무엇보다도 중요하다. 물론 실기도 중요하지만, 성적이 먼저라고 생각한다. 그래서 나에게는 이 말 한마디가 크게 다가왔던 것 같다. 나는 22학년도 수능을 통해 예체능 실기 전형으로 정시 입학하였다.

이화여대 체육과학부는 스포츠과학, 글로벌스포츠산업전공 두 가지 주요 전공으로 구분된다. 스포츠과학전공은 운동 생리학, 운동 역학, 스포츠 심리학, 스포츠 철학 등을 포함한 다양한 접근법을 통해 스포츠와 운동에 대한 이해를 기반으로 이론 및 실습을 시행하여 운동 능력 향상, 운동 상해 예방 및 재활 등의 전문 지식을 습득하게 된다. 글로벌스포츠산업전공은 스포츠 마케팅, 스포츠 경영, 이벤트 기획 및 운영, 글로벌 스포츠 비즈니스 등을 포함한 교육과정을 통해 스포츠 산업의 트렌드와 현장 사례 등에 대해 배우고, 실무형 스포츠 산업 인재가 될 수 있도록 세계 시장에서의 스포츠 비즈니스 전략을 익히게 된다. 졸업 후에는 스포츠 심리상담사, 체육 지도자, 도핑 검사관 또는 스포츠 마케터 등과 같은 스포츠 현장 전문직이나 스포츠과학 연구원, 교사 등의 교육 및 연구직에 진출할 수 있다. 체육과학부 1학년은 학부에 재학하여 전공별 기초과목을 수강하게 되고, 이후 1학년을 마친 후에 세부 전공을 선택하여 해당 전공 영역에 대해 학습할 수 있다.

## ˙˙ 나만의 공부법

나의 본격적인 수능 준비는 고등학교 2학년이 끝난 겨울방학부터 시작되었다. 그 이전에는 인터넷 강의 등을 참고하여 개념을 정확하게 잡는 것을 위주로 공부하였고, 3학년부터는 문제 풀이, 오답 정리, 선지 분석, 기출 분석을 하는 식으로 수능을 준비하였다. 나에게는 볼펜(연필 및 샤프)의 색상이 정말 중요했다. 검은색은 문제를 풀 때, 파란색은 선지 분석 및 해설에, 빨간색은 채점할 때만 사용하였다.

★수학은 주로 인터넷 강의 선생님의 강의를 들었다. 인강 선생님의 강의로는 충분히 개념을 잡는 시간을 가졌고, 개인적으로 공부하는 시간에는 시중의 문제집을 인강 진도에 맞추어 푼 후에 틀린 문제가 있다면 '나만의 오답 노트'를 작성하였다. 이때 채점을 다른 사람에게 부탁하면 더 좋다. 나는 채점하면서 틀린 문제가 생기면 그 문제의 답을 외워버려서 논리적으로 왜 그 답이 맞는지에 대해 생각하지도 않고 무분별하게 답을 납득해 버렸기 때문이다.

★탐구탐구 영역(사회)은 특히나 말장난이 많기 때문에 개념을 정확히 잡는 것이 정말 중요하다. 인강을 듣고, 문제를 풀고, 정답을 맞힌 문제, 틀린 문제 할 것 없이 선지를 하나하나 분석한다. 예를 들어, 맞는 답을 고르는 문제에서는 틀린 선지는 어떤 부분이 틀린 것인지, 틀린 답을 고르는 문제에서는 어떻게 하면 해당 선지가 맞는 말이 될 수 있을지 분석하는 것이다. 이 과정을 반복하다 보면 기출마다, 문제마다 반복되는 선지가 있다는 것을 체득하게 되어, 탐구 영역에서 시간 내에 충분히 문제를 다 풀다 못해, 한 번씩 더 문제를 풀어볼 수 있는 정도가 된다.

★사회문화는 도표 문제에서 등급이 갈리게 되는데, 역대 기출에 출제된 도표 문제를 많이 풀어보면서 요령을 터득하는 것이 중요하다.

특히 도표 문제를 풀 때는 충분한 시간을 갖고 풀어야 하므로, 어느 한 부분에서 엇나가게 되면 틀리기 때문에 시간이 다소 걸리더라도 꼼꼼하게 푸는 것이 중요하다. 나는 도표 문제를 가장 마지막에 풀어서 시간에 대한 심리적인 압박을 느끼지 않도록 조절하였다.

★한국지리는 기본적으로 지도를 암기한 후, 각 지역의 특징을 외우는 것이 중요하다. 나에게는 인강 선생님께서 알려주신 암기법으로 외우는 것이 가장 효과적이었다. 문제를 풀 때는 특히 말장난에 주의해야 한다. 또, 한국지리는 대체로 등급 컷이 높기 때문에 최대한 만점을 받는다는 마음을 가져야 한다.

## ˙˙ 나만의 오답 노트 작성법

### ① 해설지 안 보고 문제 한 번 더 풀어보기

먼저 오답 노트에 틀린 문제들을 옮겨 적고 해설지를 보지 않고 문제를 한 번 더 풀어본다. 이때 문제마다 3번 정도 더 풀어볼 수 있을 만한 공간을 남기며 적는 것이 포인트다. 그 후에 채점하는데, 만약 정답을 맞혔다면 원래의 풀이와 비교해 보면서 어느 부분에서 다른 점이 있는지 찾아본다. 정답을 맞히지 못했다면 2번으로 넘어간다.

### ② 해설지를 참고하며 문제 풀기

이때는 검은색이 아닌 파란색 또는 눈이 편안한 색깔(빨간색 제외)로 문제를 풀면 좋다. 해설지를 천천히 읽어보면서 풀이를 꼼꼼하게 써본다. 나의 풀이와 해설지의 풀이가 서로 어디가 다른지 비교하면서 풀어보는 것이 포인트다. 이 과정을 거친 문제들은 오답 노트의 공간이 한 번 풀 수 있을 만큼 남게 될 것이다.

### ③ 훑어보기

이제 오답 노트에 적힌 풀이를 천천히 처음부터 끝까지 살펴본다. 풀었던 문제의 풀이 과정을 살펴보면서 생각을 정리한다. 문제를 어떻게 풀었더니 틀렸는데, 그 부분을 어떻게 고쳐서 풀 수 있었는지, 해답지와 나의 차이 등에 집중하여 살펴보는 것을 중점으로 꼼꼼하게 살펴본다. 이 3번 과정은 2번 이상 반복해 주는 것이 좋다.

### ④ 남은 풀이 공간 채우기

이제 앞서 풀어보았던 풀이를 다른 노트, 두꺼운 종이 등으로 가리고 풀어본다. 이때 정답을 맞히지 못한 경우에만 또 다른 오답 노트(오답 노트의 오답 노트)를 적고 1~3번 과정을 반복한다. 이 과정을 반복하면 최종적으로 수능 시험장에 들고 가는 나만의 단권화 노트가 완성되고, 실전에서 각 영역 시험 종료 후 쉬는 시간에 집중적으로 볼 수 있는 노트로 활용할 수 있다.

## ¨ 암기 팁

나는 잘 외워지지 않을 때는 컴퓨터로 타자를 쳐가면서 외우는 방법을 사용하였다. 먼저 외울 것을 서술형으로 작성해 본다. 첫 번째 문장을 먼저 타자로 쳐보고, 두 번째 문장을 외울 때 앞서 써본 첫 번째 문장을 지우고, 1, 2번째 문장을 함께 써본다. 세 번째 문장도 마찬가지로 앞서 써본 문장들을 지우고, 1, 2, 3번째 문장을 함께 써본다. 나는 이런 방식으로 외우면 잘 외워지는 것 같았다. 많은 양을 한 번에 외우려면 시간이 다소 오래 걸릴 수도 있기 때문에 외울 양이 얼마되지 않을 때 한 번 시도해 보는 것을 추천한다.

### 공부할 때 가장 도움 되었던 누군가의 한마디

**"한 걸음만 더 가면 원하는 꿈을 이룰 수 있어!"**

내 마음 한편에는 인생에서 단 한 번뿐인데, 더 열심히 공부해 볼걸, 더 도전해 볼 걸 하는 마음이 자리를 잡고 있다. 독자분들도 지금, 이 순간이 얼마나 중요한지 잘 알 것이다. 나도 그 과정을 겪어봤기에, 들어가는 노력이 얼마나 많은지 알고 있다. 힘들고 지친다는 생각을 가진 그때 한 걸음만 더 가면 당신이 원하는 꿈을 이루는 데에 열 걸음 더 큰 힘이 될 것이다.

# 반복적으로 복습하기

## 연세대학교 아동·가족학과 ☆ 박민선

연세대학교 아동·가족학과에 재학 중이다. 학생부종합전형인 활동우수형으로 합격했다.

## ¨ 나만의 공부법

나는 누적량을 늘려 익숙해지는 방식을 선호한다. '한국사'와 같은 내신 암기과목 대비에 도움이 됐던 공부법이 있다. 단기간에 많은 분량을 외워야 하는 경우 앞쪽의 내용을 금방 잊어버리게 된다. 그래서 공부하던 중 유사성이 있거나 앞에서 언급됐던 텍스트가 있으면 무조건 해당 페이지로 돌아가 복습했다. 전체 분량을 다시 읽는 것과는 차이가 있는 만큼, 부담 없이 편하게 공부할 수 있다. 학습한 내용 속에서 스스로 비슷한 부분을 찾아내 복습하는 과정을 거치니 기억이 오래 남는 효과도 있었다.

태블릿을 구매한 이후로는 pdf를 자주 사용하게 되어 노트 필기를 위한 앱을 구매했다. 디지털 기기의 장점을 강화해 준 덕분에 두고두고 좋은 소비로 여기고 있다. 특히 마스킹 기능이 마음에 들었다.

```
for word in txt._____.split():
    if word.startswith ( O  X ) :
                           정답 오답
        print (word)
```

☆ flexcil의 마스킹 기능 예시. 정답과 오답을 표시할 수 있다.

　먼저 공부가 필요한 부분을 마스킹으로 가리고, 복습을 반복하면서 확실히 알고 있는 내용만 없앴다. 아는 것과 모르는 것을 구분하여 표시할 수 있다는 점에서 제대로 된 공부를 할 수 있었다. 이는 포스트잇으로도 할 수 있지만 디지털 노트가 훨씬 간편하다. 디지털 기기에 도움이 되는 기능이 많아서, 나는 사실 늦게 구매한 것을 후회했다. 혹시 구입을 고민하고 있다면 '투자할 만한 가치가 있다'고 전하고 싶다.

　공부 중 의문이 생겼을 때, 의문을 해소한 이후 알게 된 내용을 메모해서 주기적으로 복습하는 것도 성적 상승에 기여했다. 분량이 많지 않다면 하나의 노트에 과목별로 섹션을 나눠 사용하면 된다. 읽는 데 시간이 별로 걸리지 않아 자투리 시간이 생길 때 활용했다.

## ᠂᠂ 스터디플래너 작성하기

할 일을 계획하고 달성률을 확인하는 데 플래너 사용이 많은 도움이 됐다. 다만 나는 공부할 내용을 구체적으로 적지는 않았다. 변수가 많다고 느껴서 과목명과 교재만 적곤 했다. 가끔은 종이 대신 디지털 플래너나 포스트잇을 사용했던 만큼 전체적으로 가벼운 마음으로 플래너를 작성했다. 매일 무조건 기록을 남겨야 한다는 생각은 없었던 것 같다.

플래너를 고르는 과정에는 두 가지를 우선시했다. 첫째는 '가벼워서 들고 다니기 좋은가.' 둘째는 '디자인이 마음에 드는가.' 먼저, 짐이 무거우니 플래너 무게를 최소한으로 줄이려 했다. 두 번째 기준은 공부 시간 계획과 연관이 있다. 나는 목표로 하는 공부 시간을 구체적으로 쪼개서 설정하는 습관이 있다. 예를 들어, 8시간 공부하겠다는 다짐을 세웠다면 '아침에 2시간 반, 점심에 3시간, 저녁에 2시간 반'처럼 미리 나누는 것이다. 긴 시간을 공부한다는 것은 어려운 일이다. 하지만 식사 시간을 기준 삼아 작게 쪼갠다면 충분히 성취할 수 있는 목표로 느껴진다. 따라서, 무작정 공부 시간을 정하기보다는 휴식을 고려한 대략적인 시간표를 미리 짜놓는 게 좋다. 나는 이를 위해 아침, 점심, 저녁으로 타임테이블이 나뉘어 있는 플래너를 사용했다. 내가 썼던 제품은 인디고의 '원데이 스터디플래너 3 Times'이다.

또한, 달력이나 주간 플래너도 함께 사용했다. '내일 하기'를 직관적으로 표시할 수 있어 달성하지 못한 목표를 옮겨 공부할 때 유용했다.

한 주나 한 달 동안의 계획을 한눈에 볼 수 있기 때문에 장기적인 성취를 점검하는 데 관심이 있다면 권하고 싶다.

나는 문구류 수집에 욕심이 많아 대입을 준비하며 여러 종류의 플래너를 구매했다. 플래너를 고르는 기준도 이러한 소비를 통해 천천히 만들어졌다. 직접 써보기 전까진 모르기 때문에 다양하게 사볼 필요는 있지만, 나처럼 끝까지 쓰는 걸 어려워하는 사람이라면 디지털 플래너를 추천한다.

### ·· 공부하기 싫을 때 하기 좋은 공부

공부가 손에 안 잡힐 때는, 주로 좋아하는 과목인 문학으로 도피하곤 했다. 그렇지만 선택과목이 같은 친구들과 대화하며 공부했던 것도 기억에 남는다. 풀기 싫던 문제가 함께 풀 때는 재밌게 느껴졌다. 거대한 분량 대신 한 문제로 단위를 줄였기 때문일지도 모른다. 내가 가장 치열하게 토론했던 건 생활과 윤리 OX 문제였다. 고난도 선지들은 예상과 다른 답으로 종종 큰 충격을 줬다. 답을 선택한 이유를 하나하나 들어보는 것도 공부가 되었다. 이때 몰랐던 개념이 있다면 혼자 공부할 때보다 수월하게 장기 기억으로 넘어갔다.

누구에게나 좋아하는 과목, 혹은 조금 더 수월하게 공부할 수 있는 과목이 있을 것이다. 과목을 잠시 바꿔서 집중을 위한 '일 보 후퇴'를 선택하는 것도 전략이다. 다시 열심히 할 추진력을 얻을 수 있다면 쉬어가도 괜찮다. 친구들과 대화하며 공부하기, 경쟁 요소를 넣어 문제 빨리 풀기 등 흥미로운 방법들을 시도해 보길 바란다.


## ¨ 공부 장소 선택하기

'환경을 바꿔라.' 어디서 한번쯤 들어봤을 말이다. 장소에 변화를 주는 건 공부를 위해서도 해볼 만하다. 집이나 도서관처럼 특정한 장소에서만 공부하고 있다면, 가끔 새로운 곳으로 옮겨보는 건 어떨까. 나는 학교를 가장 좋아했다. 고3 후반기에 매일 야간자율학습에 참여했는데, 시간이 지날수록 학생이 줄어 인구 밀도가 낮은 공간에서 공부할 수 있었다. 학교는 익숙한 장소라 루틴을 유지하기 편했다. 사실 스터디카페나 도서관보다 사람이 적어 선호했던 것 같지만, 수능을 앞둔 시점이 되니 고등학교 생활도 얼마 안 남았다는 생각에 집중력이 높아지는 효과가 있었다. 야간자율학습의 경우 석식이 있다는 게 가장 큰 장점으로 느껴졌다. 수업이 끝난 후에도 학교에서 벗어나지 않으니 이동 시간이 없었고 공부 흐름도 유지할 수 있었다. 같이 야자에 참여하는 친구들이 있다면 의지하면서 공부할 수 있다. 쉬는 시간에 앞서 언급한 OX 퀴즈로 이따금 토론했던 기억이 있다.

스터디카페나 독서실은 돈을 내고 다니기 때문에 야간자율학습과는 무게감이 다를 수 있지만 이동 시간이 길고 매번 짐을 옮기기가 힘들어 자주 가진 않았다. 대신 방학에는 기간권을 끊어 활용했다. 각각의 장단점이 있으므로 여러 장소를 체험해 보는 게 우선이다. 요즘은 관리형 독서실도 있어 선택지가 많다. 강조하고 싶은 한 가지가 있는데, 여름에는 꼭 집 근처의 시원한 공간을 선택해야 한다. 날씨가 더우면 축축 처지기 때문에 컨디션 관리를 1순위로 두자. 한 장소에서 오래 공부할 때도 산책처럼 재충전하는 시간을 가지며 공부하는 것을 추천한다. 간단한 스트레칭을 하거나 간식을 먹는 방법도 있으니 페이스 조절에 신경을 기울이면 좋겠다.

## 공부할 때 가장 도움 되었던 누군가의 한마디

> "There is a past version of you that is so proud of how
> far you have come."

우연히 저장하게 된 문구인데, 그간의 성장을 돌이켜 볼 수 있었다. 지금은 아무것도 아닌 것처럼 느껴지지만 과거의 저는 상상하지 못했던 성취가 많았다. 몇 년 전의 내 모습과 지금을 겹쳐보면 어느새 여기까지 왔구나, 하는 생각이 들곤 한다. 우울한 감정이 들 때면 앞으로도 계속 나아갈 수 있으리라는 용기를 얻기 위해 다시 곱씹는 문장이다.

마지막으로 두 가지 메시지를 전해주고 싶다. 첫 번째는 '자신만의 공부 방법을 찾아보기'다. 사람마다 성향이 다르기에, 특정한 공부법을 무리하게 따라 하지는 않았으면 좋겠다. 이 조언은 건강 때문에 떠올랐다. 나 역시 고등학생 때 유튜브나 인스타그램을 보며 '하루 n시간씩 공부해야 하나?'라고 생각한 적이 있다. 나에게는 무리한 목표였지만, 이를 달성하려다 보니 새벽에 공부할 수밖에 없다. 그렇게 몇 번 늦게까지 공부한 결과 수면의 중요성을 느끼게 되었다. 수면시간을 줄이면 다음 날의 일상생활에도 지장이 간다. 단기적으로는 성취감을 얻을 수 있지만, 장기적으로는 악영향이 더 컸다. 여러 공부법을 참고하여 자신의 상황에 맞게 유연하게 변형하는 것을 추천한다. 그렇지 않으면 공부법과 조금이라도 달라질 때마다 큰 스트레스를 받을 수 있다.

두 번째는 '끝까지 포기하지 않기'다. 괴롭고 힘든 시간을 보내다 보면 스스로에 대한 확신이 사라지곤 한다. '열심히 노력해도 결과가 달라지지 않으면 어떡하지?' 같은 걱정도 자연스럽게 생긴다. 나도 쉽게 불안해하는 편이지만, 불안감을 느끼더라도 끝까지 가보는 게 정말 중요하다고 생각한다. 결과가 어떻게 될지는 아무도 모른다. 어쩌면 예상보다 훨씬 좋은 결과가 나올 수도 있으니, 걱정은 잠시 내려놓고 오늘의 공부에 집중하자!

### 서울시립대학교 건축학부 건축학전공 ☆ 박상윤

나는 2020년 정시 일반전형으로 서울시립대학교 건축학부 건축학전공에 합격한 3학년 대학생이다. 난 그다지 공부를 잘하는 학생은 아니었지만, 오로지 높은 대학에 들어가고 싶다는 집착으로 재수에 성공해 대학에 합격했다. 현재는 다양한 대학 내 생활과 더불어 과외나 멘토링을 통해 나의 공부법이나 성공 비결에 대해서 공유하고 도움을 주고 있다.

## ¨ 나에게 딱 맞는 공부를 계획 세우기

나의 수시 성적으로는 바라던 목표 대학에 지원서도 넣지 못했기에 고등학교 3학년 1학기가 끝나기 전, 흔히 말하는 '정시 파이터'가 되었다. 그리고 약 6개월 남짓 남은 시간은 정시로 대학에 들어가기에는 턱없이 부족하다는 것을 애당초 알았기에, 마음도 제대로 잡히지 않고 오히려 더 풀어졌던 것 같다. 그렇게 첫 수능에서 국어 4등급, 수학 4등급, 영어 2등급, 한국사 1등급, 생명과학 I 3등급, 지구과학 II 6등급. 굳이 등급을 더하자면 총 20등급의 성적을 받았고, 재수를 운명처럼 받아들이고 날 받아줄 재수학원을 찾아 이듬해 2월, 재수 생활이 시작되었다.

나도 재수생 생활이 처음이라 어디서부터 어떻게 시작해야 할지 막막했다. 당장 작년 수능 직전까지 실전 모의고사를 풀던 내가 오늘부터 개념을 다시 공부한다는 것도, 시간을 낭비한다는 생각에 거부감이 들었다. 그렇게 약 일주일간 손에 잡히는 아무 책, 아무 과목을 닥치는 대로 공부하다 보니 밑 빠진 독에 물을 붓고 있다는 느낌이 강하게 들었다. 지금 공부해야 하는 순서가 있는데 그걸 지키지 않고 마구잡이로 머리에 집어넣을 생각만 하다 보니, 이게 맞는 길인가에 대한 고민도 사라지지 않았다. 그래서 급하게라도 인터넷 강의 패스를 구매할 때 덤으로 얹어줬던 두툼한 플래너 하나를 들고 다니면서, 당일 공부할 것을 당일 아침에 정리하기 시작했다. 즉, '계획'의 필요성을 느꼈다는 것이다.

플래너를 사용하면서 내가 하루하루 공부하고 있는 것을 직접 눈으로 확인했을 때, 때로는 죄책감도 들고, 하루하루 양심의 가책이 느껴졌다. 중구난방으로 정리되지 못한 공부, 열심히 한다고 생각했지만, 너무 작고 소중했던 공부량, 왜 남들보다 뒤에 처지고 있었는지 플래너를 통해 한눈에 파악할 수 있었다. 성장하기 위해서 원칙이 필요했다. 나만의 플래너를 만들어, 나에게 딱 맞는 공부를 계획해야만 했다. 그렇게 나와 내 플래너가 점점 성장했다. 여기서부터 내가 가르치는 모든 학생에게 입이 닳도록 강조하는 내용이다. 플래너는 오늘 공부할 것들을 미리 정리하고, 계획할 수 있는 공간이다. 오늘 할 일을 미리 계획하면, 계획한 일을 끝내기 위해 시간을 더욱 효율적으로 사용하게 만들고 오늘이 끝났을 때 완성된 플래너를 보면서 보람을 느끼거나, 오늘 하루를 반성하게 한다. 또, 다음 날 플래너를 작성할 때 이전에 썼던 플래너를 참고해서 진도를 확인할 수 있다는 점에서 체계적인 공부를 가능하게 만든다. 하루가 시작될 때 계획표로 함께 시작해서, 하루가 끝날 때는 그날의 일기장이 되는 것. 그리고 완성된 플래너를 보면서 본인을 돌아볼 수 있는 것이 플래너가 가지는 힘이다.

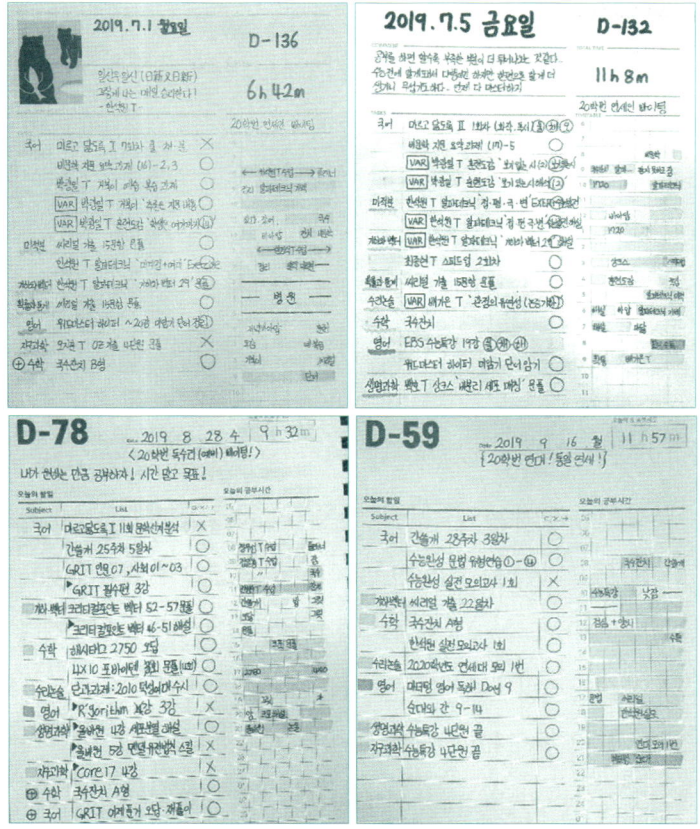

실제로 수험생 시절 작성한 플래너의 일부. 하나하나 적고 사진으로 기록했다.

플래너에 오늘 할 일을 정리하고 계획하는 것만으로도 당연히 도움이 되지만, 더욱 힘 있는 플래너를 만들기 위해서는 내가 항상 지켜준 몇 가지 원칙이 있다. 이걸 보는 여러분도 나의 원칙과 더불어 본인의 원칙을 정립하기를 바란다.

## 강의명, 교재 명, 진도 등을 줄임말로 쓰지 말자

현*진 삼각함수 인강(X) ▶ 현*진T 뉴* 삼각함수의 성질 (1) 문제 해설(O)

플래너를 약식으로 쓰기 시작하면 학생 본인에게 그저 짐이 될 뿐이다. 플래너를 같이 공부하는 동반자라고 생각하고 정성을 들여서 써주면 더욱 플래너에 정이 가고, 이러한 정성이 플래너를 매일 챙겨서 작성할 수 있는 추진력이 된다고 생각한다. 예시를 봐도 알 수 있듯이 전자와 후자 중 후자가 더 정성 들여 쓴 플래너이다. 그리고 나는 인터넷 강의의 경우 영상을 보는 것이라는 걸 알아볼 수 있도록 '▶'이런 표시를 항상 해 두었다. 간혹 인강을 수강하는 것과 문제 풀이를 해야 하는 것을 헷갈릴 때가 있어서 이를 방지하기 위함이었다. 난 플래너를 쓰는데 적어도 30분에서 길게는 1시간을 사용했고, 비몽사몽 등교해서 정신없는 아침에 시작하기 좋은 루틴이라고 생각한다. 시간이 오래 걸린다고 낭비라고 생각하지 않았으면 한다.

## 매일 전 과목을 다루는 것을 목표로 하자

학생들을 직접 가르치면서 플래너를 적도록 지시했을 때 자주 보였던 문제점 중 하나다. 예를 들어, 오늘은 수학만 푸는 '수학 데이', 국어를 집중적으로 공략하는 '국어 데이' 등, 본인이 부족한 과목을 몰아서 단번에 채우려는 모습을 종종 보이곤 한다. 다만 알아둬야 할 것은, 모든 과목의 성적은 하루 날 잡아서 끌어올릴 수 없다는 점이다. 아무리 자신 있는 과목이 있을지언정, 그 감각을 유지하는 차원에서 모든 과목을 매일매일 들여다보는 것은 중요하다. 대신, 자신 있는 과목은 시간 비중을 조금 줄이고, 자신 없는 과목은 비중을 늘려 매일 할 일을 계획하는 것이 좋다. 위에 보여준 예시처럼 나 또한 매일 국어, 수학, 영어, 탐구를 다 훑어보기 위해서 노력했다. 오로지 꾸준함과 꼼꼼함이 성적 상승의 비결이라고 생각한다.

### °타임 테이블을 기록할 수 있는 플래너를 사용하자

'오늘 할 일을 정리하는 것이 플래너의 역할이라고 하지 않았느냐'라고 말한다면 '그렇다'이다. 플래너의 두 번째 역할은 내가 버리고 있는 시간을 확인하는 것이다. 플래너는 시간 효율을 극대화하고 내가 놓치고 있는 공부가 있는지 없는지 확인할 수 있는 중요한 기록지이다. '시간 효율'은 할 일을 정리하면서도 챙길 수 있지만, 내가 버리고 있는 시간이 있는지, 혹은 더 사용할 수 있는 시간이 있는지, 일명 '자투리 시간'을 찾아내면서도 챙길 수 있다. 난 식사하는 시간이 너무 길다는 것, 쉬는 시간도 모으다 보면 한 시간 이상 더 공부할 수 있다는 것을, 타임 테이블을 보고 깨달았고, 이후 이러한 시간을 활용해 공부할 수 있는 시간을 확보한 경험이 있다. 이 외에도 매일매일 하루를 끝마치면서 본인의 타임 테이블을 보고 '이 시간은 조금 줄여도 되겠다', '이 시간에 버리는 시간이 꽤 많았구나.' 등의 자기 성찰을 통해 같은 시간을 다른 사람보다 더 값지게 사용할 수 있도록 만들어 준다.

## °순수 공부 시간은 수업을 듣는 것과 다르다

학교 수업을 듣는 학생들. 그 수업은 본인이 순수하게 공부한 시간으로 포함할 수 없는 '공부 당한' 시간이다. 이후 수업의 내용을 본인 것으로 만드는 시간이 비로소 흔히 말하는 '순수 공부 시간'이라고 할 수 있는 시간이다. 학교 수업, 혹은 학원 수업을 듣고서는 본인이 공부를 많이 했다고 착각하거나 합리화하면 안 된다. 인터넷 강의 또한 마찬가지다. 그냥 영상 재생시키고 딴짓도 조금 하고, 화장실도 다녀오고, 멈추고 싶을 때 멈추고, 앞 내용 다 잊어버리고 다시 이어서 수강하고. 이런 식으로 공부하는 것은 '순공'이 아니다. 내가 정말 공부를 '하고' 있는 것인지, 아니면 공부 '당하고' 있는 것인지 계속 경계하고 피드백하길 바란다. 그렇게 허비하고 지나치던 시간이 전부 '순공'으로 꽉 찬다면, 더욱 성장할 수 있는 발판이 될 것이라 믿어 의심치 않는다. 또, 하루를 더욱 꽉 채워서 보냈다는 뿌듯함과 성취감은 자연스럽게 본인의 몸에 스며들 것이다. 혹시나 뜨끔한다면 내일 더 열심히 알차게 살아가자.

위에서 보여준 내 플래너를 보면, 늘 한마디씩 내가 나에게 하고 싶은 한마디가 적혀있다. 오늘 나의 태도에 대한 반성이나, 목표에 대한 다짐이나, 인상 깊었던 명언이나, 한탄 등을 기록했다. 플래너는 작성하고 끝나는 것이 아니라 앞으로 플래너를 써가면서 돌아볼 수 있는 좋은 본보기가 되어준다. 추후 다시 돌아와서 플래너를 볼 때, 반성을 보면서 다시 자신을 돌아보고, 다짐을 보면서 다시 한번 마음 단단히 먹고, 명언을 보면서 동기부여 받고, 한탄을 보면서 반면교사 삼는 것이, 생각보다 많이 도움이 되었다. 지금 볼 때는 오글거리지만, 당시에는 저 한마디 한마디가 공부의 원동력이 되기도 했다. 나는 항상 목표대학을 언급했습니다. 보다시피 나 또한 SKY를 목표로 했다. 여러분에게 하고 싶은 말은, 아마 내가 서울시립대를 목표로 했다면 서울시립대에 입학하기 힘들었을지도 모르겠다는 것이다. 정말 높은 대학을 보고 뛰었더니 미끄러지더라도 중간에 안착할 수 있었다고 생각한다. 여러분이 목표를 설정할 때, 목표를 조금 높게 설정하는 것이 동기가 되고 원동력이 될 수 있다는 점을 꼭 알려주고 싶었다.

내가 공부를 열심히 했던 이유는 어쩌면 자격지심 때문일지도 모른다. 부끄러운 아들이 되고 싶지도 않았고, 부끄러운 조카, 부끄러운 친구가 되고 싶지 않았다. 여기까지 내려와서 밝히는 나의 비밀이지만, 나는 중학교에 다닐 당시 엘리트 운동선수였다. 그 때문에 운동을 그만두고 공부를 해보겠다고 선전포고한 이상, 내 말에 책임을 지고 싶었고, 증명해 보이고 싶었다. 나도 가끔 공부하다가도 지치는 순간이 있었지만, 그럴 때마다 생각했던 것은 '자랑스러운 아들'이 되는 나의 모습이었다. 종종 부모님이 지인들을 만나고 와서 나에게 했던 이야기가 있다. '누구누구네 아들은 어디 대학에 합격했다네?' 이런 말이 나를 자극했다. 흔히 '엄마 친구 아들' 이야기하는 것이 기분이 나빴던 것은 절대 아니다. 그냥, 나도 '엄마 친구 아들'이 되고 싶었다. 어딘가에서 내 자랑을 할 부모님의 모습이 나에게 큰 자극이었다.

대학에 들어오고 나니, 위에서 언급했던 자격지심은 걱정거리가 아니었다는 것을 느꼈다. 오히려 대학에서 좋은 교수님, 좋은 친구, 좋은 동기를 만나면서, 재미있는 활동을 하고 새로운 세상을 볼 수 있었다. 지금 적고 있는 이 글도 내가 말하는 새로운 세상 일부라고도 할 수 있겠다. 그리고, '엄마 친구 아들'은 단순히 내가 다니는 대학의 간판으로 될 수 있는 것이 아니었다. 그래서 대학 생활을 하는 지금도 더욱 자랑스러운 '엄마 친구 아들'이 되려고 노력 중이다, 이 글을 읽는 여러분도 언젠가 지금 내가 살고 있는 세상을 꼭 경험하기를 바란다. 그러니 짧다면 짧고, 길다면 긴 학창 시절에 후회 없이 열심히 해보기를 진심으로 바란다.

# 공부할 때 가장 도움 되었던 누군가의 한마디

수능을 코앞에 두면 많은 인터넷 강의 플랫폼에서 강의하는 선생님들의 마지막 영상이 업로드된다. 대부분 수능에서 긴장하지 말고 잘 보고 오라는 내용이나, 암기했던 내용을 한 번 더 짚고 넘어가는 마지막 인사 영상이다. 그 중, 인터넷 강의를 매일 보며 내적 친밀감은 이미 높았던 한 영어 선생님의 영상을 보며 조용히 눈물을 훔친 적이 있었는데, 그 선생님께서 하신 말씀을 조금 인용하면서 글을 마친다. 수험생 여러분들의 성공적인 성장과 그 이후 만들어 갈 이야기를 진심으로 응원한다.

수능이 끝난 뒤 여러분들이 만나게 될 세상에는
어쩌면 '정해진 답'이 없을 수도 있습니다.
그러나 대한민국에서 수험생으로 살아오며
'정답'을 찾기 위해 무수히 노력한 이 시간들이
앞으로 인생에서 자신만의 답을 찾아가는 데
반드시 도움될 것이라 생각합니다.
대한민국 수험생 여러분 모두 고생했습니다.


수능일, 그리고
그 이후 펼쳐질 당신의 빛나는 인생을 응원합니다.

### 한양대학교 교육공학과 ☆ 박선준

먼저 과에 대한 소개를 하자면, 교육공학은 교육의 효과를 극대화하기 위해 다양한 기술과 방법을 연구하는 학문으로, 교육 콘텐츠를 개발하고 학습자들이 더욱 효율적으로 학습할 수 있도록 돕고자 한다.

#### ˙˙ 불안감을 이기는 플래너 기록하기

나는 어렸을 때부터 남의 시선을 많이 의식하며, 비판에 취약하고 불안감이 많았다. 항상 뒤처질까 봐 걱정이 많았고, 공부를 잘하고 싶은 마음은 컸지만 실패에 대한 두려움이 나를 따라다녔다.

수험생활을 하면서도 불안감은 여전히 쉽게 사라지지 않았다. 주변의 소문이나 다른 친구들의 성적에 흔들리기 쉬웠고, "누가 이랬대"와 같은 말들이 마음을 무겁게 만들었다. 그럴 때마다 스스로를 믿으려는 노력이 필요했다. 자신을 믿지 않으면 모든 것이 무너질 수 있다는 사실을 깨달았고, 고등학교 3년이라는 시간이 길게 느껴지더라도 인생 전체로 보면 짧은 순간이라는 생각을 하며 묵묵히 나아갔다. 결국 "이건 정말 열심히 했어!"라고 자신 있게 말할 수 있는 경험이 하나라도 있다면, 그 경험이 다음 목표를 이루는 데 큰 원동력이 되리라 믿었다.

공부에 매진하게 된 이유 중 하나는 어렸을 때부터 인정받고 싶은 욕구가 강했기 때문이다. 학생으로서 성적이 가장 큰 인정을 받을 수 있는 부분이라고 생각했기 때문에 자연스럽게 공부에 집중하게 되었다. 특히 영어 지문 암기가 많았는데, 이를 몰아서 하지 않고 꾸준히 해나갔다. 시험 대비집을 노트북으로 편집해 빈칸 문제 등을 만들어 풀고, 오답 정리를 반복하며 점차 학습을 완성해나갔다. 160지문이 시험 범위라고 해도, 첫 주에는 하루에 4지문씩 외우고, 다음 주에는 새로 외운 것에 이전 주의 내용을 더해 반복하며, 점차 기억을 단단히 다져갔다. 두 달 정도 시간이 지나면, 마치 내가 선생님이 되어 설명하듯이 내용을 확실히 외우게 되었다.

이러한 학습 과정에서 플래너는 나에게 단순한 스케줄 관리 도구 이상의 의미가 있었다. 매일의 목표를 세우고 그 목표를 달성했는지 체크하며, 하루하루를 스스로 관리하는 데 큰 도움이 되었다. 나는 플래너를 통해 단순히 오늘 해야 할 일을 적는 것에서 나아가, 내 학습의 흐름을 관찰하고, 부족한 점을 보완해 나갔다. 공부를 하지 못한 날에도 플래너에 그 이유를 적으며 스스로를 반성하고, 왜 그런 결과가 나왔는지 분석했다. 예를 들어, 집중력이 떨어진 날에는 왜 그랬는지, 그날의 컨디션은 어땠는지를 기록하며 다음 날의 계획을 수정하거나 보완하는 방식으로 꾸준히 자신을 관리해 나갔다. 이러한 과정을 통해 조금씩 더 나은 방향으로 나아갈 수 있었고, 불안감도 점차 줄어들었다.

어린 시절, 공부 환경이 좋은 학교에 다녔음에도 성적은 항상 최하위권에 머물렀다. 하지만 기본적인 공부 습관과 토대는 잘 갖추고 있었기 때문에, 고등학교에 올라와서 빠르게 성적을 올릴 수 있었다. 이 과정에서 부모님의 신뢰와 격려가 큰 힘이 되었다. 성적에 대한 압박 없이, 스스로 공부할 수 있도록 독립적으로 맡겨주신 덕분에 자신감을 가질 수 있었다. 불안이 많고 비판에 취약했던 나에게는 부모님의 이러한 신뢰가 무엇보다 중요했다. 외국어에 대한 자신감을 바탕으로 외고에 진학해 상위권으로 졸업할 수 있었고, 학생부종합전형으로 지원한 6곳 중 3곳에 합격할 수 있었다.

## ·· 생기부

고등학교 시절, 생기부 작성에도 많은 시간을 투자했다. 매년 발전된 모습을 보여주기 위해 다양한 활동에 적극적으로 참여했고, 주도적으로 임했다. 교육에 관심이 많았기 때문에 교육 관련 활동에 꾸준히 참여하며 진로를 명확히 하고자 노력했다. 예를 들어, 교육연구원이라는 진로를 설정하고 학교폭력예방교육 뮤지컬에 참여하거나, 3년 동안 영어교육 봉사를 하며 자율시간에 진로 탐구를 통해 교육부서에서의 활동을 꾸준히 이어갔다. 이러한 활동들은 내가 교육에 얼마나 관심이 있는지를 명확히 보여주기 위한 전략이었다.

## ¨ 슬럼프 극복하기

슬럼프가 찾아올 때도 있었다. 그때마다 그 슬럼프가 진짜인지 가짜인지 구분하려고 노력했다. 주변 사람들이 "너 정말 열심히 했어"라고 인정해줄 만큼 최선을 다한 상태에서 슬럼프가 왔다면, 잠시 쉬어가며 마음의 여유를 찾는 것도 필요하다고 생각했다. 하고 싶은 일들을 하며 잠시 휴식을 취하고, 다시 불안감이 밀려올 때쯤 자연스럽게 의지가 되살아나곤 했다. 그동안 쌓아온 노력이 헛되지 않도록 잠깐의 휴식을 통해 재충전하고, 다시금 목표를 향해 나아가는 과정이 나에게 큰 도움이 되었다.

### 공부할 때 가장 도움 되었던 누군가의 한마디

"불안해하지 말고, 너를 믿어. 정말 강한 아이야.
뭐든 할 수 있는 아이야."

대학교에 와서 깨달은 것은 중고등학교 시절의 공부와 대학교에서의 공부는 다르다는 점이었다. 중고등학교 때는 성적이 가장 중요한 비중을 차지했지만, 대학교에서는 경험과 진로에 대한 도전이 더욱 중요했다. 생기부를 채우기 위해 노력하던 시기에서 벗어나, 이제는 직접 행동으로 옮기고 다양한 경험을 통해 자신의 길을 찾아가는 시기로 접어들었다. 대학교 생활을 하면서 더 많은 도전과 좌절, 그리고 성공을 경험하며 성장해 나가고 있다.

　이 글을 통해 많은 수험생들이 격려와 동기부여를 얻기를 바란다. 그리고 모든 수험생들이 자신의 목표를 향해 꾸준히 나아가며, 원하는 결과를 이루기를 진심으로 응원한다.

### 고려대학교 사학과 ☆ 박성진

고려대학교에서 역사를 공부하고 있다. 역사가 좋아서 사학과에 입학했는데, 사실 역사를 좋아하게 된 계기는 생각보다 단순하다. 초등학교 때 읽은 역사 만화책이 너무 재미있었기 때문이다. 역사 만화가 좋아서 역사에 꿈이 생겼고, 대학에서도 역사를 공부하게 되었다. 역사에 대해 쌓아온 흥미와 관심이 학생부종합전형에 합격하는 데 큰 강점이 되었다.

내가 다니고 있는 고려대학교 사학과는 한국사를 제외한 세계 곳곳의 역사를 두루 공부하는 곳이다. 유럽 중심의 서양사, 동아시아 중심의 동양사뿐만 아니라 티베트, 인도, 동남아시아, 라틴아메리카 등 다양한 지역의 역사를 배울 수 있다. 사학과에서는 주로 역사적 사실과 그 사실을 해석하는 다양한 관점들을 공부한다. 사학과를 목표로 수시를 준비한다면, 이 두 영역에 관심을 두고 공부해보는 것이 좋다.

## ¨ 인문학 공부 + 생활기록부 작성은 이렇게

인문계열 진로를 선택한 내가 고등학교에서 가장 잘한 습관은 학교 공부에 갇혀 있지 않았던 것이었다. 수학과 과학에는 보편적인 진리가 있고 진리에 도달하는 과정이 결정되어 있지만, 인문학은 그렇지 않다. 우리의 삶이 이야기로 이루어져 있듯, 인간을 탐구하는 인문학에도 항상 맥락이 존재한다. 인문학의 내용은 시대와 장소, 사람에 따라 다를 수 있다. 따라서 인문학을 공부할 때 맥락을 고려하지 않으면

서로 다른 관점을 이해하기 어려워진다. 인문학을 더 깊고 다양하게 공부하기 위해서는, 교과서에 축약된 내용을 넘어 실제 자료를 접하고 그 속에 담긴 맥락을 파악할 필요가 있다.

나의 경우에도 역사를 더 깊이 공부하기 위해 책, 논문, 강연 등 교과서 이외의 다양한 학술자료를 참고했다. 학교에서 배운 적이 없으니 처음에는 당연히 어려웠고, 그래서 책보다 쉬운 강연이나 논문을 주로 이용했다. 힘들었지만 포기하지 않고 차근차근 공부하다 보니 내용이 조금씩 이해되기 시작했다. 결국 몇 달 만에 책 하나를 읽어냈을 때는 드디어 해냈다는 엄청난 희열을 느낄 수 있었다. 이후에도 같은 방식으로 더 심화적인 내용을 찾아보고, 새로운 지식을 알아가는 방식으로 학습해 나갔다.

이러한 독서를 기반으로 다양한 교과/비교과 활동에 자신이 학습한 내용을 담아내는 것이 생활기록부 작성의 핵심이다. 예를 들어 수학 교과에서는 사회과학의 통계분석 방법을 알아볼 수 있고, 문학 동아리에서는 한국문학 작품과 그에 대한 비평을 찾아볼 수 있다. 꾸준히 학습한다면 학년이 지날수록 관심 분야에 대한 지식을 확장하고, 그것을 생활기록부 속 성장으로 확인할 수 있을 것이다.

인문학은 배움의 길이 정해져 있지 않고, 자신이 관심 가는 영역에서부터 앎을 넓혀 나가야 한다. 배움이 결코 수동적일 수 없는 것이다. 그러나 너무 막막해할 필요는 없다. 일단 부딪히다 보면, 길이 보인다. 공부하다가 발견한 흥미로운 부분에서 시작하면 된다. 다양한 인문학 분야를 둘러보거나 공부하기 위한 플랫폼으로는 〈네이버 열린연단〉(광고아님)을 추천한다. 10년 동안 축적된 강연과 토론, 에세이를 바탕으로 다양한 주제를 학습하고 사고력을 기를 수 있다.

## 공부할 때 가장 도움 되었던 누군가의 한마디

> "지금 네가 이렇게 힘든 시간을 보내고 있지만,
> 이 시간도 결국 지나갈 거고,
> 어쩌면 언젠가는 이 순간도 너의 추억이 될지 모른다."

대입은 마치 끝나지 않는 마라톤 같다. 공부도 힘들고, 인생도 고민된다. 고등학교 시절 나도 고민이 많았다. 내향적인 성격이라 새로운 환경에서 적응이 느렸다. 힘들었던 고등학교 생활이었지만, 친구들 그리고 선생님의 사랑과 응원으로 수험생활을 이겨낼 수 있었던 것 같다. 1학년 담임선생님께서 힘들어하던 나에게 이런 말씀을 해 주셨다. "지금 네가 이렇게 힘든 시간을 보내고 있지만, 이 시간도 결국 지나갈 거고, 어쩌면 언젠가는 이 순간도 너의 추억이 될지 모른다." 그 말을 당시에는 완전히 이해하지 못했지만, 대학교에 다니는 지금은 너무나도 공감한다. 어느새 고등학교 시절도 지금의 나를 만든 소중한 추억이 되어 있었다. 당신의 지금도 다른 어떤 순간 못지않게 가치 있는 시간이다.

세상에는 배울 것들이 너무나 많다. 평생을 바쳐도 세상의 모든 것을 배우기란 불가능하다. 그렇다면 '얼마나' 공부할지 생각하는 것보다 오히려 '무엇을' 공부할지 생각하는 편이 더 현명하지 않을까? 나의 시간은 유한하고, 그 유한한 시간을 내가 습득한 지식으로 채우는 것이 사람이 살아가는 방식이니까. 당신은 무엇을 배우고 싶은가? 무엇이 당신을 가슴 뛰게 하는가? 학교 교과목이 아니라도 괜찮다. 대학이나, 실전에서만 배울 수 있는 앎이라도 괜찮다. 당신의 마음이 이끄는 대로 치열하게 공부한다면, 당신이 구한 지식이 당신의 일부가 되어 있을 것이다.

### 서울교대 초등교육과 ☆ 박세린

서울교육대학교에 재학 중이다. 대입을 준비하는 동안 주변 친구들이 학습으로 고민하는 모습을 여럿 보아왔다. 그 고민은 대부분 학습 문제가 생겼는데 어떻게 해결해야 할지, 혹은 학습 의지는 있는데 '어디서 무엇을 어떻게' 시작해야 할지 잘 모르는 것에서 비롯되었다.

이러한 점을 안타깝게 생각했고, 그동안 고등학교 생활하면서 겪었던 내 경험을 바탕으로 이런 아쉬웠던 점들을 보완할 수 있도록 돕고 싶었다. 그래서 학생들에게 어떻게 효율적으로 학습할 수 있을지, 유용한 팁에는 무엇이 있는지 알려주기 결심했다. 현재는 온라인 학습코칭 멘토와 학습 컨설팅 과외를 진행하고 있다. 그동안 다양한 학생들과 다루었던 학습 고민을, 이 책을 읽고 있는 여러분과도 같이 이야기하고자 한다.

## ¨ 하고 싶은 일을 찾는 과정에서 가져야 할 태도

"제가 뭘 좋아하고 잘하는지 모르겠어요. 그런데 그 와중에 평생에

걸친 진로를 결정해야 한다니… 확신이 안 들어요."

학생들에게 진로를 물어보았을 때, 대다수는 명확하게 답하지 못한다. 설령 방향성을 잡은 학생들도, 구체적으로 대학과 학과까지 목표로 삼긴 쉽지 않아 했다. 중고등학교의 6년간, 막상 내가 어떤 것을 하

고 싶은지를 생각해 볼 수 있는 시간이 많지는 않은 것 같다.

공감한다. 나 또한 하고 싶은 게 너무 많았고, 하나의 일을 직업으로 삼아 계속 살아갈 수 있을까 고민했고 지금도 종종 고민한다. 그러나 계속 고민만 하며 아무것도 하지 않는 것으로는 아무것도 바뀌지 않는다. 무엇이라도 행동하면서 생각하자. 진로가 정해지지 않아도 공부는 열심히 할 수 있다. 나중에 하고 싶은 게 생겼을 때 요구하는 조건에 가로막혀 후회하는 일이 없도록 하자.

우리는 살아가면서 각자만의 답을 찾아간다. 모두에게 적용되는 객관적인 답이란 없다. 그렇지만 앞으로 어떤 목표가 생겼을 때를 대비하여 경험을 쌓아가야 한다. 생각만 하는 것보다, 행동과 함께 고민하는 것이 훨씬 낫다. 이렇듯 진로가 정해지지 않았더라도 현재에 충실하게 공부하며 열심히 노력하면 된다. 그렇지만 진로라는 목표가 정해져 있다면 더욱 확실하게 동기 부여될 것이다. 그러나 진로를 너무 거창하게 생각하지 않으면 좋겠다. 진로를 찾기 어려워하는 이유 중 하나가 '나에게 딱 들어맞는, 관련 업종에 계속 종사할 테니 완벽한 정답을 찾아내겠어!'라는 인식 때문인 듯 같다. 이렇게 생각하면 처음부터 진로에 대한 고민을 시작하기 쉽지 않다. 즉 조급하게 탐색하지 말고, 조금씩 틈틈이 알아보려는 태도가 더 중요하다. 커리어넷, 워크넷, 서울진로진학정보센터 등 여러 사이트를 통해 진로 검사, 학과 정보 탐색을 이용하면 좋겠다.

## ¨ 공부를 체화하려고 노력하기

"요즘 공부가 너무 하기 싫어요. 저도 공부해야 한다는 것은 머리로는
알지만, 손이 잘 안 가요."

한 번씩 공부하다 보면 주기적으로 손에 공부가 잘 잡히지 않는 시
기가 온다. 그럴 때면 책상 앞에 앉아서 책을 펴놓아도 마음은 붕 떠
서 다른 데로 간다. 이때 하기 싫다고 '안 하는가?' 혹은 그럼에도 '하는
가'에 달려 있다. 예를 들어 1학기가 끝나고 찾아온 여름 방학이 있겠
다. '방학이니까' 학기 중보다 많은 시간을 더 잘 활용할 수 있도록 궁
리하는 것이다. 공부에만 계속 집중하라는 이야기가 아니다. 공부는
마라톤이다. 장기전이니 꾸준한 공부에 적절한 휴식의 균형이 중요하
다. 그래서 스트레스 관리 방법을 찾는 게 좋다. 나는 유독 공부가 안
되는 날이면 매운 떡볶이를 먹거나, 문제를 풀 때 초콜릿과 젤리를 먹
곤 했다. 또는 학원이 끝나고 집에 왔을 때, 가방만 두고 다시 나가서
동네 두세 바퀴 걷다가 와도 좋을 거 같다. 물론 10~20분 정도의 휴식
이 아니라, 영화 보기처럼 긴 시간이 필요한 휴식은 안 된다. 이렇듯
적절한 관리를 통해 번아웃이 오지 않도록 조심해야 한다. 이렇게 쉴
땐 쉬고, 공부할 땐 공부하는 것이 최선이다. 그러면 어떻게 공부하기
싫을 때 어떤 노력할 수 있을까?

바로 공부 과정 자체를 습관 들이는 것이다. 이를 위해서는 책상에

앉아 있는 연습이 필요하다. 한 호흡에 공부를 얼마나 앉아서 할 수 있는가의 공부 체력을 기르도록 노력해야 한다. 앉은 상태에서 책을 펼쳐서 뭐라도 끄적이면 좋다. 머리가 공부할 수 있도록 예열되지 않은 상태이니 가볍게 시작하는 게 좋겠다. 경험상 가장 좋은 것은 수학 연산 문제를 푸는 것이었다. 손으로 필기를 시작하고, 머리를 가볍게 쓰면서 사전 준비를 거치는 것이다. 이 과정을 한 10분 정도 하고 본격적으로 공부에 들어가면 집중하기 수월해진다.

## ¨ 3. 몰아서 공부하고 몰아서 쉬기

"공부하다 잠시 쉬어야지 하다가 쉬는 시간이 길어집니다. 어떻게 하죠?"

공부하고 나면 적절한 휴식이 중요하다. 그런데 야속하게도 쉬는 시간은 정말 빠르게 흐르는 느낌이다. 그래서 정해놓은 휴식 시간을 넘어서, 10분이 20분 되고 30분이 되는 상황이 오는 것이다.

몰아서 쉬는 것은 어떨까? 쉬는 시간이 계속 길어지는 이유는 자제력 부족이라고 생각한다. 나 또한 그랬기 때문이다. 그래서 아예 공부를 쭉 끝내고 남은 시간은 온전히 노는 시간으로 사용하는 것이다. 쉬는 시간을 일종의 당근처럼 활용한 것이다. 이렇게 하니 휴식 시간을 위해서 공부를 빨리 끝내고 싶어지고, 빨리 끝내려면 집중해서 하게 된다. 또한 그 휴식 시간을 한결 편하게 즐길 수 있다. 할 일이 남아있는데 노는 것과 할 일을 끝내고 노는 것은 큰 차이가 있다. 놀다가도 해야 할 일이 불쑥 떠 오르고 불안한데, 또 하기는 싫고… 이러한 갈등 상황에 계속 노출되는 것도 스트레스이고, 만약 갈등 끝에 휴식을 더 이어서 갖기를 선택한다면 자기효능감도 떨어져서 무기력해지기도 한다. 그렇지만 이 전략이 정답이라고는 할 수 없다. 공부 중간에 쉬는 시간 갖는 것이 나을 수도 있다. 계속 공부를 이어 나가며 과열된 머리를 환기해 줄 필요가 있는 것이다. 그래서 효율을 따져보았을 때 그게 더 맞는 친구도 있다. 그렇지만 이 경우 쉬다가 그 시간이 지나면 다시 공부를 시작해야 한다. 그래서 휴식은 더 매력적으로, 공부 재개는 더 어렵게 느껴지기도 하다.

## ¨ 4. 공부가 안될 때는 낯선 장소에서

학습코칭을 하다 한 학생과 공부를 어떻게 하면 집중할 수 있는지 같이 고민하게 되었다. 평일보다 주말 공부 시간이 상대적으로 적었는데, 생활 습관을 파악하며 그 이유를 알아내고자 했다. 그리고 일일 공부량이 많았던 평일에는 도서관에서 공부했지만, 주말에서는 집에서 공부한 것이 원인이라고 생각했다. 그래서 학생과 그다음 주에는 금요일과 토요일도 도서관에서 계속 공부하는 것으로 약속했다. 결과는 어땠을까?

"처음에는 도서관에 가려면 옷 갈아입고 가볍게라도 먹는 등 준비하고 오고 나는 시간이 있어서, 집에서 공부하면 그 시간을 절약할 수 있다고 생각했어요. 근데 오히려 안가니까 일어나서 조금만 봐야지 하면서 폰으로 유튜브 보다가 그날 공부가 잘 안된 거 같습니다. 금요일과 토요일까지 도서관에 꾸준히 갔어요. 가기 싫은 날도 있었는데, 그래도 막상 가면 공부가 되더라고요."

유의미한 성과를 거두었다. 학생 본인도 공부하는 장소 변화가 이렇게 크게 다가올 줄 몰랐다며 놀라워했다. 이 학생에게 이러한 조언을 해줄 수 있었던 것은, 저 또한 공간을 바꾸면서 공부하는 것이 집중이 더 잘된다고 느끼기 때문이다. 익숙한 환경에서는 긴장감이 없으니 공부할 때도 자연스럽게 풀어진다. 특히 내 방이 그러했다. 책상과 침대가 같이 있는 매력적인 공간이니, 공부가 조금이라도 하기 싫을 때면 책상 바로 뒤에 있는 침대에 편하게 눕고 싶다는 유혹이 들었다. 그래서 도서관에서 공부했고, 도서관이 익숙해질 때쯤에는 독서실에 가서 공부했다. 생활 소음도 거의 없고, 주변을 둘러보면 나처럼 공부하고 있는 사람들을 보며 자극받을 수도 있다. 익숙함은 곧 편안함이 되어 적당한 긴장된 환경에서의 집중을 방해한다. 사소해 보이지만 장소가 공부에 꽤 영향을 주기에, 한번 장소 바꾸기를 시도해보자.

## ¨ 5. 휴대폰 현명하게 사용하기

학생들과 대화했을 때 가장 큰 공부의 방해 요소로 꼽는 것 중 하나는 바로 휴대폰이다. 폰은 게임, 유튜브 등 재미있는 것으로 나를 유혹한다. 그렇지만 카메라나 통화처럼 생활에 필수적인 역할을 하기에 떼려야 떼기 어려운 존재이다. 어떻게 하면 이러한 폰을 현명하게 다룰 수 있을지 말해보고자 한다.

공부할 때 기본적으로 무음 처리를 했는데도 내 시야에 폰이 있으면 공부하다가도 시선이 자연스럽게 간다. 그러니 내가 공부하는 공간에 벗어나 있도록 하면 좋다. 내 방에서 공부한다면 거실에 두거나, 부모님께 잠시 보관을 부탁드릴 수도 있겠다.

그렇지만 이러한 방법이 부담스러울 수도 있다. 자체적으로 해결하는 것에는 2가지를 꼽을 수 있다. 우선 '열품타'라는 앱을 설치해서 공부를 기록할 수 있다. 이 앱은 공부하는 시간을 측정하는 타이머인데, 폰을 사용하기 위해서는 이 스톱워치를 멈춰야 한다. 즉, 열품타의 타이머를 키는 동안은 휴대폰 사용을 할 수 없는 것이다. 다음으로 '금욕 상자'라는 물품이다. 플라스틱 상자 안에 폰을 넣고 타이머를 설정한 뒤 잠근다. 타이머가 0이 되면 잠금이 풀리며 상자를 열 수 있다. 물리적으로 휴대폰을 가둬놓고 내가 공부하는 방이 아닌 거실이나 안방 등에 두면, 확실히 사용 불가한 상태이니 아무래도 덜 신경 쓰인다.

## 고려대학교 식품공학과 ☆ 배기주

고려대학교의 수시 '계열적합' 전형으로 합격했으며, 이 전형에서는 면접의 비중이 절반 이상으로 매우 크다. 이 때문에 특히 과학고나 자사고 출신의 학생들이 많이 지원하고 경쟁이 치열하다. 우수한 학생들과의 경쟁에서 우위를 점하기 위해, 오랜 기간에 걸쳐 수학적 사고와 과학적 사고를 자신만의 언어로 표현하는 것을 연습했고, 이를 통해 깊이 있는 사고력을 기를 수 있었다. 이러한 점이 나를 이 전형에 적합한 학생으로 만들었다고 생각한다.

식품공학은 음식이 원재료로부터 우리의 식탁에 오기까지의 모든 과정을 폭넓게 다루는 학문이다. 식품영양학이 주로 식품의 영양과 체내 대사를 중점적으로 배우지만, 식품공학은 생산, 가공, 유통까지의 전 과정을 아우른다는 것에서, 더 넓은 관점에서 식품을 바라볼 수 있는 특징이 있다. 고등학교 재학 중 내면과의 대화를 통해 사회에 기여하는 큰 인물이 되는 것이 꿈임을 알게 되었다. 모든 사람은 식품이 필요하기에, 식품공학의 넓은 지식을 통해 사람들에게 실질적인 도움을 줄 수 있다고 생각했다. 더 나아가 식품공학의 한 부분인 식품 안전성에 관해 공부하여, 배고픈 사람이 없는 세상을 만들고자 고려대학교의 식품공학과로 진학을 희망하게 되었다.

## ·· 당신의 진정한 꿈은 무엇인가요?

"당신의 진정한 꿈은 무엇인가요?" 최근 대치동 수험생들에게 이 질문을 던진 영상이 많은 이들의 이목을 끌었다. 그중 한 학생은 '의대 진학'을 꿈이라고 답했다. 그러나 과연 이것이 진정한 꿈이라고 할 수 있을까? 우리가 꿈으로 삼는 것은 단순한 진로 선택을 넘어, 인생을 좌우할 중요한 문제이다. 만약 '의대 진학'이라는 목표가 꿈의 전부가 되면, 무한하게 확장될 가능성을 지닌 꿈이 하나의 직업으로 국한된다고 할 수 있다. 꿈을 찾는 데 있어서 중요한 것은 자신에게 소중한 가치를 아는 것이다. '의사가 되고 싶다'는 목표는 직업 선택일 수 있지만, 이국종처럼 생명을 구하는 전문의가 되고 싶다'는 목표는 깊은 의미와 동기를 담고 있다. 꿈에 의미를 더하는 것이 중요하며, 이는 개인적 가치에 따라 다를 수 있다. 어떤 사람에게는 그것이 경제적 안정일 수도 있고, 다른 이에게는 타인을 도우면서 행복을 느끼는 것일 수도 있다. 이렇게 자신에게 소중한 가치를 아는 것은 '자기 대화'의 과정을 통해 알게 된다.

수험 동안 틈틈이 자신에게 '나는 무엇을 좋아하는가?', '나는 어떤 것을 잘하는가?' 같은 질문을 던져보자. 이러한 자기 대화의 과정을 거치지 않는다면 머지않아 방황의 시간을 보내게 될 것이다. 많은 수험생이 대학에 진학하면 모든 고민이 해결되리라 생각하는 경향이 있다. 그러나 입시는 세상으로 나아가기 위한 첫걸음일 뿐이라는 사실을 기억하자. 입시는 수험생에게 있어서 장기 목표의 '종결점'이면서도, 성인이 된 이후 펼쳐질 인생의 '시작점'이다. 자기 대화에 있어서 차이가 있는 두 학생의 사례를 살펴보자.

학생 A는 단지 성적에 맞춰 대학에 진학한 후, 그저 높은 성적을 목표로 삼았다. 그러나 첫 학기부터 수업은 지루했고, 공부의 의욕은 점차 사라지게 되었다. 시간이 지남에 따라 진로에 대한 불안감만 커졌고, 성적은 떨어져 갔다. 결국 무기력과 공허함 속에서 방황하게 되었다. 반면 학생 B는 학창 시절 내면과의 대화를 통해 자신이 정의를 실현할 수 있는 사람이 되길 희망한다는 것을 알게 되었다. 따라서 경찰이 되기로 하고, 경찰행정학과에 진학했다. 어려운 공부 속에서도 꿈을 향해 나아가는 과정에서 큰 보람을 느끼며, 매일 목표에 한 걸음씩 다가가는 기쁨을 경험했다. 자신이 원하는 공부를 하다 보니 자연스레 좋은 성적을 받을 수 있었다.

이 두 사례는 목표 설정에 있어 동기의 중요성을 보여준다. 학생 B처럼 자신이 진정 원하는 가치에 대해 깊이 고민하고, 목표를 설정하는 것이 중요하다. 독서, 명상, 일기 쓰기와 같은 방법이 가치 탐색에 도움이 된다. 꿈은 단순히 직업을 선택하는 것이 아니다. 그것은 자신이 원하는 삶의 가치를 발견하고 실현하는 과정이다. 자신의 가치를 명확히 알고, 그에 맞는 구체적인 행동 계획을 세우는 것이 중요하다. 예를 들어, 사회적 약자를 돕기 위해 봉사 활동에 참여하거나 공익 변호사를 목표로 삼는 것처럼, 자신의 가치에 맞는 행동을 꾸준히 실천하는 것이 꿈을 이루는 길이 된다.

월트 디즈니는 "만약 당신이 꿈을 꿀 수 있다면, 그것을 이룰 수 있다"라고 말했다. 단순히 '의대 진학'과 같은 목표에 머무르지 말고, 삶에서 가장 중요한 가치를 찾아 그것을 이루기 위한 길을 걸어가자. 모든 이는 자신의 가치를 실현할 능력을 갖추고 있다. 지금 바로 스스로에게 '나는 정말 무엇을 원하는가?'라고 물어보라. 이 질문에 대한 답이 당신의 인생을 빛나는 여정으로 이끌 것이다.

## ·· 집중하기 어려울 때 어떻게 할까?

수험생 시절, 항상 최고의 집중력을 유지하는 것은 쉽지 않았다. 특히 아침, 점심, 저녁 식사 후 찾아오는 식곤증은 큰 장애물이었다. 처음에는 소중한 시간에 잠을 자며 낭비할 수는 없다는 생각에 억지로 잠을 참고 책상에 앉아 공부하려고 했다. 하지만 몇 번 시도해 본 결과, 억지로 공부하는 것은 오히려 최악의 선택이라는 것을 알게 되었다. 졸음을 억지로 누르며 공부하려니 고통스러울 뿐만 아니라, 그 이후 이어지는 자습 시간에도 집중력이 크게 떨어졌기 때문이다. 반대로 잠을 자버리면 깬 이후 몽롱한 상태에 빠져 바로 집중하는 것이 어려워졌기에 이를 선택할 수 없었다.

그러던 중 어느 날, 자습실 친구와 함께 식사 후 커피를 사기 위해 먼 카페까지 걸어갔다. 걷는 동안 식곤증이 서서히 사라지는 것을 느꼈고, 잠에 대한 욕구도 줄어들었다. 그 이후로는 집중하기 어려운 순간이 다가오면 '산책'을 통해 졸음을 쫓고, 집중력을 되찾았다. 이 간단한 활동이 수험 동안 나에게 큰 도움이 되었다. 많은 수험생이 정신을 환기하거나 스트레스를 해소하기 위해 운동을 선택한다. 꾸준한 운동은 수험생에게 필수적인 요소로, 체력을 증진하고, '적당한' 운동이 뇌의 혈류량을 증가시켜 집중력 향상에도 도움이 된다는 연구 결과가 있다.

학교생활을 하다 보면, 쉬는 시간에 운동장으로 뛰어나가 땀 흘리며 운동하는 친구들을 마주하기 쉽다. 이들처럼 운동으로 인해 몸이 과열되었을 때, 이를 식히기 위해선 휴식 시간이 필요하다. 그렇지 않고 바로 공부를 시작하면 에너지가 집중력과 냉각에 분산되는 효과가 나타난다. 이런 경우 운동이 공부의 방해 요소가 될 수 있다.

수험생에게 가장 중요한 것은 공부이다. 운동은 공부에 도움을 주는 보조 요소일 뿐이지, 그것이 수험생의 본질을 뛰어넘어서는 안 된다. 특히 남학생들은 운동의 즐거움에 휩싸여 체육 시간에 과하게 활동한 뒤, 남은 하루를 피곤함에 지쳐 보내기 일쑤이기에 특히 조심해야 한다. 그래서 여러분께 '적당하고 꾸준한' 운동을 권해본다. 운동을 통해 체력과 집중력을 향상하되, 그것이 수험생의 본질인 공부를 방해하지 않도록 균형을 잘 맞추는 것이 중요하다.

## ¨ 시험 기간에 밤새우면서 공부해도 될까?

시험 기간에 밤을 새우면서 공부하는 것은 흔한 전략이지만, 장기적으로 보면 비효율적인 방법이다. 중학교 때 헬스장 PT 수업을 등록했던 경험이 있는데, 그때 PT 선생님과 나눈 대화가 위와 관련된 중요한 교훈을 주었다. 당시 나는 근육을 빠르게 성장시키기 위해 매일 운동을 해야 하는지 질문했다. 선생님의 답변은 간단했지만, 큰 교훈을 주었다. "근육은 운동하는 동안이 아니라 쉬는 동안 생기는 거예요.

저도 쉬는 날을 일부러 루틴에 넣어요." 여기서 쉬는 것은 몸을 휴식하게 하는 것으로, 잠을 자는 것이 핵심이다.

공부도 이와 마찬가지이다. 우리의 뇌는 '잠'을 자는 동안 일과 중 얻은 지식을 정리하고 저장하는데, 이 과정이 제대로 이루어져야만 시간이 지나도 잊히지 않는 견고한 지식을 쌓을 수 있다. 반면, 시험 직전 밤을 새우며 공부하면, 뇌는 그 정보를 제대로 정리하고 저장할 시간이 없게 된다. 이는 마치 표면에 얹힌 얇은 지식과 같아서, 시험이 끝나면 금방 잊힌다.

물론, 급한 수행평가나 작은 시험에서는 밤을 새우며 얻은 지식이 일시적으로 도움이 될 수 있다. 하지만 입시 전체를 고려했을 때, 특히 방대한 범위를 다루는 수능과 같은 시험에서는 이런 방식이 득이 되지 않을 수 있다. 예를 들어, 수능 국어는 '독서+문학+선택과목'이 포함된 방대한 범위를 다룬다. 수학 역시 '수학1+수학2+선택과목'으로 이루어진 복잡한 시험이다. 좁은 범위만을 대상으로 하는 학교 시험에서는 밤샘 공부가 효과가 있을지도 모르지만, 수능처럼 넓은 범위를 다루는 시험에서는 오랜 기간에 걸쳐 꾸준히 쌓은 지식이 더 좋은 결과를 낼 가능성이 높은 것은 당연하다.

따라서 근본적인 실력 향상을 위해서는 밤을 새우며 공부하는 것보다 충분히 자고, 꾸준하고 체계적인 학습을 하는 것이 더 효과적이라고 할 수 있다. 잠은 단순한 휴식이 아니라 학습의 일부이다. 충분한 잠을 자야만 뇌가 정보를 잘 정리하고, 그것을 장기 기억으로 저장할 수 있다. 그러므로 시험 기간에도 적절한 수면을 유지하면서 계획적으로 공부하는 것이 가장 바람직한 방법이다.

## ¨ 머리가 띵해지는 공부 Tip

### °입시 공부는 결국 장거리 마라톤과 같다

마라톤 선수들이 초반에 오버페이스를 내면 끝까지 그 속도를 유지하지 못하듯이, 공부에서도 자신만의 페이스를 찾고 유지하는 것이 중요하다. 각 학생에게 적절한 공부 속도는 다를 수 있지만, 결국 전업 수험생인 학생에게 있어 가장 이상적인 페이스는 '매일', '꾸준히' 지속할 수 있는 속도이다. 내 경우, 방학을 기준으로, 하루 9시간 공부하는 것이 '매일' 지속할 수 있는 페이스였다. 공부가 잘되는 날에는 이보다 더 많은 시간을 투자했지만, 그렇지 않은 날에도 최소한 9시간을 채우려고 노력했다. 건강상의 이유를 제외하고는, 하루도 빠짐없이 이 페이스를 유지하려고 했다. 물론, 때때로 하루에 5~6시간만 공부하고 전날에 못다 한 공부를 다음 날에 몰아서 한 날도 있지만, 이런 조정 역시 내 학습 리듬 안에서 관리할 수 있었다.

'지속 가능한 속도'라는 점에서 중요한 것은, 오버페이스를 피하는 동시에, 편한 페이스로 공부하지 않는 것이다. 예를 들어 하루에 1시간씩만 공부하는 것은 꾸준히 할 수 있을지언정 큰 성과를 기대하기는 어렵다. 중요한 것은 꾸준히 최선을 다하면서도, 그 속도로 계속 나아갈 때 목표를 이룰 수 있다는 확신을 주는 속도를 찾는 것이다. 자신의 공부 속도를 찾는 과정에서 시행착오를 겪을 수 있지만, 그 과정은 긴 수험 기간에 든든한 버팀목이 되어줄 것이다.

### °자기만의 쉼터를 만들어두자

'입시 공부는 결국 마라톤과 같다'에서 언급했던 것처럼, 공부는 마라톤과 같아서 오랜 기간 꾸준히 지속해야 한다. 이 과정에서 발생하는 스트레스를 적절히 관리하지 않으면 쉽게 지치거나 중도에 포기할 수 있다. 따라서 수험 생활 중에는 스트레스 관리를 위해 자신만의 쉼터를 만들어두는 것이 중요하다. 여기에서 쉼터란 공부 외의 활동을 통해 스트레스를 해소하고 재충전할 수 있는 공간이나 시간을 의미한다. 예를 들어, 매운 음식 먹기, 다이어리 쓰기, 음악 듣기, 인터넷 쇼핑 등 다양한 활동이 쉼터가 될 수 있다. 중요한 점은 이러한 활동들이 공부에 방해되지 않아야 한다는 점이다.

타인과 함께 스트레스를 푸는 방법을 추천하지 않은 이유도 여기에 있다. 인간관계는 심리상태에 큰 영향을 미칠 수 있으며, 이는 때로 부정적인 영향을 초래할 수도 있다. 특히 수험생의 경우, 인간관계에서 발생할 수 있는 불안감이나 스트레스가 공부에 부정적인 영향을 미칠 위험이 있다. 따라서 수험생은 심리적인 안정을 얻고 공부에 집중하기 위해, 타인보다는 혼자서 즐길 수 있는 쉼터를 찾는 것이 바람직하다.

나의 경우, 집에서 키우는 강아지와 시간을 보내거나 부족했던 잠을 보충하는 것이 나의 쉼터였다. 피곤할 때마다 강아지와 잠깐 놀거나, 잠을 자면서 에너지를 충전할 수 있었다. 특히 강아지로부터 자연스럽게 받는 응원과 위로는 나에게 큰 힘이 되었다. 이러한 나의 쉼터는 다른 활동들보다도 지속 가능했고, 공부에도 분명한 도움이 되었다.

## °1타 강사만을 들을 필요는 없다

인터넷의 발달로 사교육은 현장 강의를 넘어서 비대면 강의로 확장되었다. 시간과 장소에 구애받지 않고 원하는 때 강의를 들을 수 있는 비대면 강의는, 시간을 효율적으로 활용해야 하는 수험생에게 장점이 매우 많다고 할 수 있다. 많은 수험생이 처음 비대면 강의(소위 인터넷 강의)를 선택할 때, 가장 먼저 1타 강사의 강의를 신청하는 경향이 있다. 이는 이미 수많은 학생을 성공으로 이끌어 왔다는 점에 기반한 기대감에서 비롯된다.

그러나 1타 강사가 반드시 자신에게도 잘 맞을 것이라는 편견을 버려야 한다. 마치 베스트셀러 책이 모든 독자를 만족시키지 못하는 것과 같은 이치다. 베스트셀러는 대중에게 적합할 수 있지만, 그만큼 범위는 넓지만 깊이는 부족하고 내용이 진부할 가능성도 있다. 물론 1타 강사 역시 모든 수험생에게 맞추기 때문에 범위는 넓을 수 있지만, 개인에게 필요한 부분을 충분히 채워주지 못할 가능성이 있다.

나 역시 처음에는 친구들의 추천으로 1타 강사의 강의를 수강했지만, 그 강사의 설명이 내게는 잘 와닿지 않았다. 강의를 반복해서 들어도 이해가 되지 않았고, 결국 1타가 아닌 강사의 강의를 수강하게 되었다. 그 강사의 설명은 내 학습 스타일에 더 잘 맞았고, 공부에 큰 도움이 되었다. 이러한 상황 속에서도 여전히 많은 친구들이 그 1타 강사에 대해 높은 평가를 남기고 있었다. 결국 이러한 경험을 통해 1타 강사가 그저 나와 맞지 않았을 뿐임을 알게 되었다.

결국, 어떤 강사의 강의를 선택할지는 신중히 고민해야 한다. 여러 강사의 강의를 하나씩 수강해 보고, 자신의 학습 스타일과 가장 잘 맞는 강사를 선택하는 것이 가장 현명한 방법이다. 1타 강사라는 타이틀에 너무 의존하지 말고, 자신의 학습 스타일과 필요에 맞는 강의를 찾아 수험생활을 성공적으로 이끌어 가길 바란다.

## 공부할 때 가장 도움 되었던 누군가의 한마디

> "공부는 남을 위해서 하는 게 아니라 너 자신을 위해서 하는 거야."

나는 중학교를 중위권 성적으로 졸업했다. 게임도 좋아하고 운동도 좋아하던 평범한 학생이었다. 졸업과 동시에, 고등학교 생활을 하는 동안 최선을 다해 공부해 보자고 결심했다. 그동안 좋아하던 컴퓨터

게임도 의도적으로 멀리했다. 내가 공부에 매진하게 된 계기는 단순했다. 부모님께 자랑스러운 아들이 되고 싶어서였다. 아들의 변화를 보며 부모님께서 뿌듯해하시는 것에서 힘을 얻을 수 있었다.

위와 같은 마음으로 열심히 공부했지만, 학년이 올라가면서 점차 슬럼프에 빠지게 되었다. 아무리 노력해도 성적이 오르지 않는 것 같아 공부의 열정이 점차 사라졌기 때문이다. 무엇보다, 내가 무엇을 위해 열심히 공부하고 있는지에 대한 의문이 커졌다. 이러한 고민을 부모님께 털어놓았을 때, 부모님께서 하신 말씀이 지금도 기억에 남는다.

"공부는 남을 위해서 하는 게 아니라 너 자신을 위해서 하는 거야."

이 말을 듣고 내가 진정으로 원하는 미래에 대해 고민하기 시작했다. 나는 지식을 통해 사회의 실질적인 변화를 끌어낼 수 있는 사람이 되고 싶어 함을 알게 되었다. 특히, 내가 관심을 가진 분야에서 새로운 해결책을 제시하여 사람들의 삶을 개선하는 데 기여하고 싶었다. 이 과정에서 '멋져 보이기 위해', '인정받기 위해', '자랑하기 위해'와 같이 남의 시선을 의식한 동기에는 분명한 한계가 있다는 중요한 사실을 깨달았다. 진정한 동기는 타인이 아니라, 자신에게서 나와야 한다는 것을 깨닫게 된 것이다. 다른 누구도 아닌 나의 목표를 위해 공부하는 것은 훨씬 큰 동기부여가 되었다. 그 결과, 나는 이전보다 더 열정적으로 수험생활에 임할 수 있었다.

### 이화여자대학교 교육공학과 ☆ 배서진

현재 이화여자대학교 교육공학과에 재학 중이다. 교육공학이란, 활발한 기술 발전을 통해 개발되는 도구들을 활용하여, 문제상황을 해결할 효과적인 교육방안을 모색하는 학과이다. 수능 100% 전형으로 합격하였다.

#### ¨ 나를 잘 다루기

지금까지의 공부 경험 중 가장 유의미했던 시기는 재수 기간이었다. 특히 재수 종합 학원에 다녔기 때문에 하루 종일 학원에 있는, 외부와 단절된 생활을 한 것과 다름없었다. 따라서 공부에 집중하는 것은 물론, 나 스스로에게 집중할 수 있는 시간이 많았기에 그 기간 자신을 더 잘 알 수 있었다. 또한, 공부 방법, 마인드 세팅 등을 정립하는 기회가 되었다. 지금도 다른 어떠한 경험보다 이때의 경험이 삶을 살아가는 데 있어 가장 많은 영향을 끼치고 있다고 생각한다. 그래서 오늘, 여러분에게 이 기간에 했던 고민과 그에 대한 나의 고찰을 이야기해 보고자 한다.

처음 공부를 시작하는 것은 가보지 않은 길을 개척하는 것과 비슷하다고 생각한다. 이러한 앞이 깜깜한 상황에서 본인의 성향은 그 길의 이정표가 되어줄 수 있다. 스스로 공부할 때 어떤 습관, 특징이 있는지를 알면 더욱 효과적인 공부를 할 수 있다. 단편적으로, 단순 암기 방식으로 문제를 해결하는 것이 더 쉬웠는지, 혹은 원리가 이해되어야 문제를 풀 수 있었는지로 예를 들어볼 수 있다. 나의 경우, 후자에 해당하는 경험이 훨씬 많았기 때문에 이를 유념하고 공부 방식을 계획했다. 단순히 암기하기보다 스스로 자주 쓰는 단어나 명사를 사용해서 설명이 가능하도록 연습한 다음, 그 이해한 원리를 바탕으로 문제에 적용하는 연습을 하는 등 성향에 맞는 공부법을 찾으려고 했던 것 같다.

또한, 공부하다 보면 스스로가 발전이 없는 것 같은 기분이 들기도 한다. 나 또한 자주 이런 의심을 했었고, 이때는 나의 상태를 지속적으로 점검하는 것이 도움이 되었다. 예를 들어, 나 자신을 3인칭 관찰자의 시선으로 바라본다고 상상해 볼 수 있다. 이 사람(본인)이 현재 공부에 지겨움을 느껴 진척이 되지 않는 것인지, 어떤 한 유형의 문제를 어려워해서 막힌 것인지 등을 파악해 보는 것이다. 전자라면 다른 과목 공부로 전환하도록, 후자라면 해당 유형을 반복 연습해 보도록 하는 등 문제 상황을 객관적으로 판단해 볼 수 있는 기회가 될 수 있을 것이다.

## ¨ 나를 스스로 잘 아는 것

냉정하게 들릴 수 있겠지만 '불안해한다고 해서 달라지는 것은 없다'고 말하고 싶다. 알 수 없는 미래를 점쳐보고 본인의 능력치를 의심하며 우울하고 불안해하는 것보다, 눈앞의 할 일(오답 정리, 문제 분석 등등)에 집중해 보는 것은 어떨까?

여러분이 느낄 불안에는 크게 두 가지 경우가 있다고 생각한다. 첫째로는 성적에 대한 불안이다. 대개는 본인의 실력이 눈 앞에 닥쳐오는 시험, 또는 관문에서 목표한 수치만큼의 평가를 받을 만큼 출중하지 않을 것이라는 예상에서 오는 불안이다. 스스로를 향하는 의심의 불씨가 머릿속을 헤집겠지만, 이 상태에 잠식되는 것만큼 실질적인 이득이 없는 행동도 없다. 우울함이나 불안의 감정을 느낀다면, 먼저 내가 왜 그러한 감정을 느끼는지 생각해 볼 필요가 있다. 이런 유형의 불안에서 벗어나고 싶다면 취할 행동은 한 가지이다. 그만큼 나의 실력을 보강하는 것이다. 공부를 통해 실력이 향상된다면 스스로 자신감도 생길 것이고, 따라서 이 불안은 해소될 수 있다.

다른 하나로는 공부 방법에 대한 의심에서 시작되는 불안이다. 흔히 하는, 과연 내가 효율적인 공부를 하고 있는지, 이렇게 공부하여 성적이 오를 수 있는지 등에 대한 의심이다. 다만, 사람마다 다른 공부 스타일을 가지고 있어 어떤 공부 방법이 정도(正道)라고 확답할 수 없다. 그러므로 앞에서도 이야기했듯이, 본인 스스로를 파악해서 맞는 공부 방법을 찾는 것이 중요하다. 만일, 이 과정이 너무 어렵게 느껴진다면 MBTI 테스트처럼 학습 성향 검사 등을 해보는 것을 추천한다. 가장 접근성이 좋은 EBSi의 학습 유형 검사를 활용하는 것을 추천한다. 해당 검사에서는 크게 6가지의 항목의 점수를 통해 검사자의 학습 유형을 진단하고, 그에 맞는 공부 방법을 추천해 주니 참고하면 좋을 것이다.

지금까지 구구절절 길게 늘어놓았지만, 가장 중요한 것은 "본인 스스로를 아는 것"이라고 생각한다. 스스로가 나의 페이스 메이커가 되어 힘들어할 때는 다독이고 잘할 때는 응원하며 앞으로 나아갈 수 있기를 바란다. 나를 알고 적(공부)을 알면 백전백승이다.

## 공부할 때 가장 도움 되었던 누군가의 한마디

> "나에게 이루고 싶은 더 큰 목표가 있는데 이 작은 수능이라는
> 단계에서 발목 잡힐 수 없다."

수능을 향해 달려가던 시기의 중반쯤, 늘어지는 여름 날씨에 많은 친구들의 긴장감이 풀어지는 때였다. 하루의 진도가 빠르게 마무리된 어느 날, 선생님께서 "인생의 목표가 수능이 되어서는 안 된다"고 말씀하셨다. 실제로 대학에 오고 나니 더욱 이 말이 더욱 무게가 있게 다

가온다. 주변의 여러 친구 또한 수능이 끝나고 그토록 노력해 대학에 들어왔는데, 그 이후를 어떻게 해야 할지 모르겠다, 목표가 없어진 것 같다는 이야기를 많이 한다. 물론 너무나 적성에 맞는 꿈을 찾아 그 꿈만을 고집해 나가는 사람에게는 해당하지 않는 이야기일 수 있지만, 대부분의 사람은 그렇지 않다. 원하는 과에 입학해서도 수업을 들어보니 내가 꿈꿔왔던 학문이 아니라는 생각이 드는 것은 부지기수이고, 과보다 대학의 네임밸류를 우선시하여 전혀 흥미가 없는 과에 가기도 한다. 이런 일은 보통 수능 이후의 삶을 상상하지 못했던 사람들에게 많이 일어난다. 즉, 우리의 인생은 사건의 나열이라기보다 분절되지 않은 연속선상에 놓여있기 때문에 수능 이후의 고민 또한 준비해야 한다는 것이다.

당시 이 말이 나에게는 큰 울림이 되어, 인생 목표에 대해서 진지하게 다시 생각해 보는 시간을 가졌던 것 같다. 공부하기에도 모자란 시간에 인생 목표라는 거창한 것을 계획하는 것은 생각보다 꽤 귀찮고 머리 아픈 과정이었다. 그러나 내가 진정 원하는 것을 생각해 보고 나의 목표, 그리고 이를 이루기 위해 해야 할 것들을 나열해 보니 오히려 흐려졌던 목표 의식을 다잡을 수 있었다. '나에게 이루고 싶은 더 큰 목표가 있는데 이 작은 수능이라는 단계에서 발목 잡힐 수 없다'는 생각에 더 힘을 내야겠다고 생각할 수 있었던 것 같다.

### 서울교육대학교 초등교육학과 ☆ 백다빈

현재 서울교육대학교 초등교육학과에 재학 중이다. 서울교대는 초등학교 교사를 양성하는 대학으로서 교육자적 자질을 갖추고 교직 전문성을 지닌 전인적 인격을 구비한 교육자를 확보하기 위한 교육을 실시하는 대학이다. 다양한 전공을 공부하는 다른 종합대 학교들과는 다르게 서울교육대학교는 전교생이 같은 꿈을 가지고 입학하여 같은 공부를 한다는 특징이 있다. 교사를 오랜 기간 꿈꿔왔던 나는 고등학교 재학 기간 열심히 노력하여 수시전형으로 원하던 학교에 합격할 수 있었다.

#### ¨ 나의 학창시절

사실 나는 중학교 때까진 최하위권 학생이었다. 시험을 보면 50점을 넘는 과목이 손에 꼽힐 정도였고 수업시간엔 항상 집중하지 못했었다. 지금 와서 나를 돌아보면 '공부는 못하지만 애는 착해'라는 말을 듣는 학생의 표본이었던 것 같다. 공부 빼고 다 열심히 했기 때문이다. 교우관계도 가족관계도 참 좋았으나 이상하리만치 도파민에 절여진 나의 머리가 공부만 받아들이지 못했던 중학교 생활이었던 걸로 기억한다. 좋아하는 아이돌이 신곡을 내면 학교생활보다도 음악방송에 집중하는 그런 도파민 중독의 학생이었다.

## ¨ 도파민 중독자의 내신 공부 비법

그랬던 내가 도파민을 이겨내기보다는 도파민을 이용한 공부법을 사용하게 된 이후로는 좋은 성취도를 보일 수 있었다. 줄글을 읽기보다는 영상 매체를 좋아하는 나의 특성을 담은 이후로는 개념서를 읽기보다는 개념 인강을 반복해서 들었다. 드라마나 예능 볼 땐 필기를 하지 않아도 잘 기억났던 경험을 살려서 TV에 노트북을 연결하여 소파에 앉아서 편한 자세와 마음으로 인강을 여러 번 반복하여 보았다. 그 결과 암기과목에 큰 스트레스 없이도 잘 외워지는 경험을 했다.

나의 최약체 과목은 영어였다. 아무래도 노베이스 학생 특성상 영단어 암기량이 턱없이 압도적으로 부족했기에 영어는 나에게 언제나 숙원사업 같았다. 가뜩이나 외워야 할 것이 많은 수시러에게 영단어 외우기란 넘을 수 없는 벽과 같았다. 하지만 이 어려움 또한 도파민 중독자답게 도파민으로 이겨냈다. 자투리 시간마다 '경선식 영단어' 책을 반복적으로 읽으며 스트레스 없이 기본 단어를 익혔고, 내신을 위한 본문 암기는 좋아하는 노래가사에 맞춰서 반복적으로 불렀다.(필자가 독서실이나 도서관이 아닌 집에서만 공부했던 이유)

국어는 나에겐 효자과목이었다. 여기서 내 자랑을 하나 하자면 나는 고등학교 3년 동안 단 1초도 수업시간에 졸아본 적이 없다는 것이다. 수시러에게 수업시간은 너무나도 중요하였기 때문에 평일에는 8시간씩 꼬박꼬박 자서라도 수업시간에 집중하려 했다. 이렇게 집중한 결과 국어 과목에서 빛을 보았다. 특히 문학 같은 경우 선생님이 강조하신 부분을 당일 안에 내 것으로 만들려는 시도를 했고 이 시도가 잘 맞아서 내신 국어는 한 번도 속을 썩인 적이 없었다.

### 공부할 때 가장 도움 되었던 누군가의 한마디

> "결과만을 바라보며 현재를 고통 속에서 살기보다는
> 하루하루 잘 해내는 내 자신으로 인해 기뻐하라."

내 꿈이 오랜 기간 교사였다 보니 힘들 때마다 선생님들의 조언이나 응원에 많은 힘을 얻었던 것 같다. 나도 날 가르쳐주시는 선생님들처럼 전문성과 따뜻함을 가지고 싶다고 많이 생각했다. 나의 이런 생각을 선생님들께 말씀드릴 때마다 꼭 멋진 교사가 될 수 있을 거라고 해주셨던 게 기억에 오래 남았다.

고등학교 시절 참 많이 막막하고 두려움이 가득했지만 지나고 보니 과거는 기억이 되고 또 추억이 되었다. 수험생활이란 원하는 미래를 위해 마땅히 고생할 가치가 있다고 생각한다. 그렇지만 결과만을 바라보며 현재를 고통 속에서 살기보다는 하루하루 잘 해내는 나 자신으로 인해 기뻐하며, 날 응원해주는 이들에게 감사하며 살아갈 수 있기를 소망한다. 남들이 다 해서 하는 공부가 아니라 내 꿈을 이루기 위한 값진 시간이 되는 학창 시절이라면 시간이 흐른 뒤에도 행복했던 날들로 기억될 수 있을 것이다. 파이팅!

### 연세대학교 의예과 ☆ 백승주

나는 대학교를 휴학하지 않고 학점을 모두 챙기면서 23년도 9평과 수능을 응시하였고, 9평에서는 전과목 만점을, 수능에서는 두 문제를 틀리고 연세대 의대에 정시로 합격할 수 있었다. 그래서 이러한 나의 무휴학 반수 공부 경험을 소개하고자 한다.

## ·· 약점을 보완하는 공부

지방 소재 의과대학에서 무휴학 반수를 한 나는, 타지 생활의 어려움과 주말마다 서울로 올라오는 번거로움 때문에 서울 소재 의과대학으로 학교를 옮기기로 결심했다. 이를 위해 나는 체계적인 목표를 세우고 그 목표를 달성하기 위해 다양한 전략을 실행했다.

들어가기에 앞서 무휴학 반수에 대해 잠깐 소개하자면, 무휴학 반수는 2학기에 대학을 휴학하고 수능 공부에만 매진하는 일반적인 반수와 다르게, 2학기에도 휴학 없이 계속하여 대학을 다니면서 수능 공부를 병행하는 것을 의미한다. 휴학 없이 대학을 다니기 때문에 혹시라도 입시에 실패하여도 리스크가 상대적으로 적지만 반면 공부 시간이 일반적 반수에 비해 부족하다는 단점이 있기도 하다. 결론적으로 말하면, 나는 대학교를 휴학하지 않고 학점을 모두 챙기면서 23년도 9평과 수능을 응시하였고, 9평에서는 전과목 만점을, 수능에서는 두 문제를 틀리고 연세대 의대에 정시로 합격할 수 있었다. 그래서 이러한 나의 무휴학 반수 공부 경험을 소개하고자 한다.

이전 입시에서 평가원 모의고사 성적에 비해 수능에서 다소 아쉬운 성적을 받았던 건 '멘탈 문제'라는 생각이 컸고, 이런 나에게 오히려 휴학을 하는 것은 독이 될 것이라 생각하여 학교생활을 병행하며 수능을 응시하게 되었다. 나를 포함하여 멘탈이 약한 학생들은 수능장에 가면 1교시 국어부터 갑자기 평소보다 시간이 많이 걸리고 떨려서 평소에 비해 낮은 성적을 받았을 수 있다. 아무리 멘탈의 중요성을 다들 강조하지만, 나같이 멘탈이 강하지 못한 학생들은 수능장에서는 사시나무 떨듯 떨게 된다.

이처럼 수능에서 아쉬운 결과를 받은 것이 '멘탈' 문제라고 생각하는 학생들에게 무휴학 반수를 추천한다. 나 역시 23년도 수능에서는 그전과 다르게 정말 평온하게 집에서 보는 것처럼 수능을 볼 수 있었고, 그 결과 만족스러운 성적을 얻었다고 생각한다.

지금까지 멘탈의 중요성을 강조했다면, 무휴학 반수를 시도할 학생들을 위해 무휴학 반수 중 공부한 내용을 소개하려 한다. 참고로 나는 1학기까지는 공부를 아예 하지 않고 학교생활에만 집중했으며, 여름방학 때 공부를 시작하였고 2학기 때는 학점과 수능 공부를 병행하였다.

내 공부 방법은 "약점을 보완하는 공부"로 요약할 수 있다. 단순히 많은 시간을 투자하는 것보다 자신의 약점을 파악하고 이를 보완하는 것이 성적 향상에 더 효과적이라는 것을 깨달았다. 예를 들어, 국어 과목에서 인문학과 철학 지문에서 자주 실수하는 경향이 있었기에, 해당 부분을 집중적으로 다시 공부하고 관련 자료를 추가로 읽었다. 이러한 방식으로 나는 지속적으로 실력을 쌓아 나갔다.

## ¨ 나만의 과목별 공부법

### °국어

ebs 문학 연계 인강을 최우선으로 들었고, 내가 약한 파트였던 비문학을 보완하기 위해 강민철 선생님 새기분 독서 파트를 수강했다. 그리고 고난도 독서 선별문제와 이감 모의고사, 간쓸개 시즌6을 풀고 갔다. 최대한 추론하고 생각하는 연습을 많이 한 게 도움이 되었던 것 같다.

### °수학

준킬러 및 킬러 문제를 푸는 데 필요한 내용들을 익힌 후 최대한 다양한 유형의 문제를 많이 접하기 위해 노력하며 수학 공부를 하였다. 22, 23 수능 수학 문제만 보더라도 새로운 형태를 띠고 있는 문제들이 많이 고난도로 출제되었는데, 여러 풀이법을 바탕으로 문제를 '가리지 않고' 많이 풀면서 수학 실력이 크게 향상되었다.

약점 보완을 위해서는 틀린 문제들을 단순히 개별적으로 오답하는 것이 아닌, 왜 틀렸는지 그 근본적인 태도를 문제마다 한 줄로 정리하고 노트에 기록해 놓으며 약점이 발생한 근본적인 자세와 태도를 고치기 위해 노력했다.

이처럼 수학 공부에서는 문제 풀이 방법을 많이 익힌 후 다양한 문제를 가리지 않고 풀고, 그 과정에서 발생한 약점은 태도를 고치기 위해 고민하는 과정을 중요하게 생각하였다.

°영어

영어는 어렸을 때 경험으로 인해 자신 있는 과목이어서 ebs 수특 영어독해연습만 풀었다.

°화학1

대치 시대인재 이윤희 선생님 현강을 서바이벌이 시작되는 7월부터 종강까지 수강했다.(나는 지방대 의대를 다녔기 때문에, 매주 주말에 서울에 올라와서 수강했다.) 23년도 화1 수능이 정말 어려웠는데, 수능 시험지가 서바이벌 어려운 회차랑 정말 비슷하게 나와서 만점을 받을 수 있었고, 연대 의대 합격하는 데 큰 역할을 해주었다.

## °지구과학1

항상 가장 낮은 점수를 받는 과목이었어서 지1에 많은 시간을 쏟았다. 예전에 받았던 시대인재 컨텐츠 중 못 푼 것들(아폴로n제, 리바이벌, 플로우 등)을 풀고 예전에 들었지만 기억이 희미했던 수업을 복습했고, 메가스터디 인강 오지훈 선생님의 개념 강의를 다시 들었다.

## ˙˙ 인터넷 강의 활용과 멘탈 관리

인터넷 강의를 선택하고 활용하는 방법도 중요한 전략 중 하나였다. 나는 메가스터디의 강의를 주로 활용했으며, 부족한 부분을 보완할 수 있는 강의를 선택해 수강했다. 예를 들어, 국어 비문학에서 어려움을 느꼈을 때 강민철 선생님의 독서 강의를 수강해 글의 구조를 이해하는 능력을 키웠고, 지구과학1에서는 개념이 부족하다고 느껴 오지훈 선생님의 강의를 반복하여 들었다. 또한, 현우진 선생님의 〈드릴〉과 〈킬링캠프〉 같은 교재를 활용해 약점을 보완했다. 인터넷 강의는 무휴학 반수라는 상황에서 효율적인 공부 방법을 제공해주었다.

대학별고사 준비도 철저히 했다. 연세대 의대 정시 전형에서 면접의 난이도가 높았기에 인적성 면접과 과학 면접 모두 철저히 대비했다. 의료 윤리와 딜레마 상황에서 의료인의 자세를 고민하며 Part 1을 준비했고, 통합과학과 과탐 개념을 정확히 설명할 수 있도록 연습하며 Part 2를 준비했다.

한편 수험생활 동안 건강 관리와 멘탈 관리는 성공적인 결과를 얻는 데 중요한 요소였다. 학교생활과 수능 공부를 병행하며 멘탈을 관리했으며, 주 2회 필라테스를 통해 체력을 유지했다. 이러한 관리 덕분에 수능 당일에도 침착하게 시험을 볼 수 있었고, 좋은 결과를 얻을 수 있었다.

## 공부할 때 가장 도움 되었던 누군가의 한마디

**"하루하루 최선을 다하라."**

내 경험을 바탕으로 후배들에게 해주고 싶은 말은, 하루하루 최선을 다하면 좋은 결과를 얻을 수 있다는 것이다. 멘탈 관리와 건강 관리를 잘하면서 목표를 향해 꾸준히 나아가길 바란다.

# 시간 대비 공부 효율을 높이는 법

### 연세대학교 의과대학 의학과 ☆ 범성우

현재 연세대학교 의과대학 의학과 2학년에 재학 중이다. 학생부종합전형으로 합격했다. 의학과는 의예과 2년 과정을 수료한 뒤 진급하는 과로 의사가 되기 위한 실질적인 지식을 배우는 과이다.


#### ¨ 이렇게 공부하는 게 맞을까?

나의 학창 시절을 돌이켜 생각해 보면 불확실과 의문의 연속이었던 것 같다. 이렇게 공부하는 게 맞을까? 이렇게 생기부를 채워나가는 게 맞을까? 내가 대학에 갈 수 있을까? 등등 스스로 많은 의문을 던졌지만, 마땅히 답을 얻지는 못했다. 그런 과거의 저에게 전해주고 싶은 고등학교 때부터 지금까지 생각해온 공부와 공부법에 대한 생각을 정리해 놓았으니 부디 도움이 되었으면 좋겠다.

수험생분들에게 하고 싶은 얘기는 너무 스스로에게 모질고 가혹하게만 대하지 않았으면 좋겠다. 공부하다 보면 스스로를 벼랑 끝에 몰아세울 때가 몇 번 있다. 그럴 때 스스로 자기 비하도 하게 되고, 스스로에게 의문을 품게 되는데 이때 스스로를 일으켜 세워 줄 수 있으면 좋을 것 같다.

제가 앞으로 쓸 내용은 모든 공부에 통하는 치트키같은 하나의 공부법이 아니다. 그보다는 여러분들이 앞으로 공부를 해나가는 데 있어서 스스로 공부법을 고민할 수 있도록 하는 데 초점을 맞추었다. 평소 고민하지 않았을 공부의 요소에 대해 제 글을 읽고 스스로 공부법에 대해 고민하는 시간을 가져보길 추천한다. 그렇게 스스로 공부법을 고민하고 실행했을 때 비로소 본인만의 공부법이 완성될 것이다. 다만 나의 경험들이 누군가에게는 한 번쯤은 들은 이야기거나, 당연한 이야기거나, 이미 은연중에 하고 있는 이야기라서 심심한 내용일까 걱정이 앞선다. 공부법은 근원적으로 같은 이야기를 담고 있기 때문일 것이다. 그러니 아주 특별한 내용은 아니겠지만. 이렇게 다시 한번 리마인드 하는 것도 의미가 있으니 천천히 읽어주길 바란다.

본격적인 이야기에 앞서 여러분은 공부란 무엇이라고 생각하나? 어떤 사람이 공부를 잘하는 사람일까? 이에 대한 대답은 다양할 것이다. 하지만 내가 생각했을 때, 시험을 보고 점수로서 평가받는 분야에서 공부하는 이상, 시험 점수가 높은 사람이 공부를 잘하는 사람이라 생각한다.

그렇다면 어떻게 하면 높은 시험 성적을 받을 수 있을까? 가장 먼저 떠오르는 것은 공부량을 늘리는 것이다. 공부량을 늘릴수록 시험성적이 오르는 건 어찌 보면 당연한 말일 것이다. 우리의 고민은 여기서부터 시작한다. 공부량이란 뭐고, 어떻게 늘릴 수 있을까?

공부량을 어떻게 늘릴 수 있을까? 우선 첫 번째로 생각해 볼 수 있는 것은 공부 시간이다. 우선 공부 시간이 늘면 공부량이 늘었다 볼 수 있을 것이다. 하지만 공부량과 관련이 있는 게 공부 시간뿐일까? 아니라고 생각한다. 그렇다면 두 번째로 생각해 볼 수 있는 것은 무엇일까? 나는 공부 효율이라고 본다. 공부 효율이 향상할수록 공부량도 늘게 될 것이다. 그렇다면 여기서 공부량에 대한 식을 도출할 수 있다.

★ 공부량 = 공부 효율 × 공부 시간

결국 공부란, 효율 높게 많은 시간 공부한 사람이 이기는 싸움이다. 그렇다면 이제부터 고민할 부분은 "공부 시간을 어떻게 늘릴 것인지"와 "공부 효율을 어떻게 높일 수 있는지"이다. 하지만, 이 두 이야기에 앞서 할 얘기가 있다. 바로 메타인지다.

## ¨ 대전제, 메타인지

메타인지란 무엇일까? 바로 자기가 무엇을 모르는지 스스로 아는 상태 혹은 자신의 상태를 객관적으로 볼 수 있는 상태라 정의 내리고 싶다. 결국 공부란 모르는 부분을 아는 상태로 바꾸는 과정이고, 메타인지가 있어야만 이 과정이 더 효율적으로 일어날 수 있을 것이다. 또한, 자신의 공부법에 대해서 부족한 부분이 무엇인지 스스로 점검할 수 있다.

그렇다면 이런 메타인지를 어떻게 하면 향상시킬 수 있을까? 습관적으로 하는 행동들에 대해 스스로 '왜?'라는 질문을 던져보는 것을 추천한다. 작게는 자신의 문제 풀이 방식에서부터 크게는 자신의 공부법에까지 이 '왜?'라는 질문은 꽤 유용할 것이다. 다른 방법으로는 공부 일기를 적어보시는 것을 추천한다. 나도 본과 1학년 초반 공부법에 대해 혼란스러울 때 썼던 방법이다. 혹은 공부에 대해서 쓰기 싫으시다면 아예 일기를 쓰는 것도 좋은 방법이다. 결국 중요한 것은 스스로와 대화를 나누는 습관을 들이는 것이다. 그리고 의식하지 못한 채 흘러간 시간과 생각을 붙잡는 과정이다. 이를 통해 스스로 어떤 부분을 고쳐야겠고, 어떤 부분은 잘했는지 스스로 평가내릴 수 있다. 그러므로 결국 메타인지란 스스로 행동을 되돌아보고 무엇이 부족한지 파악한 뒤 이를 고칠 수 있는 능력이라 볼 수 있다.

예를 들면, 계산 실수, 혹은 마킹 실수가 생겼을 때 시험 성적에 대해서 한탄하고 넘어가는 것이 아닌 왜 이런 문제가 생겼는지, 어떻게 하면 이런 실수를 하지 않을 수 있을지 스스로 고민하는 것이다. 첫 실수는 누구나 할 수 있다. 다만 그다음 실수를 대비하는 것에서 메타인지가 매우 중요하다.

정리하자면, 메타인지를 잘 활용한다면 다음과 같은 것들이 가능해질 것이다.

★내가 부족한 부분들을 알게 되고 그 부분을 중점적으로 보강할 수 있다.

★문제풀이에서부터 습관, 공부법을 되돌아보고 옳은 길을 선택할 수 있다.


## ‥ 공부 시간을 어떻게 늘릴 것인가

공부 시간이란 무엇일까? 의자에 앉아 있는 시간일까? 아닐 것입니다. 그보다는 스스로 지식을 습득하려 노력한 시간으로 보는 것이 타당할 것입니다. 수동적으로 지식을 듣기보다는 스스로 이해하려고 노력한 시간일 것이다. 그러므로 앉아 있다고 공부하는 것은 아니고, 앉아 있지 않다고 공부를 못하는 것도 아니다.

그렇다면 공부 시간은 어떻게 하면 늘릴 수 있을까? 나는 ①흘러가 버린 시간 줍기 ②항상 '왜?'라고 생각하기 ③기존 지식 꺼내기를 통해 공부시간을 늘릴 수 있다고 생각한다.


★첫 번째로 흘러가 버린 시간 줍기에 대해 먼저 설명하겠다. 여러분들이 생각했을 때 본인이 본인의 시간을 온전히 느끼고, 통제하고 있느냐고 질문한다면? 나도 그렇고 대부분은 그렇지 않다고 생각할 것이다. 우선 공부시간을 늘리려면 흘러가듯 버리는 시간을 줍는 것에서 시작해야 한다. 그 시간으로는 책상에 앉아 다른 생각 하는 시

간, 그저 앉아서 수다떠 는 쉬는 시간 등 공부할 수 있었는데, 그러지 못했던 시간들일 것이다. 이런 시간을 인지하고, 그 시간들을 통제하고 공부하려 노력하려는 데에서 공부시간이 늘 수 있을 것이다. 이렇게 노력하는 과정에서 자신의 메타인지도 더 향상시킬 수 있으리라 믿는다.

★두 번째로 제가 가장 중요하게 생각하고, 단순하지만 가장 효과적인 방법은 항상 '왜?'라고, 생각하는 습관이다. 이에 대해 설명하자면, 이는 공부 시간을 폭발적으로 늘릴 수 있게 해준다. 길을 걸으면서, 밥을 먹으면서도 공부할 수 있게 해준다. 나의 공부를 예로 들자면, 근육의 기능에 대해 배웠으면 항상 몸을 움직여 가며 왜 그럴 수밖에 없는지 이유를 찾았다. 그리고 그 이유가 꼭 합리적일 필요는 없다. 정말 중요한 것은 내가 고민했고, 나름의 이유를 스스로 생각해 냈다는 것이다. 하지만 여기서 주의해야 할 부분은 '왜?'라고 질문을 하더라도 학자처럼 너무 깊은 곳까지 파고드는 것은 추천하지 않는다. 왜? 라는 것은 스스로 다시 생각해 보게 하는 도구일 뿐이지 연구하는 것이 아니기 때문이다. 이 부분에 대해서는 유튜브에 '리처드 파인만 왜?'라는 영상을 보는 것도 추천한다.

★세 번째로는 계속 지식을 꺼내고 연결지으려 노력하는 것이다. 이렇게 스스로 고민하며 이유를 찾다 보면 더 오래 기억할 수 있다. 이

과정은 첫 번째 와도 연계되는데, '왜?'라는 질문에 머릿속으로 지식을 출력하면서, 스스로 아는 것과 모르는 것을 구분할 수 있게 된다. 그리고 모르는 부분들에 대해서 다시 '왜?'라고 생각하고 다시 출력하며 선순환을 이루게 된다. 그리고 이 과정이 바로 복습이 된다. '왜?'라고 하며 자연스럽게 기존의 지식과 연결 짓고, 그것을 머리에서 꺼내어 보는 과정, 그게 바로 복습이다. 복습은 어려운 게 아니다. 모르는 부분을 찾고, 계속 땜질하는 과정이면 다 복습이다. 나의 예시를 들자면 저는 요즘 일본어를 공부하는데 思い出す(생각해내다)라는 단어가 있을 때 왜 이런 뜻이 되었는지 생각해 보는 것이다. 그러면 기존 지식인 思い(생각)와 出す(보내다)를 떠올리게 되고, 생각을 밖으로 보내는 거니까 '생각해내다'라는 뜻이 된 거라고 스스로 왜?에 대한 답을 찾을 수 있다. 다른 예로 優(우수할 우) 란 한자를 봤을 통째로 외우는 것도 좋지만, イ(사람인) 과 憂(근심 우)라는 기존 지식으로 쪼개고 연관시켜서 '근심 있는 사람이 우수해지는구나'라고 '왜?'에 대한 답과 재미를 챙길 수 있을 것이다. 그리고 이렇게 계속 연관시키면 전에 배웠던 지식이 죽은 지식이 아닌 계속 쓰이는 지식이 되어 공부에 더 흥미를 붙일 수 있을 것이다.

또한, 이렇게 '왜?'와 출력하는 것은 일상생활을 하면서도 이루어질 수 있다. 일상생활을 하면서도 배운 내용과 연계된 부분을 포착했을 때 알고 있는 지식을 쭉 생각해 보는 습관을 들인다면, 매우 유용할 것이다. 결국 공부 시간이란 앉아서 시간을 때우는 게 아닌, 그저 강의만 아무 생각 없이 듣는 시간이 아닌, 스스로 치열하게 고민하고, 이유를 찾고, 납득하며 이해하는 시간이기 때문이다.

## ¨ 공부 효율은 어떻게 늘릴 것인가

제일 중요한 파트이다. 극단적으로 말하면 공부 시간은 최대 24시간이다. 이 얘기는 나머지 승부는 공부 효율에서 나온다는 것이다. 시작하기 전에 알아야 할 것이 있다. 시험을 보는 잘 보는 것과 많이 아는 것은 같은 말이 아니다. 주변에 분명 나보다 아는 건 많은데 시험 성적은 그만큼 나오지 않는 사람을 본 경험이 있을 수 있다. 즉 우리가 해야 할 공부는 시험을 잘 보는 데 목적을 두어야 하지 많이 아는 것이 아니라는 것을 항상 인지하고 있어야 한다는 것이다.

공부 효율이 높다는 건 무엇일까? 개념을 빨리 자기의 것으로 만들고, 중요한 부분을 중요하게 챙기는 사람, 그리고 공부하는 와중 자신을 중간중간 점검할 수 있는 사람이 공부효율이 높다고 본다. 그러니 우리가 이 공부효율이라는 것에서 볼 부분은 세 가지이다. 첫 번째 개념을 자기의 것으로 빨리 만드는 방법, 두 번째 중요한 것을 중요하게 보는 방법, 세 번째 중간중간 자신의 공부를 돌아보는 방법이다.

★첫 번째로 개념을 빨리 이해하는 방법에 대해 이야기 하겠다. 공부를 하다 보면 교과서 혹은 문제지의 순서대로 해야만 할 것 같은 압

박이 있다. 앞에서부터 차례대로 완벽하게 해야 할 것 같은 느낌이다. 하지만 그런 불안을 벗어내야 빨리 개념을 익혀 공부효율을 높일 수 있다. 저도 이 부분은 본과에 들어오고 나서 제대로 고민한 내용이다.

우리 학교에는 MBL이라는 말이 있다. 풀어 말하면 문제 based learning이다. 즉 문제를 기반으로 공부하는 것이다. 그렇다면 왜 이렇게 할까? 이게 가장 효율적으로 어떤 개념을 이해하는 방법이기 때문이다. 결국 어떤 개념을 이해하는 데에는 풀어 써진 줄글을 읽는 것보다 문제 하나를 보는 것이 더 효율적인 것이다.

이 과정은 특히 초반 공부에서 효율적이다. 수학 같은 경우에서 줄글로 쓰인 개념보다는 예제를 통해 이해하는 게 수월했던 경험 다들 있을 것이다. 이 또한 마찬가지다. 줄글의 개념이 문제에서 어떻게 활용되는지 이해하고, 문제를 이해하는 과정에서 개념을 이해할 수 있다.

하지만 여기서 주의할 부분이 있다. 처음 문제를 통해 개념을 배우다 보면 답지와 함께 공부할 수밖에 없다. 이 과정에서 지식을 자신의 것으로 만들었다 착각하기 쉽다. 하지만 스스로 꺼내 생각해 보지 않으면 어디까지 그 지식은 답지의 것이다. 그러니 개념을 배운 뒤 스스로 납득해 가며 설명하는 시간을 가지길 바란다. 또한 문제를 풀면서 답지를 볼 수 있는데 이때도 '아, 내가 이걸 생각하지 못했네'에서 끝내지 않고 내가 왜 생각해 내지 못했는지 다음에 떠올리려면 어떻게 해야 하는지 철저히 대비하는 것이 옳다.

그리고 이렇게 문제를 통해 공부하더라고 분명 이해되지 않는 부분이 있을 것이다. 하지만 그 부분에서 멈춰있기보다는 어떻게든 뒤로 나아가는 걸 추천한다. 처음에는 왜 이러지 싶다가도 뒤 내용을 보면 그럴 수밖에 없었다는 것을 납득하는 부분이 있기 때문이다. 그러니 공부하다가 막혔다고 이해하지 못했다고 좌절하지 말고 이해 안 되는 부분을 안 그럴 수도 있구나 하고 적당히 납득하고 책을 다 본 다음 그 부분을 다시 보는 것을 추천한다. 결국 공부는 여러 번 반복하면서 숙달하는 것이기 때문이다. 즉 문제만 봐서도 안 된다. 다시 전체적인 흐름을 보기 위해 큰 틀에서 조망하는 공부도 해야 한다. 어디까지나 문제를 통해 개념을 빨리 이해할 수 있다는 것일뿐 문제만 보라는 것도 아님을 명심했으면 좋겠다.

그리고 순서에 속박되지 않고 오히려 이용하는 방법을 안다면 더 많은 부분에서 이용할 수 있다. 가령 쎈 같은 A - B - C 순으로 난이도가 이어진 문제지에서 안 풀리는 C를 붙잡고 있기보다는 시험 범위 A 전체 풀기 - B 전체 풀기 - C 전체 풀기를 한다면 실력이 쌓이는 느낌을 받을 수 있을 것이다. 또한 시험에서 굳이 1번부터 풀기보다는 뒤에 서술형을 먼저 푼다거나, 안 풀리는 문제를 잡고 있기보다는 풀리는 것 먼저 푸는 방식으로도 응용할 수 있다.

★두 번째 중요한 것을 중요하게 보는 방법에 대해 말을 하기 전에 중요한 것을 중요하게 보는 게 왜 중요한지 말하겠다. 당연한 내용이라 생각할 수 있지만 몇몇 분들이 지엽의 늪에 빠져 정작 중요한 것을 놓

치는 경우를 보았다. 이는 명백히 주객전도의 상황이라 생각한다. 우리가 공부하는 것은 어디까지나 시험 성적을 잘 받는 것이다. 시험 성적을 잘 받기 위해서는 시험에 나올 수밖에 없는 부분을 구별 지어 공부해야 한다. 즉 중요한 것과 덜 중요한 것을 구분 짓고 중요한 것은 중요하게 공부하는 게 필요한 것이다. 중요한 것을 완벽히 한 이후에야 덜 중요한 것을 공부할 자격이 주어진다고 생각하면 된다. 공부시간과 집중은 한정된 재화이고 이를 잘 분배하여 완급조절을 해야만 좋은 성적을 받을 수 있을 것이다.

그렇다면 어떤 부분이 중요한 부분일까? 이는 첫 번째 개념을 빨리 이해하는 데 사용한 문제 먼저 풀기와도 연관이 있다. 앞에서는 개념 이해를 위해 문제를 먼저 보는 것을 설명했는데, 만약 기출이 있다면 두 마리 토끼를 잡을 수 있다. 문제를 보면서 개념을 이해하고 출제자가 무엇을 중요하게 생각하는지 파악할 수 있는 것이다.

지금은 은퇴하신 교수님이 하신 말씀이 있다. 사람 몸이 변하지 않는데, 시험 문제가 바뀔 이유가 없다고. 이 말은 즉 중요한 것은 변하지 않는다는 것이다. 더 좁게 말하면 결국 문제는 출제자가 중요하다고 생각하는 부분에서 나올 수밖에 없다는 것이다. 그렇기에 기출이 중요하다. 기출에서 출제자가 중요하게 생각하는 부분, 즉 출제 요소들을 더 강도 있게 공부하고, 나머지 부분들에서 완급조절을 한다면 더 좋은 효율로 공부하는 건 자명하다. 물론 선생님이 등급을 가르려고 정말 지엽적인 문제를 낼 수 있지만, 이것은 어디까지나 중요하다고 한 포인트에서 낸 문제를 다 맞힌 다음 아쉬워할 부분이다. 시험이란 것은 남들이 맞히는 것도 중요하지만 그것보다 더 중요한 건 남들이 다 맞히는 문제를 다 맞히는 것이다. 결국 시험이란 점수고 그 점수에는 어떤 문제를 맞혔는지는 나오지 않기 때문이다. 그렇기에 시험은 점수를 쌓아 올리는 행위로 해석해야 한다. 그게 중요한 걸 다 맞힌 뒤 강조되지 않은 부분을 맞히는 관점으로도, 아니면 아는 내용을 먼저 한 바퀴 다 푼 뒤 애매한 걸 푸는 관점이든 말이다.

이렇게 문제를 통해 중요한 것을 파악하는 게 유용한 이유를 더 설명하자면, 거듭 말씀드리듯 중요한 부분을 먼저 머릿속에 입력해놓고 다른 걸 할 수 있다. 즉 중요한 부분을 먼저 알고 강의를 듣거나 강의록을 읽는 것이 그 반대의 경우보다 훨씬 공부 효율이 높을 수밖에 없다. 중요한 걸 모르는 상태에서 받아들이는 것을 1점, 중요한 것이라고 인지한 것을 10점이라 생각해 보자. 강의를 듣고 문제를 풀면 중요한 것을 모르는 상태에서 받아들이고, 그 후에 중요한 것이라고 인지하기 때문에 총 11점을 얻는다. 이와 반대로, 문제를 풀고 강의를 들으면 중요한 것이라고 인지한 다음 중요한 것을 듣기 때문에 20점을 얻을 수 있다. 이와 더불어 피로도에서도 문제를 먼저 푸는 것이 더 효율적이다. 중요한 게 뭔지 모르는 상태에서 강의를 들으면 모든 순간 신경을 써야 하지만 중요한 게 뭔지 아는 상태에서는 중요한 게 나오는 부분에서 집중하면 되기 때문이다.

기출 외에도 수업 또한 중요한 지표로서 작용한다. 이 과정에서도 중요한 걸 미리 파악하는 게 도움이 된다. 수업 중 덜 중요한 부분에서 아낀 에너지로 선생님이 어느 부분을 특히 강조하시는지 신경 쓰고, 파악할 수 있기 때문이다. 학교 기출은 구하기 어려울 수 있다. 이때는 몇몇 선배들과 친하게 지내는 것도 추천해 드리는 방법이다. 학교 기출은 구할 수 있으면 구하는 편이 확실히 도움이 된다고 생각한다. 선생님마다 쓰시는 헷갈리는 표현이 있는데 시험장에서 처음 보느냐 아니면 미리 아 이런 표현은 이런 뜻이구나 인지한 다음 들어가는 시험이랑은 하늘과 땅 차이라 보기 때문이다.

★세 번째 중간중간 자신의 공부를 점검하는 것에 대해서 말하기 전에 저의 예시를 먼저 들겠다. 나는 본과 1학년 초반 노트정리를 한 다음 문제를 풀었다. 노트 정리는 다음과 같은 방식으로 했다. 내용을 이해할 필요는 당연히 없다.

Elastic fiber : Elastin+Fibrillin microfibril(+Emilin)

Elastin : Desmosine, Isodesmosine 존재

Microfibril : glycoprotein 인 Fibrillin으로 구성 + Emillin-1 : Elastin, Fibrillin link

합성 : Fibroblast에서 만들어진 것이 분비되어 Fibroblast 밖에서 합성

장소 : Large artery walls , respiratory passages

조직별 fiber arrangement

1) Loose G : elastic fiber branching 2) lung : fiber(가느다람)

3) Large artery walls : 벽(혈관) elastic fiber 층판구조(elastic lamina 발달)

elastic ligament: elastic fiber로 이루어진 ligament + elastic fiber 많은

조직: elastic fiber

그리고 노트정리를 한 다음 본 문제 예시를 들겠다.

데스모신과 아이소 데스모신이 존재하는 구조는? 그리고 답은 대

동맥의 조직 사진이었다고 생각해보자. 여러분은 위 필기 내용 중 시

험에 나온 부분을 한눈에 알아볼 수 있는가? 한눈에 잘 들어오지 않

을 것입니다.

그럼, 시험에 나온 부분을 표시하면 다음과 같다

Elastic fiber : Elastin+Fibrillin microfibril(+Emilin)

Elastin : Desmosine, Isodesmosine 존재

Microfibril:glycoprotein 인 Fibrillin으로 구성 + Emillin-1 : Elastin,

Fibrillin link

합성 : Fibroblast에서 만들어진 것이 분비되어 Fibroblast 밖에서 합성

장소 : Large artery walls , respiratory passages

조직별 fiber arrangement

1) Loose G : elastic fiber branching 2) lung : fiber(가느다람)

3) Large artery walls : 벽(혈관) elastic fiber 층판구조(elastic lamina 발달) elastic ligament: elastic fiber로 이루어진 ligament + elastic fiber 많은 조직: elastic fiber

내용을 알든 모르든 누가봐도 비효율이 느껴진다. 나는 이렇게 비효율적인 공부를 했다. 만약 반대로 문제를 먼저 보고, 노트정리를 했다면 다음과 같이 할 수 있었을 것이다.

Elastic fiber : Elastin+Fibrillin microfibril(+Emilin)
Elastin : Desmosine,Isodesmosine 존재
Large artery walls : 벽(혈관) elastic fiber

훨씬 더 깔끔하고, 중요한 부분만 모아져 있다. 전에 한 공부보다 효율이 더 높을 수밖에 없다. 나는 이런 비효율적인 노트정리를 한 과목이 끝날 때가 되어서야 버릴 수 있었다. 만약 제대로 점검하고 빨리 포기할 수 있는 용기가 있었더라면 더 성적이 높을 수 있었으리라 생각하지만 그때의 그러지 못했다. 이런 나의 얘기를 통해 얻을 수 있는 교훈은 무엇일까?

우선 첫 번째로 노트정리에 대해 생각해 볼 수 있다. 노트정리를 하는 이유는 강의록이나 교과서를 따라 쓰는 게 아니라 중요한 부분만 적어놓고 여러 번 보기 위한 것이다. 하지만 나는 그러지 못했고

모든 걸 잡으려다 모든 걸 놓쳤다. 결국 따라 쓰기와 다를 게 없는 행위였다.

또한 나는 당시 내용을 재구성하기보다는 따라 쓰기에 열중했다. 그럴 거면 차라리 강의록이나 교과서를 보는 게 나을 텐데. 그러다 결국 공부보다는 따라 쓰기가 우선이되는 꼬리가 몸통을 흔드는 지경까지 갔다. 거기다가 결국 너무 많은 양을 적은 나머지 다시 읽지도 못했다. 명백한 비효율이었다. 다행히 그 과목 이후에는 조금 더 나은 방식을 고민해 적용했다.

즉, 두 번째로 제 이야기를 통해 얻을 수 있는 교훈은 공부하는 도중 자신의 공부법을 점검해야만 하는 것이다. 그리고 자신의 공부법이 비효율인 것 같으면 과감히 버려야 한다. 공부할 때 머리 비우고 관성으로 하면 안 된다. 괜히 끝까지 해야만 할 것 같고 모든 내용을 챙기지 않으면 안 될 것 같은 공포가 있는 것은 십분 공감하지만, 때로는 두려운 길이 옳은 길일 수 있음을 생각했으면 좋겠다. 아닌 거 같으면 적당히 손절치고 다른 길로 가는 게 시험에 도움이 될 것이라 생각한다. 지난 시간을 돌이킬 수 없지만 앞으로의 시간은 선택할 수 있다.

다시 한번 본인의 공부법이 중요한 것을 중요하게 볼 수 있게 하는지 점검하고, 너무 세세한 것까지 처음부터 챙겨가려는 만용을 부리지는 않는지 파악하길 바란다. 내가 처음부터 모든 걸 챙기지 못한다는 사실을 인정하고 공부하면 불안감도 줄어들고 공부효율 높이는 길이 될 수 있을 것이다. 혹시나 하는 맘에 덧붙이자면 고등학교 공부에서 모든 걸 처음에 챙기지 못할 뿐이지 버릴 부분은 없다고 생각한다. 중요한 것과 중요하지 않은 부분만 존재하는 것이다.

# 내가 아는 것과 모르는 것을 구분하는 셀프 테스트를 반복해야

### 연세대학교 영어영문학과 ☆ 변다혜

나는 연세대학교 영어영문학과 4학년에 재학 중인 변다혜이다. 나는 학교생활기록부와 면접 전형으로 지원자를 평가하는 활동우수 전형으로 2020년 3월 본교에 입학하였고, 본 학과에서 영어과 교직과정을 이수하며 교육자로서의 진로를 준비하고 있다.

## ˝ 지피지기(知彼知己)면 백전불태(百戰不殆)

내가 고등학생 때부터 대학생이 된 지금까지 학업에서 가장 중요하게 생각하는 것은 '메타인지'이다. 메타인지는 쉽게 말하면 '나를 관찰하는 능력'으로, 이를 학습에 적용하면 나의 학습 전략을 결정하고, 학습 과정을 모니터링하는 것 등으로 설명할 수 있다. 나는 메타인지를 활용하는 여러 가지 학습법 중에서도 '내가 무엇을 공부해야 하는지'를 알고, '내가 공부한 내용을 얼마나 이해하는지' 확인하는 것을 가장 중요하게 생각했다. 자세한 내용은 다음과 같다.

내가 무엇을 공부해야 하는지를 남들보다 미리, 정확하게 알기 위해서는 시험 대비 전 단원의 학습목표와 기출문제를 꼼꼼히 확인해야 한다. 손자병법에는 '지피지기(知彼知己)면 백전불태(百戰不殆)'라는 말이 있다. 적을 알고 나를 알면 백번 싸워도 위태로움이 없다는 뜻이다. 나는 시험도 마찬가지라고 생각한다. 시험을 잘 보기 위해서는 열심히 공부하는 것도 중요하지만 그에 앞서 해당 시험을 출제하는 교사가 이번 시험에서 어떤 교육내용의 숙지 여부를 확인하려는 것인지 알아야 한다. 그렇기 때문에 우리는 교과서의 단원마다 자세하게 소개되어 있는 줄글로 된 학습목표를 읽어야 한다. 또한, 같은 학습목표라도 교사마다 시험을 출제하는 방식이 조금씩 다르기 때문에, 일련의 학습목표가 어떻게 문제화되었는지 기출문제를 통해 확인해야 한다. 수업 시간에 수업을 들으며 학습목표를 꼼꼼히 숙지하고, 본격적인 시험 대비 전 기출문제를 통해 학습목표가 문제화되는 방식을 파악한다면, 우리는 적을 미리 알고 적과 싸우러 갈 수 있게 될 것이다.

내가 공부한 내용을 얼마나 이해하고 있는지를 확인하기 위해서는 학습 과정에서 내가 아는 것과 모르는 것을 구분하는 셀프 테스트를 반복해야 한다. 다시 아까의 손자병법의 구절로 돌아가면, 우리는 적도 알아야 하지만 스스로에 대해서도 알아야 '백전불태(百戰不殆)'에 이를 수 있었다. 즉, 위의 과정을 통해 내가 알아야 하는 내용을 추렸다면, 이제는 그중에서 내가 알고 있는 것과 모르는 것을 구분하고, 시험이 임박할수록 모르는 것을 줄이는 방식으로 공부해야 한다는 것이다. 이러한 과정이 가능하기 위해서는 우리는 스스로를 끊임없이 시험해야 한다. 공부를 했다면, 즉시 내가 공부한 내용을 얼마나 이해하고 있는지 빈칸 시험지를 제작하거나 문제집을 풀어 확인해야 한다. 만약 틀린 문항이 있다면 꼭 표시해두고 관련 개념을 복습한 뒤 비슷한 유형의 문항을 다시 풀어 이제는 정말로 아는 것이 되었는지 점검해야 한다. 시험 직전 1주일 동안에는 이때까지 내가 추린 오답 유형들을 위주로 공부하고, 시험 전일에는 마지막까지 정복되지 않은 오답 유형들을 암기해야 한다. 이렇게 시험 대비 기간 한 달을 보내면, 우리는 비로소 '지피지기(知彼知己)'의 경지에 이르러 시험에서 '백전불태(百戰不殆)' 할 수 있게 된다.

## 공부할 때 가장 도움 되었던 누군가의 한마디

**"너는 할 수 있는 사람이니 조금만 더 노력하자."**

나는 학교생활기록부 관리에 신경 썼던 만큼 학교 선생님들과의 교류가 활발했다. 그랬기에 공부할 때 내게 가장 큰 위로를 해주었던, 그리고 의지를 다지게 했던 말 모두 가까운 선생님들의 말이었다. 내게 '너는 할 수 있는 사람이니 조금만 더 노력하자'라고 수시로 용기를 북돋아 주셨던 선생님의 말씀은 나 스스로에 대한 믿음을 주었다. 한편 대학 입시 상담에서 내가 목표로 하는 대학을 말씀드렸을 때 '그 대학교는 안되고, 너는 여기 가면 딱 맞겠다'라고 하셨던 선생님의 말씀은 내게 남은 학기의 내신 관리에 전념하게 했다. 그리고 그것은 결국 내가 그때 '그 대학교'보다 더 좋은 학교에 입학하는 결과로 이어졌다 '너는 여기 갈 사람'이라는 말은 물론 당시에는 상처였으나, 나는 포기하지 않았다. 속상함을 마음을 다잡는 의지로 바꾸었고 결국 입시에서 바랐던 것 이상의 결과를 거두었다. 이 책을 읽는 여러분 중 누군가도 마음 상하는 말을 들은 경험이 있거나, 혹은 앞으로 듣게 될지도 모른다. 그럴 때는 기왕 이미 들어버린 속상한 말, 내가 어떻게 하면 빨리 잊을 수 있을지, 혹은 어떻게 하면 오히려 좋은 방향으로 활용할지 고민할 수 있기를 바란다.

나는 여러분에게 '소중한 여러분을 충분히 아껴주세요'라는 말을 전하고 싶다. 이 말은 어쩌면 공부법을 알려주는 이 책의 의도와는 맞지 않을지도 모른다. 다만, 내가 전하고 싶은 말은, 이미 충분히 노력하고 있는 자신을 너무 가혹하게 채찍질하지는 말라는 것이다. 나는 고등학교 2학년이라고, 혹은 재수생이라고 모든 것을 포기할 필요는 없다고 생각한다. 물론 대학 입시 준비는 쉽지 않고 현실은 냉혹하다. 그러나 여러분이 하루를 열심히 살아갈 수 있도록 하는, 장기적으로는 앞으로의 희망찬 미래를 그릴 수 있도록 하는, 너무나도 중요한 작지만 확실한 행복을 잃는 시간을 보내지는 않기를 바란다.


대학 입시 상담에서 내가 목표로 하는 대학을 말씀드렸을 때 '그 대학교는 안 되고, 너는 여기 가면 딱 맞겠다'라고 하셨던 선생님의 말씀은 내게 남은 학기의 내신 관리에 전념하게 했다. 그리고 그것은 결국 내가 그때 '그 대학교'보다 더 좋은 학교에 입학하는 결과로 이어졌다. '너는 여기 갈 사람'이라는 말은 물론 당시에는 상처였으나, 나는 포기하지 않았다. 속상함을 마음을 다잡는 의지로 바꾸었고 결국 입시에서 바랐던 것 이상의 결과를 거두었다.

# 좋은 대학에 못 간다고 인생이 망하지 않아

### 이화여자대학교 커뮤니케이션·미디어학부 ☆ 손예서

이화여자대학교 커뮤니케이션·미디어학부에 22학번으로 입학했다. 4학기를 마치고 휴학 후 현재는 독일에서 공부하며 프리랜서로 일하고 있다. 고등학생 때부터 콘텐츠 제작 및 방송 관련 일을 하고 싶었던 나는 지금 영상 콘텐츠, 저널리즘, 방송, PR 등 다양한 분야의 미디어를 다루는 커뮤니케이션·미디어학부에 재학 중이다. 수시 전형으로 학교생활기록부와 자기소개서를 바탕으로 한 서류종합평가를 거쳐 면접 없이 입학했다.

## ¨ 공부의 동기와 목표 찾기

당신의 목표는 무엇인가? 나의 학창 시절 목표는 흔히 말하는 '인-서울'이었다. 서울에 위치한 학교에 진학하여 좋아하는 가수들의 콘서트와 각종 문화공연을 가고 싶었다. 단순히 대학을 잘 가야 한다가 아닌, 서울에서 생활하며 내가 원하는 것을 얻기 위해 서울 소재 대학을 가야겠다는 구체적인 목표와 강한 원동력이 있었다. 이후 다양한 학교의 홍보영상과 학교 고유 프로그램, 축제 등을 찾아보며 원하는 대학 리스트를 만들어 범위를 좁혀 나갔다. 특정 대학을 가고 싶어 하는 본인만의 진정한 동기와 목표를 찾는 것이 수험생활의 시작일 것이다. 가장 지쳤을 때 다시 일어서는 원동력이 되어줄 온전한 나만의 동기를 찾아보길 추천한다.

## ¨ 싫어하는 과목 vs 좋아하는 과목

나는 암기가 필요한 영어, 역사, 윤리 과목들을 싫어했는데, 특히 영어 내신 시험에서 필수로 여겨지는 본문 통 암기에 약했다. 손으로 직접 쓰면서 외우는 게 너무 지겹고 힘들어 매번 피하고 싶었다. 그래서 택한 방법은 손으로 쓰는 대신 본문을 읽으며 외우는 것이었다. 본문을 통째로 말하며 외우는 것을 녹음하고, 그 녹음한 것을 일상생활에서 자주 들어보며 노출도를 높였다. 이처럼 각자에게 잘 맞는 암기법이 하나씩 있을 것이다. 또, 싫어하는 과목에서 예상치 못하게 좋아하는 점을 찾게 되기도 하고 좋아하는 과목에서 싫은 점이 발견되기도 한다. 암기가 싫어 무작정 영어를 미워했었다. 하지만 사람과 대화하는 것을 좋아하는 내게 영어 회화는 또 다른 자아 표출의 수단이자 더 넓은 대화로의 연결 도구가 되어줬다. 암기라는 특성이 영어를 대표할 수 없는 것과 마찬가지로 우리는 모든 과목을 좋음과 싫음으로 딱딱 나눠 정의할 수 없다. 싫어하는 과목을 싫어한다고 스스로 정의하면 우리는 그 과목을 공부할 때마다 받지 않아도 될 스트레스까지 받게 될 것이다. 미운 놈 떡 하나 더 준다는 말이 있듯이 싫어하는 과목에게도 조금의 아량과 애정을 베풀어보자. 우리에게 필요한 것은 결국 긴 수험 기간 동안 스트레스를 낮추고 효율을 높이는 것이다.

방금 정의할 수 없다고 말하긴 했지만, 나는 수학, 사회문화, 경제 등의 과목을 좋아했다.(좋아하는 과목은 마음껏 좋아해도 괜찮다. 좋아한다는 마음은 원래 관대한 법이니까.) 비교적 한번 원리를 이해하면 더 이상 외울 필요가 없다는 점이 매력적이었다. 특히 수학 문제를 풀 때는 음악을 마음껏 들을 수 있어서 좋았다. 수학 문제풀이, 사회문화와 경제 도표 문제 등은 그나마 즐기며 공부했던 기억이 난다. 전체 공부 시간에서 좋아하는 과목을 적절히 배치하는 게 중요하다. 책상에 앉아 공부를 시작하는 것 자체가 어려운 분들은 좋아하는 과목을 그날의 가장 첫 순서로 계획하는 걸 추천한다. 가장 좋아하는 과목을 이용해 부담 없이 시작할 수 있을 것이다. 혹은 싫어하는 과목 뒤 순서로 좋아하는 과목을 배치해, 싫어하는 과목 공부를 빨리 끝내고 다음 과목으로 넘어갈 동기를 만들 수도 있다. 예를 들어, 사회탐구 과목을 좋아했던 나는 항상 사회탐구를 마지막으로 배치했는데, 여기엔 여러 이유가 섞여 있다. 사회탐구를 초반에 배치하면 다른 과목으로 넘어가기 싫어 계속 사회탐구만 공부하느라 진도가 엉망진창이 됐다. 또 실제 수능에서도 보통 탐구가 마지막 순서이기에 힘들어서 사회탐구를 건너뛰고 싶었던 날에도 실전에 대비한단 생각으로 임할 수 있었다. 국어나 수학에 비해 시험시간이 짧아 하루 종일 고생한 것에 대한 보상 개념으로 탐구를 공부했다. 고지에 이르기까지 5,000걸음이 남았다면 쉽사리 포기하게 되지만, 100걸음도 채 남지 않았다면 그 동기가 오기이든 아쉬움이든 일단 도전하기 마련이다. 또한 아침 공부 시작 장벽을 낮추기 위해 제일 첫 순서는 언제나 가볍게 듣기 좋은 국어 인강으로 고정이었다. 비교적 고도의 집중력을 요하지 않는 짧은 어휘 개념 인강을 들으며 뇌를 깨웠다. 이처럼 각자의 상황에 맞춰 순서를 조정해 보는 건 어떨까?

## ˮ 공부 시간과 슬럼프를 대처하는 자세

내 수험생활 최대의 적은 잠이었다. 학교 정규 수업이 끝나면 낮잠을 자지 않고는 버틸 수 없을 정도로 잠이 많았다. 잠이 아무리 많아도 규칙적인 생활패턴이 한번 형성되면 피로가 훨씬 줄어든다는 것을 깨달은 후 컨디션 관리가 쉬워졌다. 생활패턴이 한번 자리 잡히면, 자연스레 공부시간 또한 규칙적으로 루틴화 될 수 있다. 처음엔 규칙적인 생활이 세상에서 제일 힘들었지만, 적응 후엔 루틴대로 생활하는게 오히려 몸이 편하다. 하루라도 휴대폰을 하며 밤을 새우면 생활패턴이 다시 엉망이 되어서 최대한 늦게 자는 일을 피했다. 또 잠이 많다는 내 특성을 인지하고 받아들여 하루에 최소한 7시간의 수면 시간은 확보했다. 나는 보통 7시 반 기상, 등교, 5시 하교 후 7시까지 휴식 및 저녁 식사, 7시부터 12시까지 독서실에서 공부 후 1시 전 취침하는 생활을 했다. 비현실적으로 과도하게 수면 시간을 줄이는 것보단 나의 특성을 고려해 유지 가능한 루틴을 만드는 것을 추천한다. 또 나는 자투리 시간 공부가 맞지 않아 식사시간 전후, 등교 전후 등의 자투리 시간은 모두 과감히 휴식시간으로 사용했다. 효율적인 공부시간 확보만큼 중요한 것은 '나의 특성과 성향이 고려되었는가?', '현실적으로 유지 가능한가?'이다. 공부시간의 숫자에 집착하지 말자.

또 큰 시험을 끝냈을 때나, 공부가 너무 하기 싫었던 날이면 나는 그냥 공부를 하지 않고 놀았다. 제대로 놀지도 않으면서 휴대폰 등으로 어영부영 시간을 날리면 오히려 놀 때에도 즐기지 못하고 죄책감이 들곤 한다. 슬럼프가 오거나 공부가 너무 하기 싫은 날엔, 차라리 아예 공부 생각하지 않고 푹 쉬거나 노는 걸 추천한다.

### 공부할 때 가장 도움 되었던 누군가의 한마디

> "좋은 대학에 못 간다고 인생이 망하지는 않아. 걱정하지 마."

나는 이제 대학생 신분이지만, 그럼에도 중고등학교 때 배운 공부가 계속해서 도움이 되는 걸 느낀다. 부끄럽지만 오히려 성인이 되면 우주의 기본 단위나 작동원리, 비례대표 배분 방식 및 비율, 송림변동과 감입 곡류 하천, 3차 함수 계산법 등은 전부 잊기 쉽다. 대학교에 진학하고 사회로 나가며 나이를 먹을수록 슬프게도 자신의 분야 외 다른 곳에 넓게 관심을 가질 일이 줄어든다. 분명 어렸을 땐 상식이었던 당연한 것들조차 기억이 잘 나지 않는다. 이럴 때 공교육이 모든 분야의 기초 지식으로서 밑바탕 역할을 한다. 왜 배우는지도 모르겠고, 의미도 없어 보이고 지겨운 학창 시절 공부였지만 지금 돌이켜보니 내 지식의 근간을 이루고 있다. 상식을 책임지는 것은 물론, 성인이 된 후 만나는 수많은 심화 지식 전달 과정은 이러한 모든 것을 알고 있다는 것을 전제로 진행된다.

감정은 예민하고 신체는 고되기만 한 시절이었지만 그럼에도 수험 생활은 잊히지 않는 재밌는 시기 같다. 돌아오지 않을 그 순간을 모두가 후회 없이 즐기며 보내시길 바란다. 그게 무엇이든 저마다의 목표를 응원한다.

# 긍정의 힘이 결과를 만든다

## 가천대학교 한의학과 ☆ 손예지

무한도전에서 유재석과 이적이 결성한 그룹인 '처진 달팽이'의 '말하는 대로'라는 노래의 가사가 공부할 때 가장 위로가 되었다. 인생은 마음먹은 대로, 생각하는 대로, 말하는 대로 될 수 있다는 내용을 담고 있는데 수험생 시절을 견뎌내기 위한 마인드 세팅을 하는 데에 큰 도움이 되었다. 말의 힘은 내가 이루고픈 이미지를 떠올리게 하며 원동력을 주었고, 주위에 부끄럽지 않게 내가 하는 말을 이뤄내야 한다는 책임감을 주었다. 그 때문에 나는 이전보다 더욱 열심히 노력하게 되었고 결국 당당히 한의대에 합격하게 되었다.

## ¨ 긍정의 말

나는 입시 기간 수시전형 준비로 한창 선생님들과 상담하며 고민하고, 자소서를 작성하던 여름 방학이 가장 힘들었다. 그 이유는 바로 불안감 때문이었다. 주관이 담기게 되는 종합 전형의 특성상 선생님이나 부모님, 심지어 나조차도 내가 한의대에 갈 수 있을 것이라는 확신을 가질 수 없었다. 나는 불완전함으로 인한 불안감을 가장 싫어하는데, 결과를 보장받지 못하는 채로 내 모든 신경, 시간, 노력을 생활기록부와 자소서에 쏟아내야 하는 상황이 답답했다. 하루에도 몇 번씩 '정말 내가 한의대에 합격할 수 있을까? 지금 내가 수시를 위해 준비하고 있는 이 모든 것들이 헛수고면 어떡하지? 차라리 이 시간에 수시를 포기하고 정시 공부를 더 하는 게 맞는 거일지도 모르는데…'라는 생각이 끊임없이 반복되며 무엇 하나에 집중하기가 어려웠다. 그러던 중에 우연히 좋아하는 가수가 '말하는 대로'의 커버 영상을 올렸고, 내가 말하는 대로 이루어 나갈 수 있다는 가사를 들으며 나도 속는 셈 치고 한번 말의 힘을 믿어보자고 결심했다. 고3 수험생활 내내 이 곡을 반복하며 들으며 나는 먼저 의식적으로 '못할 것 같아. 떨어질 거야. 나는 바보야!'라는 말보다는 '아니야, 할 수 있어. 꼭 붙을 거야. 나는 최고야!'라는 말을 하기 시작했다. 내 안에서 우러나왔다기보다는 의식적으로 하는 말들이었지만, 그런 말들이 계속 내 주변에 맴돌게 되니, 내가 할 수 있게 되는, 원하는 대학에 붙게 되는 구체적인 이미지를 계속 떠올리게 되었다. 그러면서 점차 무의식적으로 자연스럽게 할 수 있다는 긍정적 말을 내뱉게 되었고, 그를 이루기 위해서 뭐라도 하나 더 하게 되었다.

#### ¨ 개념 학습을 위한 노트 정리법

나는 노트 정리를 이용한 공부를 많이 했다. 개념 학습이 중심이 되는 고등학교 1, 2학년 때는 개념 정리 노트를 만들었고, 문제를 많이 푸는 고3 때는 오답 정리 노트를 만들었다. 개념 정리 노트의 경우에는 처음엔 순전히 공부가 지루해서 좀 더 재밌게 해보고자 시작한 것이었다. 나는 어렸을 때부터 그림 그리는 걸 많이 좋아했다. 그런데 고등학생이 되고, 한의대 진학을 꿈꾸게 되며 보다 높은 내신과 모의고사 성적이 필요해졌기 때문에 공부하는 것만으로도 시간이 부족했다. 어떻게든 그림을 그리고 싶었으나 공부할 시간을 뺏길 수 없었던 나는 공부하며 그림 그릴 수 있는 방법을 고민하다 탐구 개념 필기 노트를 예쁘게 정리하기 시작했다. 노트 필기는 공부이기는 하지만 예쁘게 정리된 무언가를 만든다는 점이 그림 그리는 일과 비슷해 재밌었기 때문에 나는 공부가 너무 하기 싫을 때는 가장 재밌는 공부 활동인 노트 필기를 했다. 좋아하는 활동이 섞여 있어 공부가 싫을 때도 거부감이 안 들었고, 의도한 결과는 아니었지만 노트 필기가 개념 공부에 많은 도움이 되기도 했다. 내 손으로 개념을 쓰고, 관찰한 것을 그림으로 나타내다 보면 그냥 읽기만 할 때는 발견하지 못했던 부분도 파악할 수 있어 빈틈없는 개념 잡기에 효과적이었다. 또 내용을 노트 내에서 배치하는 과정에서 개념들의 전체적인 관계를 파악함으로써 단원 전체 내용의 흐름을 이해할 수 있었으며, 간결하게 요약하는 과정에서는 핵심이 되는 부분을 가려내기 위해 깊이 생각하는 기회를 가질 수 있어 개념 이해도를 높일 수 있었다.

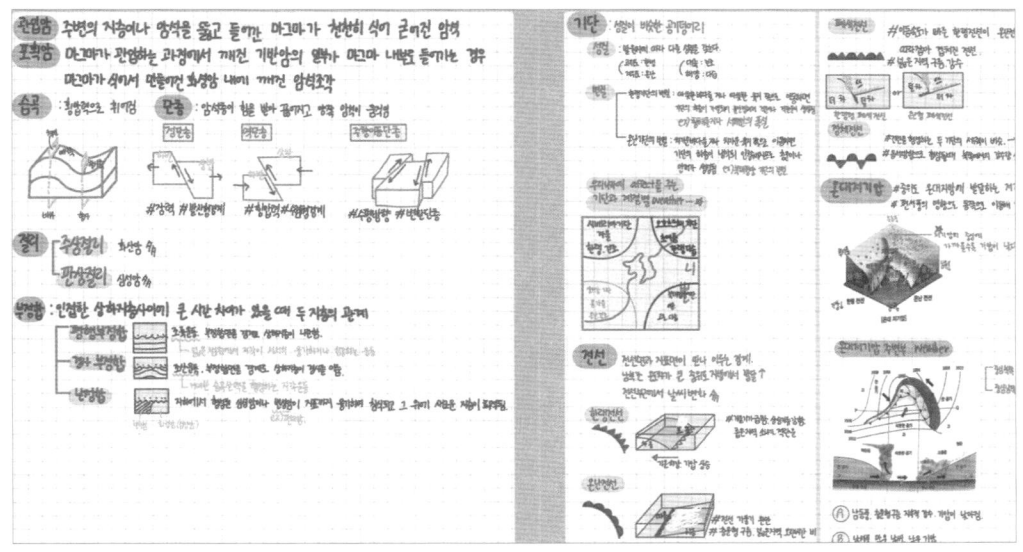

## ˙˙ 실수를 줄이는 오답 노트정리법

이처럼 나에게 개념 노트 정리도 큰 도움이 되었지만, 가장 도움이 되었던 건 기출 문제 오답 정리였다. 대부분의 학생이 그렇듯이 나도 고등학교 3학년이 되며 기출 모의고사와 사설 모의고사를 정말 많이 풀었는데, 양치기를 하다 보니 접하게 되는 문제의 수가 너무 많았고, 모의고사는 책이 아니라 낱장의 형태라 보관하기에 어려워 분실되는 일도 많았다. 그러다 보니 전에 풀었던 문제를 나중에 다시 풀어보고 싶어도 찾기 너무 어려워 반복 학습을 할 수 없었는데 반복 학습이 이루어지지 않으니 틀렸던 부분을 틀리고 또 틀리는 악순환에 갇히게 되었다. 그래서 나는 틀린 문제를 한 번에 볼 수 있게 정리하여, 반복

학습을 통해 자주 틀리는 개념을 파악하고 허점을 없애기 위해 기출 문제 오답 정리를 시작하게 되었다.

오답 노트 정리는 개념 노트 정리와는 전혀 다른 방법으로 했다. 개념 정리 노트는 시간을 많이 들여서 핵심이 되는 개념 위주로 보기 편하게 정리했었다. 그렇지만 오답 노트를 만들던 3학년 때는 비교적 시간적 여유가 없었기 때문에 간결하고 빠르게 할 수 있는 형식으로 정리했다. 먼저 공책을 단원 순서에 따라 페이지를 나눠 인덱스 메모지로 표시하여 나중에 문제를 찾을 때 빠르게 찾을 수 있게 했다. 이때 노트는 링에 속지를 추가할 수 있는 디자인으로 사용했다. 모의고사

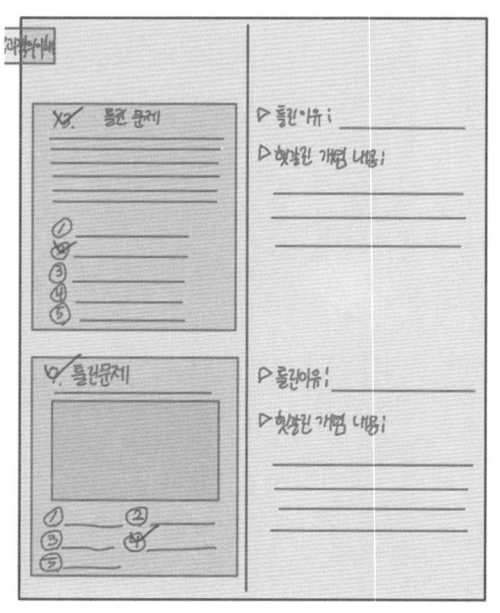

문제는 범위가 전체이므로 중간 단원에 해당하는 문제를 추가로 틀려도 단원 순서에 위배되지 않게 속지를 추가할 수 있게 하기 위함이었다. 그 후에는 페이지를 좌우로 나누기 위해 세로선을 그었다. 그러고는 틀린 문제를 시험지에서 오려내 헷갈린 개념이 있는 단원에 해당하는 페이지의 왼쪽 칸에 붙였다. 문제를 베껴 쓰거나 그리지 않음으로써 오답 정리 시간이 훨씬 줄어들

수 있다. 틀린 문제의 오른쪽 칸에는 그 문제를 틀린 이유, 내가 헷갈

렸던 개념의 내용에 관해 서술했다. 이런 식으로 정리해서 문제가 쌓여가니 내가 매번 헷갈리는 개념이 무엇인지도 쉽게 보였고 반복 학습하기에 편리해서 반복되는 실수를 없애는 데 도움이 됐다. 이런 식으로 노트를 정리하면 결국 출제자가 중요하게 생각하는 부분을 파악하기도 쉬우니, 이 학습법을 시험 형태의 문제를 많이 푸는 수능 직전 학생들에게 특히 추천한다.

### 공부할 때 가장 도움 되었던 누군가의 한마디

> "아니야, 할 수 있어. 꼭 붙을 거야. 나는 최고야."

옛말에 말이 씨가 된다고 하는데, 위에서 기술한 말의 대단한 힘은 씨앗을 새싹, 꽃, 결국 열매까지 키워낼 수 있다. 그러니 무언가 이루고 싶은 목표가 생기면 터무니없는 일이라고 느껴지더라도 머리로만 생각하지 말고 일단 입 밖으로 내뱉고 뭐라도 실행해보자. 내뱉은 말이 씨앗이 되고 마침내 열매가 되어 어느샌가 현실로 훌쩍 다가와 있을 거다.

**서울대학교 통계학과 ☆ 손준원**

나는 서울대학교 통계학과에 정시 일반 전형으로 입학했다. 나는 점수를 극적으로 끌어올릴 수 있었다. 항상 외로웠지만 그런 나의 별별 질문에 대답해 주신 선생님 덕분에 끝까지 최선을 다할 수 있던 것 같다.

공부하는 이유엔 특별한 이유가 있었던 것 같진 않다. 나는 학교 수업에선 흥미로운 내용을 다룰 때는 수업을 듣고 참여했고, 그렇지 않을 때는 딱히 않았다. 당연히(?) 내신이 좋진 않았고, 현역 수능을 그렇게 만족스럽게 보진 못했다. 이때 수능을 한 번 더 보면 좋아질 거라는 생각에 수능 이후 여행과 같은 휴식 시간을 뒤로하고 국어학원에서 독학 재수학원(러셀)에 등록했다. 사실 그때는 다시 수능 공부를 할 수 있다는 게 즐겁고 행복했다.

나는 개념을 계속 보기보단 문제를 풀며 공부하는 것을 좋아했다. 기초 개념을 공부하고 바로 문제를 풀면서 풀리는 문제뿐만 아니라 안 풀리면 왜 안 풀리는지, 어떤 것을 놓쳤는지를 확인하면서 계속 문제를 풀었다.

## ·· 수능 대비

수능을 대비하는 것은 과목 선택부터 시작된다고 생각한다. 이때 자신에게 맞는 과목을 선택하는 시험장에서의 점수가 달라질 수 있다. 나의 경우엔 현역 때 선택과목을 그전까지 충분히 공부하지 않아 적고, 문제를 풀 때 재미있었던 화작-기하 조합을 선택했다. 수학 선택 과목을 군이 바꿀 필요가 이 조합을 유지하려고 처음엔 마음먹었는데 시대 인재에 들어가기 전(1월) 러셀 수학 선생님의 권유를 받아 3일 간 미적분 개념을 돌려보고, 이어서 미적분이 기하에 비해 표준점수를 얻기가 좋을 것 같아 바꾸게 되었다. 화작에서 언매로 바꾸게 된 것은 충분히 소화할 수 있기 때문이었다. 나는 현역 학생들에게 화작을 추천하는 편이다. 왜냐하면 수능 국어에서 늘 시험지 운영의 골칫거리가 되어 시험 전체를 망가뜨릴 수 있기 때문이다. 수능뿐만 아니라 모든 시험은 결국 아웃풋을 자신이 시험장에서 출력해야 하기에, 정해진 시험 형식에 대한 최적화가 필요하다. 자신이 얼마나 많이 기출을 반복했건, 다양한 종류의 N제를 풀어냈건 결국 시험장에서 점수로 자신을 증명해야 하는 것이 수능이기 때문이다.

나는 수능 날 보통 점수가 떨어진다는 세간의 인식과는 다르게 현역, 재수 모두를 합친 수능장에서 그해 가장 높은 점수를 받았다.

이를 위해 9평 이후로는 모의고사의 고부 비율을 높였다. 시험장과 같은 시간에 모의고사를 풀어, 국어는 주 2회 8:40, 수학은 매일 10:30, 영어는 13:10, 탐구는 남는 30분이 있다면 계속해서 풀었다. 이때 몇 가지 원칙을 세웠다. 국어의 경우, 9월 이전까지 독서론-매체-고전소설-현대소설-고전시가-독서-언어 순으로 풀던 것을 독서론-매체-독서-고전소설-현대소설-고전시가-언어 순으로 수정했다. 또 언어는 보너스 문제라는 생각을 하며 크게 부담 갖지 않았다. 언어에 많은 시간을 들이는 것은 전체 시험시간 80분에서 낭비가 될 수 있기에 틀리든 맞든 적은 시간을 들이자고 생각했다. 수학의 경우 최대한 다양한 종류의 모의고사를 풀려고 했다. 시대인재를 다니고 있었기에 무난한 유형은 대비된다고 생각하여 이해원, 설맞이, 강철중, 스피드러너 등 난이도와 성향이 다양할 수 있도록 준비하여 매일매일 풀어나갔다. 모의고사를 볼 때 주의해야 할 점은 그 모의고사만을 잘 보는 방식이다. 우리는 서바이벌도, 킬링캠프도 아닌 수능을 잘 보는 것이 목표이다. 자신이 문제를 풀어나가는 큰 틀을 짜두고, 이것을 수많은 모의고사로 시험하고 수정해 나가는 과정에서 그 교집합을 효율적으로 자신감 있게 풀어나갈 수 있어야 한다. 이것에 초점을 맞추어 공부하면 사설만 잘보는 것을 넘어 본 수능까지 그 점수를 이어 나갈 수 있을 것이다.

# 머릿속에서 지식의 그림을 그려라

### 연세대학교 지속개발협력학과 ☆ 송예진

현재 연세대학교 지속개발협력학과에 재학 중이다. 나의 학문적 여정은 세계 곳곳의 복잡한 문제들에 대한 궁금증에서 시작되었다. 작은 불빛이 모여 별이 되듯, 지속 가능한 경제 성장, 환경 보호, 빈곤 퇴치, 교육 등 다양한 주제를 탐구하며 더 나은 세상을 그려왔다. 지속개발협력(SDC) 전공은 단순한 이론 습득을 넘어, 현장에서의 실질적 역량을 기르는 데 초점을 맞춘다.

경제학, 정치학, 인류학 등 여러 학문을 융합하며 글로벌 문제의 현실적 해결책을 모색하는 과정 속에서 특히 '환경'이라는 키워드에 마음이 오래 머물렀다. 기후변화와 같은 전 지구적 과제 앞에서 개인이 어떤 역할을 할 수 있을지 스스로에게 자문해 왔다. 그 물음의 답을 찾아가는 여정 속에서 지속가능한 발전을 실현하는 국제개발협력 전문가로 성장하고자 한다.

공부는 내게 단순히 지식을 쌓는 행위가 아니다. 그 지식을 세상을 변화시키는 힘으로 전환하는 과정이라 믿는다. 교육이야말로 지속가능한 변화를 이끄는 가장 근본적인 힘이라 확신하며, 이 신념이 지금의 전공 선택으로 이어졌다. 학생부종합전형을 통해 연세대학교에 입학한 것도 단순한 성취보다 '배움의 실천적 확장'을 더 중요하게 여겼기 때문이다. SDGs를 기반으로 한 다양한 활동과 프로젝트 속에서 지속가능한 개발과 국제협력의 가치를 몸소 느꼈고, 그 경험을 바탕으로 지금도 사회에 긍정적인 변화를 만들기 위해 작은 걸음들을 이어가고 있다.

## ¨ 성장의 시간은 때로 고되지만 결국 자양분이 된다

나는 공부뿐만 아니라, 주변의 소중한 존재들, 특히 세상 속에서 쉽게 잊히는 사람들을 위해 더 나은 세상을 만들기 위해 끊임없이 노력하고 있다. 이 글을 읽는 학생들이 일상 속 작은 순간들에서 힘과 위로를 얻기를 바란다. 그 에너지가 공부와 삶에 스며들어 더 큰 꿈으로 이어지기를 진심으로 응원한다. 인생의 길은 언제나 평탄하지 않다. 때로는 폭풍이 몰아치고, 방향을 잃은 것처럼 느껴질 때도 있다. 하지만 그런 순간일수록 자신만의 북극성을 찾아야 한다고 믿는다. 그 별은 남이 정해준 것이 아니라, 자신의 내면 깊숙한 곳에서 피어나는 꿈과 열정에서 비롯된다. 지금 겪고 있는 어려움이 있다면, 그것은 언젠가 반드시 성장의 증거로 돌아올 것이다. 공부가 힘들고, 포기하고 싶은 순간이 찾아오더라도 자신의 강점과 관심 분야를 믿고 나아가길 바란다. 이 시기는 단지 '견뎌내야 하는 시간'이 아니라, 미래를 단단히 다지는 '자양분의 계절'이기 때문이다. 포기하지 않고 끝까지 걸어간다면 각자가 가진 고유한 재능과 열정이 세상에 작지만 분명한 변화를 만들어낼 것이다. 지금의 한 걸음, 한 노력이 미래의 단단한 길을 만드는 과정임을 잊지 말자. 세상은 넓고, 여러분의 가능성은 그보다 훨씬 더 무한하다. 오늘의 도전이 내일의 빛이 될 것이기에, 자신감 있게, 그리고 따뜻하게 자신만의 길을 개척해 나가길 진심으로 응원한다. 학창 시절의 성장과 고뇌의 흔적은 결국에는 모두 아름다운 자양분이 되어 당신을 더 단단하고 깊은 사람으로 만들어줄 것이다.

## ¨ 나만의 시간 관리법

나의 시간 관리법은 단순하다. 바로 '우선순위'를 세우는 일이다. 매일 아침, 장소는 중요하지 않다. 책상 앞일 수도, 버스 안일 수도 있다. 그날 해야 할 일들을 하나씩 떠올리며 종이에 적어 내려간다. 그리고 가장 중요한 일부터 차례로 수행한다. 이것은 일종의 체크리스트이자 다짐의 의식이다. 목록을 작성하는 행위는 단순한 기록이 아니라, 오늘 하루의 방향을 정하는 작은 나침반이 된다. 이 과정을 통해 나는 중요한 일을 놓치지 않고, 시간을 보다 효율적으로 분배할 수 있었다. 무엇보다 중요한 것은 '채우기'보다 '비우기'였다. 해야 할 일보다 지금 내게 가장 의미 있는 일을 먼저 선택하는 것. 그 기준이 바로 나의 하루를 결정했다. 또한, 공부와 휴식의 균형을 유지하는 것을 언제나 중요하게 여겼다. 끝없이 몰입하는 것도, 완전히 쉬는 것도 필요하지만 그 사이의 '리듬'을 아는 것이 진짜 시간 관리라고 생각한다. 공부는 집중의 시간, 휴식은 회복의 시간이었다. 이 두 가지가 조화를 이룰 때, 비로소 하루가 온전한 형태로 완성되었다.

## ¨ 집중력 높이는 방법

집중력을 높이기 위해 나는 '시간제한'을 활용하였다. 이는 특정 시간 동안만 집중해서 공부하고(예시: 오후 3~6시), 그 후에는 휴식(예시: 7시~8시)을 취하는 방식으로 공부했다. 이를 통해 한 번에 많은 양을 공부하기보다, 집중해서 짧은 시간 동안 효과적으로 공부할 수 있었다. 또한, 한 과목을 오래 공부하기보단 시간에 맞춰서 번갈아 가며 공부한 습관이 집중력을 높이는 데 도움이 되었다. 마지막으로, 방해 요소를 최소화하기 위해 공부할 때는 휴대전화를 꼭 멀리 두었다.

**¨ 매력적인 생기부를 만드는 방법**

생기부는 단순한 활동 목록이 아니라 '나의 이야기'여야 한다. 나는 국제개발, 환경, 문학, 한국문화 등 나의 관심사와 연결된 활동들을 중심으로 스토리를 구성했다. 각 활동이 나의 목표와 어떻게 이어지는지를 명확히 하며, 배운 점과 변화를 구체적으로 기록했다. 특히 'passion으로 배우고, compassion으로 실천하는 태도'를 강조했다. 이러한 진정성이 나의 기록을 단단하고 매력적인 이야기로 만들어 주었다.

## ¨ 지식을 쌓는다는 것, 세상을 이해한다는 것

공부는 마치 흰 도화지 위에 색을 채워가는 일과 같다. 각 과목은 저마다의 색과 질감을 지니고 있으며, 그 색들이 서로 어우러질 때 비로소 한 폭의 그림이 완성된다. 나 또한 처음에는 내가 좋아하는 과목만 선명히 빛났고, 다른 과목들은 그저 흐릿한 배경으로 남아 있었다. 그러나 다양한 공부법을 시도하며 모든 과목에 고유한 색을 입힐 수 있었다. 그 결과 학업의 전체적인 흐름은 점차 상승곡선을 그리며 균형 잡힌 성취로 이어졌다. 나는 학습 과정에서 직접적인 경험과 관찰을 무엇보다 중시한다. 특히 마인드맵을 활용해 큰 개념을 중심으로 가지를 뻗어나가며 지식의 구조를 시각화했다. 마치 도화지 위에 굵은 줄기를 그리고 그 위에 잎과 열매가 자라나듯, 중심 개념에서 세부 개념이 확장되는 과정을 한눈에 그릴 수 있었다. 예를 들어 역사 과목에서는 주요 사건을 중심으로 배경, 인물, 사회적 영향을 연결하여 전체 맥락을 파악했다. 그림을 완성하듯, 마인드맵은 내 머릿속에서 '지식의 풍경'을 형성하는 역할을 했다. 수학 공부에서는 체계성과 반복이 핵심이었다. 단원별로 핵심 개념을 정리한 뒤, 각 개념 간의 연관성을 그래프와 도표로 시각화했다. 기출문제를 분석해 출제 경향을 파악하고, 오답 노트를 만들어 자주 틀리는 유형을 정리했다. 문제 풀이 과정을 단계별로 정리하면서 논리적 사고의 흐름을 자연스럽게 체득했다. 모르는 문제는 단순 암기가 아닌 '이해'를 목표로 접근했고, 필요할 때는 다양한 참고서와 강의를 통해 여러 시각에서 원리를 파악했다. 나는 모든 과목에 '수업 강의안 만들기' 습관을 적용했다. 수업 시간의 필기, 교사의 설명, 개인 노트를 하나의 파일로 정리하며 지식을 체계적으로 축적했다. 이 습관은 복습의 효율성을 높이는 동시에 나만의 학습 시스템을 완성하게 해주었다.

프랜시스 베이컨의 "아는 것이 힘이다"라는 말은 나의 학습 철학을 가장 잘 대변한다. 나는 공부를 단순히 좋은 성적을 위한 수단으로 생각하지 않는다. 오히려, 지식을 쌓는 과정을 통해 세상을 더 깊이 이해하고, 그 속에서 나아갈 방향을 발견하는 여정으로 여긴다. 베이컨이 말했듯이, 직접 관찰하고 실험하며 얻은 지식은 결코 거짓말하지 않는다. 이 믿음이 나를 끊임없이 배우게 만들었다. 나는 '자기 설명법'을 활용해 배운 내용을 스스로에게 가르치며, 이해의 틀을 다지고 부족한 부분을 채워나갔다. 거울 앞에서, 혹은 친구들에게 강의하듯 설명하면서 지식은 내 안에서 점점 단단한 형태를 갖추었다. 그 과정은 마치 한 층 한 층 벽돌을 쌓아 올려 나만의 지식의 탑을 세우는 일과도 같았다. 플래시카드와 예상문제를 통해 실전을 대비하면서, 나는 지식을 단순히 '기억하는 것'이 아니라 '활용하는 것'으로 바꾸려 했다. 특히 서술형 문제를 준비할 때는 각 주제를 이야기처럼 구성했다. 논점을 인물, 사건, 결말의 흐름 속에 녹여내어, 지식을 살아 있는 이야기로 전환하는 과정이었다. 이 스토리텔링식 공부는 단순한 암기가 아닌, '내면화된 학습'으로 이어졌다. 또한, '흰 종이와 3색 펜' 전략을 통해 내가 알고 있는 것과 모르는 것을 명확히 구분했다. 기억이 나지 않는 부분은 공백으로 남겨두고, 다시 그 빈칸을 채워가며 배움을 확장했다. 이 방법은 반복 학습의 효율을 높이고, 지식을 스스로 재구성하는 힘을 길러주었다. 마지막으로, 각 단원의 핵심을 1~2페이지 이내로 요약한 '총정리 노트'를 만들었다. 주요 개념을 색깔별로 강조해 시각적 흐름을 살리고, 중요 포인트를 한눈에 볼 수 있도록 구성했다. 빈칸을 채워가며 완성하는 이 노트는 단순한 기록을 넘어 나만의 학습 궤적이자 성취의 증거였다. 결국, 나는 공부를 통해 정보를 암기하는 법이 아니라, 그것을 이해하고 연결하며 재구성하는 법을 배웠다. 이런 배움의 과정은 단순한 성취를 넘어 배움의 즐거움과 자기 확장의 기쁨으로 이어졌다. 스티브 잡스의 "Stay hungry, stay foolish"라는 말처럼, 나는 언제나 호기심을 잃지 않으려 노력한다. 새로운 개념을 만날 때마다 처음 배우는 사람의 마음으로 접근하며, 모르는 것을 두려워하기보다 알고자 하는 열망으로 나아갔다. 그 과정에서 얻은 배움은 시험 점수를 넘어 인생을 바라보는 시선의 지혜로 이어졌다.

## ·· 학생부종합전형 준비

학생부종합전형은 각자의 고유한 이야기를 무엇보다 중요하게 여긴다. 이는 고등학교 1학년부터 3학년까지의 시간 속에서 다양한 활동과 경험을 통해 자신의 관심사를 발견하고 발전시켜 나가는 과정을 뜻한다. 나에게 그 과정은 단순한 '스펙 쌓기'가 아닌, 배움의 의미를 스스로 찾아가는 여정이었다. 학업 성적을 넘어, 다양한 경험 속에서 더 깊이 있는 학습을 이루고 그 경험들을 하나의 이야기로 엮어내며 성장할 수 있었다. 고등학교 1학년 시절에는 주요 과목의 공부를 놓치지 않으면서도 효율적인 시간 관리를 통해 여러 동아리 활동과 봉사에 참여했다. 그 시간들은 나의 관심사와 강점을 탐색하는 소중한 기회였고, 무엇을 할 때 가장 몰입하는지를 스스로 알아가는 계기가 되었다. 이 시기의 목표는 단순했다. 가능한 한 넓게 경험하고, 그 안에서 진짜 나의 흥미와 열정을 발견하는 것이었다. 예를 들어, 국제사회 환경 클럽 활동을 통해 나는 지속 가능한 개발에 대한 깊은 관심을 키웠다. 지속가능성은 단순히 환경 문제를 넘어, 인류의 미래와 직결된 통합적 가치라는 사실을 깨닫게 되었다. 이 경험을 통해 나는 '공부를 잘하는 사람'이 아니라 '세상을 더 나은 방향으로 변화시키는 사람'이 되고 싶다는 목표를 세웠다. 2학년이 되면서 이러한 관심을 한층 더 심화하기 위해 구체적인 프로젝트와 리더십 활동에 적극 참여했다. 그 과정에서 문제 해결력과 협업 능력, 그리고 리더십을 기를 수 있었다. 특히, 팀을 이끌며 프로젝트를 추진하면서 이론으로 배운 내용을 실제 상황 속에서 어떻게 적용할 수 있는지를 체득했다. 교과 과정에서 배운 개념들은 단순한 지식이 아니라 현실 문제를 이해하고 해결로 이어지는 '사유의 도구'로 확장되었다. 이때부터 나에게 공부는 책상 위의 일이 아니라 세상을 관찰하고 변화시키는 '실천의 언어'가 되었다.

3학년에 접어들면서 관심 분야가 보다 또렷해졌다. 이제는 넓게 탐색하던 시기를 지나, 한 방향에 집중하며 깊이 있는 학문적 여정을 시작했다. 소논문 작성과 토론, 발표 활동을 통해 비판적 사고력과 논리적 표현력을 다듬었고, 복잡한 문제를 스스로 분석하고 해결하는 능력을 기를 수 있었다. 대학에서의 학업을 준비하기 위해 선택한 과목에서는 보다 심화된 학습을 이어갔다. 그 과정에서 쌓인 지식과 경험을 체계적으로 정리하며, 더 넓고 깊은 배움으로 나아갈 수 있는 토대를 다졌다. 학년마다 스스로 목표를 세우고, 그 목표를 이루기 위한 계획을 세워 실천했다. 이 꾸준한 반복이 결국 나를 단단하게 만들었다. 학생부종합전형의 진정한 의미는 단순한 학문적 성취에 있지 않았다. 그 안에서 '자신의 이야기를 만들어가는 과정'이야말로 나를 성장시킨 가장 큰 배움이었고, 그 경험은 지금의 학업 방향과 인생의 나침반이 되어주었다.

결국, 나는 지식을 통해 세상을 이해했고, 그 이해를 바탕으로 나만의 미래를 그려나갔다. 공부는 단순히 정보를 쌓는 일이 아니다. 배움은 지식을 새로운 가능성으로 바꾸는 과정이며, 세상을 다른 눈으로 바라보게 하는 힘이다. 여러분의 학습 여정 또한 마치 도화지 위에 그림을 그리는 일과 닮아 있다. 처음에는 색이 흐릿해 보이더라도, 각 과정에서의 배움이 하나둘 쌓이고 이어지며 언젠가 선명한 그림을 완성하게 될 것이다. 무엇보다 중요한 것은 자신만의 팔레트로 그려나가는 용기다. 직접 경험하고 관찰하며 얻은 지식은 언제나 가장 강력한 무기가 되어줄 것이다. 그 무기를 통해 여러분의 미래를 더 밝고 단단하게 그려가길 바란다.

## 공부할 때 가장 도움 되었던 누군가의 한마디

> "넌 가르치는 보람이 있는 학생이자, 세상을 더 나은 곳으로 변화시킬 잠재력을 가진 사람이야!"

고등학교 시절, 지치고 힘들던 어느 날 영어 선생님께서 건네주신 이 한마디가 아직도 마음에 남아 있다. 그 말은 단순한 칭찬이 아니었다. 누군가가 내 가능성을 진심으로 믿어준 첫 순간이었다. 그 믿음이 마음속 깊이 새겨져, 힘든 시기를 견디고 내가 가고자 하는 길이 가치 있는 길임을 확신하게 해주었다. 나는 지금도 생각한다. 누군가의 한마디는 한 사람의 인생을 움직이고, 어둠 속에서도 길을 밝혀주는 작은 등불이 될 수 있다고. 한 친구의 말 또한 오래도록 나를 비춰주고 있다. "지금 최선을 다하는 그 순간이, 결국 네가 꿈꾸는 곳으로 이끌어줄 거야. 포기하지 말고 원하는 것을 향해 나아가면, 결국 해낼 거야." 그 격려는 내 앞에 놓인 공부와 목표를 향한 걸음에 힘을 더해주었다. 어쩌면 공부의 본질은 '지식의 축적이 아니라 그 안에서 자신을 믿는 법을 배우는 과정일지도 모른다. 그리고 내게 가장 큰 영감을 준 사람 중 한 분은 반기문 제8대 유엔사무총장님이었다. 그분의 메시지는 언제나 '행동하는 이상'의 중요성을 일깨워주었고, 그 말들이 지금의 나를 형성한 근원이 되었다. 지금 이 글을 읽고 있는 여러분에게 전하고 싶은 말이 있다. "공부는 자신을 단단하게 만드는 가장 확실한 연습이다." 지금의 노력은 결코 헛되지 않다. 당장은 작게 보이더라도, 그 시간이 쌓여 여러분을 성장시키고, 결국 세상을 바꿀 힘이 될 것이다.

"누구나 인생에서 겨울과 같은 위기와 시련이 오게 마련이다. 그러나 시련과 위기가 왔을 때 겨울나무처럼 앙상해 보이는 것이 두려워 아무것도 하지 못한다면 다음 해 봄날 무성한 이파리가 달린 나무는 결코 될 수 없을 것이다."

"사람의 마음을 사는 비결은 정성뿐이다."

"잠들어 있는 DNA를 깨워라.(도전)"

# 가장 무서운 건 후회다

### 고려대학교 통계학과 ☆ 신지민

고려대학교 통계학과에 재학 중이며 컴퓨터학과 이중 전공을 하고 있다. 통계학과는 데이터를 주로 다루는 학과이고 최근에는 인공지능이 주된 이슈기 때문에 시너지를 얻고자 이중 전공으로 컴퓨터학과를 선택했다. 수시 학업 우수 전형으로 입학했다. 내신과 생활기록부, 면접, 수능 최저(4 합7)가 모두 포함된 전형이었다.

## ¨ 어차피 해야 하는 공부

공부를 열심히 하면 성적뿐만 아니라 얻을 수 있는 기회들이 많아지는 것 같다. 단순히 좋은 성적, 좋은 대학을 넘어서 여러 가지 경험의 넓이와 깊이가 달라지기 때문에 열심히 하면 좋다고 말해주고 싶다. 축제, 교환학생 프로그램, 장학금 등 학교마다 시스템이 다양하기 때문에 강의 내용뿐만 아니라 4년 동안 경험할 수 있는 게 다 다르다. 원하는 목표를 잘 설정하고 공부하면 의지도 생긴다. 무엇보다 무언가에 몰입한 경험 자체가 큰 재산이 되기 때문에 고등학교 기간에 열심히 공부했으면 좋겠다.

어차피 해야 하는 공부 이왕 하는 거 잘하고 싶다는 마음이 컸다. 대학 갈 거면 좋은 대학 가자는 생각이 원동력이 되었다. 축제도 즐기고 교환학생도 가고 대학 생활을 마음껏 누리고 싶었다. 멋있는 대학생이 되고 싶었고, 나중에 재밌게 놀기 위해서 공부했다.

## ¨ 오답 분석을 통해 공부량을 줄여라

보통 학생들은 중요한 부분 위주로 공부한다. 문제집이나 교과서에 밑줄을 칠 때도 중요하고 많이 나오는 것 위주로 체크하고 암기하는데, 이렇게 하기보다는 모르는 부분에 집중했다. 중요하지 않더라도 외우고 있지 않은 부분에 체크하면서 꼼꼼하게 공부하려고 노력했다. 내신은 전체 내용을 빠짐없이 익히는 것이 핵심이기 때문에 이런 방법이 도움이 되었던 것 같다. 중요한 내용은 계속 반복해서 접하기 때문에 신경 쓰지 않아도 외워지는데, 처음부터 중요한 내용에 포커스를 두고 공부하면 사소한 부분을 놓치기 쉽다고 생각한다. 일단 처음부터 끝까지 전부 읽으면서 내용을 익히려고 노력하고, 그 뒤에 아는 것과 모르는 것을 선별하는 작업을 계속했다. 선별하다 보면 자연스럽게 복습도 되고 내용의 맥락도 그려져서 좋은 점이 많다. 공부할 때 메타인지가 제일 중요하다고 생각한다. 아는 것을 구분하고 틀린 이유를 정확히 파악해서 '모르는 걸 익히는 것'이 결국 공부의 핵심이다. 그렇기에 오답 분석을 통해 계속해서 걸러내면서 공부할 양을 줄여야 한다.

## ¨ 공부 너무 하기 싫을 때

일단 무조건 잠을 잤다. 잠깐 자고 일어나면 머리가 맑아지는 기분이 들어서 더 집중할 수 있다. 엄청나게 오래 자게 되더라도 체력 회복했다고 생각했다. 아니면 몸을 움직이려고 노력했다. 배드민턴을 치거나 산책하고 나면 환기가 돼서 더 오래 앉아 있을 수 있었다. 가장 최악은 핸드폰을 보는 거라고 생각한다. 이건 회복도 안 되고 시간만 낭비하는 거 같다. 잠도 자고 산책도 했는데 공부가 하기 싫으면 책상에 가만히 앉아 있었다. 핸드폰을 안 보고 그냥 몇십분 가만히 앉아 있으면 생각보다 지루한데 이럴 때 공부를 다시 시작했다.

## ¨ 교과, 비교과, 수능 동시에 관리하는 방법 & 매력적인 생기부 만드는 법

세 개를 독립적으로 생각하면 오히려 힘들어지는 거 같다. 교과 공부를 할 때 딱 내신에만 맞춰서 공부하는 것보다 기출과 수능 강의를 병행하는 것이 좋다. 더 깊게 공부할 수 있을 뿐만 아니라 최근에는 학교 시험 문제도 모의고사 형태인 경우가 많아 내신 성적에도 도움이 된다. 또한 학습 맥락을 파악하는 데도 효과적이다. 비교과도 교과에서 연결 지어서 생각하면 된다. 예를 들어 보고서 주제를 생각할 때 수업 시간에 배운 내용을 토대로 가지를 뻗어나가는 식이다. 이런 식으로 공부하고 비교과를 채우면 자연스럽게 매력적인 생활기록부가 만들어진다. 매력적인 생활기록부의 핵심은 스토리라고 생각한다. 저

번 활동에서 무얼 느꼈고 그렇기에 이번 활동을 했다는 식으로 이야기가 계속 이어져야 하는데, 교과서가 좋은 출발점이 될 수 있다. 또한 어떤 활동인지보다 내가 거기서 무엇을 느꼈는지가 중요하다. 활동을 보여주는 게 아니라 나라는 사람을 보여준다고 생각하면 될 거 같다.

## 공부할 때 가장 도움 되었던 누군가의 한마디

> **"가장 무서운 건 후회다."**

어릴 때부터 가지고 있던 좌우명인데 '가장 무서운 건 후회다'라는 말이다. 나중에 이 기간을 돌아봤을 때 후회가 남지 않게 하고 싶었다. 소중한 학창 시절이라 생각했기에 공부든 추억이든 후회를 남기고 싶지 않았다. 끝이 있다는 생각에 더 열심히 하게 되었던 거 같고, 이 순간도 결국은 지나간다고 생각하면서 지냈다. 하루하루를 소중하게 생각하려고 노력했다. 어차피 지나갈 시간이니 후회 남지 않게 보내자고 생각했다.

# 어설픈 노력은 배신한다

### 이화여대 경영학과 ☆ 안민주

"나는 이화여대 경영학과 학생입니다"라는 말보다는"나는 모기업과 함께 동물복지 개선이라는 윤리적인 목표를 가지고 이윤을 추구하는 경영인입니다"라는 말을 하고 싶다. 단순히 학문을 배우는 학생이 아니라, 윤리적인 목표와 가치를 실현하는 경영인이 되고자 하는 내 자신을 꿈꾸고 있다. 저는 현재 이화여자대학교 경영학부에 재학 중인데, 교과전형을 통해 본교에 입학했다. 이 전형은 대부분의 교과전형과 달리 생활기록부 기반 면접을 보는 것이 특징이다.

많은 학생이 경영학과를 선호하는 이유는 경영학이 포괄하는 분야가 넓고, 취업에도 유리하기 때문이다. 하지만 나는 학과 선택에 있어 이러한 실용적인 장점에만 초점을 맞추기보다는, 내가 진정으로 원하는 것이 무엇인지 깊이 고민해 보았다. 내가 어떤 경영인이 되고 싶은지를 생각하면서, 단순히 취업을 위한 공부가 아니라, 더 큰 목표와 꿈을 이루기 위한 준비로서 경영학을 공부하고 있다.

## ˝ 무엇이 나를 행복하게 만들까?

대학은 당장의 큰 목표처럼 느껴질 수 있지만, 궁극적으로 내가 어떤 사람이 되고 싶은지, 어떤 경영인이 되고 싶은지를 멀리 내다보며 선택하는 것이 중요하다고 생각한다. 그래서 학과를 선택할 때도, 나무가 아닌 숲을 보는 시각을 가지는 것이 필요하다. 단지 경영학과에 진학했다고 해서, 누구나 다 나와 같은 생각을 하는 것은 아니다. 하지만 경영학과에서 무엇을 배우고, 어떤 목표를 가졌는지 스스로 고민해 보고 선택한다면, 보다 만족스러운 대학 생활과 미래를 준비할 수 있을 것이다.

　나는 조용한 환경보다 약간 소란스러운 곳에서 공부할 때 더 집중이 잘 되는 편이다. 같은 성향을 보이는 사람들도 있을 거로 생각한다. 도서관보다 카페, 학교 안의 테이블, 심지어 패스트푸드점에서 집중이 잘 된다. 이러한 장소들은 '소음을 허용한다'는 점과 '누군가가 나를 지켜보는 듯한 느낌'을 주는 공통점이 있다. 나는 암기하거나 이론을 정리할 때 말을 통해 정리하는 스타일이라, 도서관은 나에게 적합한 공부 장소가 아니었다. 또한, 누군가의 시선을 받는다는 느낌이 들면 집중력이 더 높아지곤 했다. 그래서 집에서도 문을 열어두거나 거실 식탁에서 공부하는 경우가 많았다. 물론 처음부터 이렇게 한 것은 아니었고, 여러 번의 시도 끝에 나에게 맞는 공부 장소와 방법을 찾게 되었다. 이처럼 자신에게 맞는 공부법을 찾아내는 것이 중요하다. 남이 말하는 공부법이 아니라, 자신에게 맞는 맞춤형 공부법을 찾기를 바란다.

> **"노력은 배신하지 않으나, 어설픈 노력은 배신한다'."**

마지막으로, 과거의 나에게 해주고 싶은 말을 독자분들에게도 전하고 싶다. 고등학교 시절 나의 좌우명은 '노력은 배신하지 않으나, 어설픈 노력은 배신한다'는 것이었다. 지금 돌이켜보면, 꽤 강박적이고 독기 어린 고등학생이었던 것 같다. 대학교에 진학한 후에도 한동안 이 생각을 유지했지만, 지금은 조금 달라졌다. 이전과는 다르게 '독기'라는 것을 멀리하게 되었고, 무엇이 나를 행복에 가깝게 만들지 고민했다. 그러다 보니 목표만을 향해 맹목적으로 달리면서, 나 자신을 소중히 여기지 않았고, 배신당했다고 느꼈던 '어설픈 노력'을 무시한 것이 얼마나 어리석고 오만한 생각이었는지 깨닫는 데는 그리 오래 걸리지 않았다.

여러분도 자신만의 방법으로 최선을 다하되, 자신의 행복과 가치를 잃지 않기를 바란다. 물론 이 또한 매우 어려운 일이라 사료된다. 하지만 노력할 만한 가치가 충분히 있다고 생각된다.

### 연세대학교(신촌캠퍼스) 지속개발협력(SDC) ☆ 안소은

나는 연세대학교(신촌캠퍼스) 언더우드국제대학 지속개발협력(SDC)을 전공 중이다. 지속개발협력(SDC)전공은 융합인문사회과학부(HASS)의 다양한 전공들 중 하나로, 빈곤, 사회 불평등, 교육, 환경, 에너지 고갈과 같은 다양한 사회 이슈에 대해 국제적인 시각으로 연구하고, 이를 바탕으로 보다 많은 사람들이 더 나은 삶을 영위할 수 있도록 원인을 분석하고 정책을 제시하는 방법을 배운다. 아마 생소한 이름이라고 생각하는 사람들이 많은데, 연세대학교에만 있는 학과이기도 하고, 단과대 자체도 만들어진 지 얼마 되지 않아서가 가장 큰 이유인 것 같다. 우리 부모님은 아직도 이름을 헷갈리실 정도이다.

#### ¨ 공부를 열심히 한 이유

대한민국의 고등학생들 100명에게 "공부를 열심히 하는 이유는 무엇이냐?"라고 물어본다면, 아마 95명은 "좋은 대학에 가기 위해서"라고 대답할 것이다. 대학 입시를 마친 시점의 나에게 이 질문을 하더라도, 아마 이유는 크게 달라지지 않을 것 같다. 좋은 대학에 진학을 한다고 해서 모두가 행복하고 성공한 삶을 사느냐고 하면 당연히 그건 아니다. 오히려 대학이라는 한 가지 목표를 바라보던 고등학생 때와는 달리, 대학생이 되면 앞으로 무엇을 하며 남은 인생을 살아갈 것인가,

라는 다소 멀게 느껴지면서도 나의 생계와 직결되는 고민을 하게 되기 때문이다. 그렇기에 내가 어느 대학을 나왔다는 사실보다는 내가 현재 내 인생을, 그리고 미래의 나를 위해 어떤 노력을 하는지가 더 중요하다. 그럼에도 좋은 대학을 가고 싶은 이유가 있다면, 그만큼 옆에서 열심히 살아갈 수 있도록 동기부여가 되어주는 훌륭한 동기, 동문들이 많기 때문이라고 말하고 싶다.

## ¨ 나만의 시간 관리법

한마디로 "자신의 하루를 되돌아보고, 현실적인 목표를 세워 플래너 작성하기"가 나만의 시간 관리법이라고 할 수 있다. 내가 나의 학생들, 그리고 나 스스로에게도 엄격했던 것은 "시간 관리"이다. 중학생, 고등학생 시절을 거치면서 플래너를 꾸준하게 사용하는 습관을 들이게 되었다. 우선 플래너를 세우기 전에, 내가 하루 24시간을 어떻게 보내는지에 대한 메타인지가 되어있어야 한다. 무작정 내가 해야 할 일들을 적어낸다기보다는, 내가 하루에 얼마만큼, 무엇을 위해 사용할 수 있는지에 대한 파악이 되어야 한다는 것이다. 나는 내 학생들에게 물어본다. "하루에 공부를 보통 몇 시간 정도 하나요?" "그럼 나머지 시간에는 몇 시간 동안 무엇을 하나요?" 그럼 학생들은 어느 정도 스스로의 하루를 되돌아보는 시간을 갖는다. 내가 하루에 5시간 동안 유튜브를 보느라 공부를 2시간밖에 못 했다는 사실을 명확하게 인지하게 되면, 유튜브 보는 시간을 줄여서 공부 시간을 늘릴 수 있고, 그 늘어난 시간만큼 어떤 공부를 할 수 있다는 견적이 나오기 때문이다.

내가 중학생 때 사용했던 것이 "체크리스트"라면 고등학생 때에는 시간 단위로 나누어서 플래너를 작성하는 습관을 형성했다. 시간을 쪼개어 할 일을 나누게 되면, '내가 이제 뭘 해야 하지?'라는 고민을 하지 않아도 되기 때문에 오후에 불필요하게 시간을 낭비하지 않아도 되었기 때문에 불필요한 시간을 줄일 수 있다는 점에서 정말 좋았던 것 같다.

## ˙˙ 공부의 태도를 잡는 시기

당연한 말이지만, 우리나라가 초등학교 6년 중학교 3년까지 의무교육인 데에는 반드시 이유가 있다. 기본적으로 우리가 삶을 살아가는 과정에서 흔히 상식이라고 할만한 내용들을 다루기 때문이다. 국어, 영어, 수학, 과학을 제외하고도 도덕, 기술·가정, 사회도 모두 이에 해당된다.

다만 나는 중고등학교에서 '어떤 내용을 배우는지'보다는 '어떻게 공부하는지'라는 태도를 조금 더 강조하고 싶다. 만약 내가 중학생 시절 주류 과목(흔히 말하는 국영수과)을 공부하느라 비주류 과목을 소홀히 하는 습관이 생겼더라면 고등학생이 되어서 10개에 육박하는 과목을 한 달가량의 시간 동안 체계적으로 분배해서 공부할 수 없었을 것이라고 생각한다. 다만 어느 하나의 과목도 소홀히 하지 않는 태도는 고등학생이 되어서도, 그리고 대학생이 되어서도 정말 큰 도움이 되었다.

### ¨ 진로가 명확하지 않을 때 학과 선택하는 팁

많은 고등학생들은 자기가 갈 수 있는 학과에 진학할 수 있다고 생각한다. 하지만 막상 수능이 끝나고 보다 좋은 대학의 입결이 낮은 학과를 보면 욕심이 생기기 마련이다. "대학은 성적에 맞춰서 가는 곳이다"라는 말이 있을 정도이다. 그런데 성적에 맞춰서 대학을 가는 게 바람직하지 않은 것인가.

나는 비교적 적성에 맞는 대학에 왔다고 생각한다. 외고에서 5학기 동안 학급 봉사부장을 지내며 우리나라의 환경 이슈에 대해서 다시금 생각하게 되었고, 사회 인권 동아리에서 활동하며 사회 이슈에 대해 다각도로 다가갈 수 있게 되었다. 물론 교사가 되고 싶은 마음이 크기는 했지만, 결국에 나 자신도 "성적에 맞추어" 명문대에 진학했다는 말을 부정할 수는 없다.

그러나 진로가 명확하다고 해서, 대학교에서도 그 진로가 바뀌지 않을 가능성은 매우 낮다. 내가 하고 싶은 일과 할 수 있는 일 사이에는 상당한 차이가 존재하기 때문이다. 또 내가 국문과에 진학하더라도 ai에 대해 더 배우고 싶을 수도 있고, 내가 언론영상학과에 진학하더라도 철학에 대해 배우고 싶을 수 있다. 대학마다 차이는 있을 수 있지만, 자신이 배우고싶은 분야에 대해 복수전공, 부전공 등의 기회가 열려있는 곳이 대학이기 때문에, 자신의 진로가 명확하지 않다면 성적에 맞추어 본인이 가고 싶은 "대학"에 초점을 맞춰도 된다고 생각한다.

**공부할 때 가장 도움 되었던 누군가의 한 마디**

"어제보다 더!"

# 공부는 단지 머리로만 하는 것이 아니다

### 고려대학교 영어교육과 ☆ 여승리

나는 어려서부터 국어, 영어와 같은 과목을 좋아했고 학교의 수많은 선생님을 보며, 교사가 되고 싶었기에 자연스럽게 영어 교사를 꿈꾸게 되었다. 그렇게 고등학교 내내 영어교육과를 진학하기 위해 노력을 했다. 또한 교육 외에도 다양한 분야에 관심이 많은 나는 영어교육과의 진로가 다양하다는 점이 더욱 매력적으로 느껴졌다. 결국 학교추천전형(교과 성적을 기반으로 한 전형)으로 고려대학교 영어교육과에 합격했다. 영어교육과에서는 영어학, 영문학, 교육학 등을 공부하며, 졸업 후 영어 교사가 될 수 있는 정교사 2급 자격증이 주어진다. 공교육 영어 교사 외에도 영어라는 장점을 이용해 PD, 강사, 교수 등 다양한 직군으로 나아갈 수 있다.

## ¨ 나만의 독특한 공부법

### °퀴즈형 공부법

누군가에게 설명하거나, 퀴즈를 내고 맞히는 방법으로 배운 내용을 자신이 정말 아는지, 확인하는 과정이다. 이렇게 자신이 알고 있는지를 아는 것을 '메타인지'라고 하는데, 가끔 사람들이 대강 이해를 한 후, 자신이 정말로 내용을 알고 있다고 착각하는 경우를 볼 수 있다. 하지만, 배운 내용을 설명할 수 없다면 제대로 알고 있다고 할 수 없다. 그렇기에 나는 스스로 배운 내용에 대해 계속 확인하고, 외우는 공부법을 사용했다. 그중 대표적인 방식이 퀴즈를 내는 것이다. 자신에게 퀴즈를 내면서 암기하는 방식은 모르는 부분을 더욱 파고들 수 있게 해 준다. 친구들과 서로 문제를 내주어도 좋고, 앱을 이용해도 좋다. 혹은 교과서나 학습지의 핵심 부분을 가리고 답을 생각해 보는 방식도 있는데, 모두 좋은 방식이다. 중요한 것은, 이러한 과정을 반복해서 정말로 답을 머릿속에서 떠올릴 수 있어야 한다는 것이다.

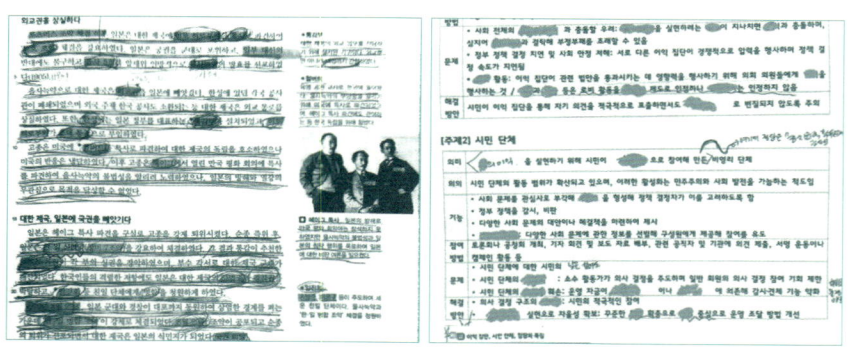

★암기 펜으로 공부한 모습: 형광펜으로 표시된 부분을 필름으로 가리면 글자가 가려진다.

★아이패드로 공부한 모습: 학습지를 찍고 펜으로 답을 가려가며 암기한다.

　　위의 방식에서 조금 더 적극적으로 나아간다면, 배운 내용을 친구에게 직접 설명하거나, 빈 백지에 공부한 내용을 채우는 식으로 더욱 꼼꼼하게 공부할 수 있다.

## °질문하기 공부법

위의 1번 공부법이 암기를 잘하게 만드는 공부라고 한다면, 질문하기 공부법은 이해와 암기 모두를 잡는 공부법이라고 할 수 있다. 공부하면서 조금이라도 의문이 드는 과정들을 모두 질문으로 만들고, 이러한 질문들을 모아 스스로 고민을 한 뒤, 선생님이나 친구들에게 질문하는 것이다. '이게 공부법일까?' 싶기도 하지만, 학창 시절을 보내며 생각보다 이렇게 질문하는 것에 두려움을 느끼는 친구들이 많다는 것을 알게 되었다. 하지만 질문한다는 것은 생각해 보았다는 증거이며, 이 과정 속에서 우리는 더 많이 배울 수 있다. 그러므로 어떠한 내용에 항상 "왜?"라는 질문을 던지며 공부하길 추천한다.

## °오감형 공부법

공부는 단지 머리로만 하는 것이 아니다. 최적의 효율을 내기 위해서는 자신이 어떤 때 공부가 잘되는지 알아가는 과정이 꼭 필요하다고 생각한다. 이 공부법은 어려운 방식이 아니라, 공부하며 소리도 내보고, 걸으며 읽어보기도 하고, 녹음해서 듣기도 해보는 것이다. 나의 경우에는 영어 본문을 녹음해 보고, 들으며 다니기도 했고, 중학교 때는 틈만 나면 영어 단어를 들으면서 암기했다. 자신만의 루틴과 함께 오감을 사용한다면 효과가 더욱 좋아질 것이다.

## ¨ 교과, 수능 동시에 관리하는 방법?

이 두 가지는, 완전히 같은 영역이라고는 할 수 없지만, 그렇다고 해서 동떨어져 있는 요소도 아니다. 특히, 수능과 교과 공부는 겹치는 과목들도 많고 수능 유형이 내신에 많이 등장하기도 하므로 내신 공부를 하는 것이 수능 공부에 도움을 주며, 수능 공부로 기본기를 쌓아두는 것이 내신 공부에도 도움을 주게 된다. 예를 들어, 내신 공부를 하기 위해서 수능 문제집을 풀며, 내신 공부를 하며 정리한 내용들이 수능에 도움이 된다. 그렇기에, 고등학교 저학년 학생들은 내신이 원하는 만큼 나오지 않았더라도, 2학년까지는 계속해서 내신 공부를 놓치지는 않았으면 한다.

## ¨ 매력적인 생활기록부를 만드는 방법?

매력적인 생활기록부는 학생의 적극성으로부터 시작한다고 생각한다. 이를 위해서 기본적으로 자신이 무슨 활동을 할 것인지 미리 계획해 보고, 했던 활동은 정리를 해보는 습관이 필수적이다. 아래는 내가 생각하는 매력적인 생활기록부를 만드는 방법인데, 자신의 상황에 맞게 잘 선별해서 받아들이길 바란다.

### °계획 단계

자신이 희망하는 계열과 관련된 키워드 여러 가지를 생각한다. 예를 들어, 쉽게 예시를 들어보면, 영어교육을 희망하고 있던 나에게는 '영어'라는 키워드와 '교육'이라는 키워드가 만들어지고, 그 속에서 나의 관심사를 반영해 '영국 문학', '음성학' 등의 세부 키워드가 만들어질 수 있었다. 이러한 관심 주제들을 반영해 과목 세부 능력과 특기사항과 진로, 자율에서 큰 활동을 끌어 나갈 수 있겠다는 계획을 세울 수 있다. 나의 경우, 이러한 계획을 확실하게 정하고 키워드를 정한 사례는 아니었지만, 과목과 과목 사이에 연결 지어 생활기록부를 준비하다 보니 자연스럽게 이러한 키워드들이 생기게 되었다. 하지만, 큰 틀에서 자신의 관심 분야를 생각해 보고 녹이는 과정은 계획 단계에서 중요한 단계라고 생각한다. 또한 이러한 분야를 학년이 올라가면서 더욱 구체화하면 더욱 좋다.

### °수행평가 및 교과 활동 참여— 주제 정하기

앞서 키워드를 선정하였다면, 과목과 진로 속에서 이러한 주제를 어떻게 녹이면 좋을지 고민해야 한다. 많은 과목 선생님께서 수행평가를 통해 주제를 녹일 기회들을 학생에게 제공한다. 예를 들어, 관심 주제에 대해 자율 발표를 하거나, 탐구 보고서를 작성해야 하는 수행평가가 있는데, 학생들은 자신의 진로 키워드와 연관이 있거나 교과에서 배운 심화 내용을 탐구하게 된다. 아래는 어디에서 주제를 얻을 수 있는지에 관해 정리해 놓았다.

**교과서** 무작정 진로 주제로만 엮으려고 한다면, 억지스러운 내용이 만들어지거나, 생활기록부 내용을 읽어도 과목을 유추할 수 없는 이상한 상황이 만들어질 수도 있다. 교과와 진로가 연결되지 않는다면, 교과서 속 심화 내용을 탐구하는 것이 훨씬 더 좋은 방안이다.

**도서** 도서관에서 관련 주제에 관한 책들을 모두 찾아보며 적당한 주제가 있는지 확인하는 방식으로 주제를 찾는다. 특히, 인터넷에 검색하는 방식보다 더욱 신뢰도가 높고 정리가 잘 되어 있어서 가장 기본적인 방법의 하나이다. 특히, 책을 읽고서 탐구를 시작한다면 탐구 동기까지 챙길 수 있어서 더욱 좋은 면도 있다.

**논문** DBPIA, RISS 등 논문 사이트에서 찾고자 하는 주제를 검색하여 괜찮은 선행 자료를 찾으며 탐구 소스를 찾는 방법도 있다.

**뉴스 기사** 인터넷에서 가장 쉽게 검색을 통해 찾을 수 있고, 최근 기사를 통해 이슈에 관해 더 깊게 교과와 연관 지을 수 있다.

**통계자료** 통계청, KOSIS, 다른 국가 통계청 등을 활용해서 현재 상황에 대해 참고하고, 자료 조사를 넘어서 주제를 선정할 수 있다.

**대학 강의** K-MOOC, KOCW와 같이 대학에서 수업이 이루어지고 있는 강의를 참고해서 주제를 선정하거나 자료를 찾을 수 있다. 더욱 심화한 주제를 얻을 수 있다.

**AI** Chat GPT, Bing, Gemini와 같은 AI를 통해서 참신한 아이디어를 얻는 방법도 있다. 하지만, 신뢰성이 낮고 잘못된 정보를 가지고 있는 경우가 많기에 꼭 교차 검증이 필요하다. 또한 AI는 추상적으로 답변하는 경우가 많아 구체적으로 질문을 해야 더욱 좋은 주제를 얻을 수 있다.

**국어(영어) 비문학 지문** 모의고사와 같은 비문학 지문에는 다양한 주제에 대해 전문적으로 적어져 있는 경우가 많기에 평소에 공부하던 기출문제집을 꺼내 관련 주제를 훑고 선정하는 것도 좋은 방법이다.

**선생님께 도움 요청** 선생님들은 많은 기간 다양한 학생들의 탐구를 보았고, 대학에서도 전공 분야를 공부하셨기 때문에, 주제 추천 및 탐구에 도움을 주실 수 있다.

### °탐구하기

탐구는 조사 수준으로 끝내는 것보다 관련 조사를 하면서, 확산적으로 얻을 수 있는 질문을 하는 것이 좋다. 예를 들어 교육에 관한 책을 읽었다면, 그 교육이 실현될 수 있는 것인지, 다른 교육법과는 어떻게 다른 것일지 등의 의문점을 만들어 확산적으로 연결하면 좋다. 이러한 의문은 수업을 들으며 생길 수도 있고, 책을 읽으며 생길 수도 있겠지만, 이러한 의문을 체계적으로 풀어서 탐구할 수 있다면 좋다. 결국 끝으로 탐구는 '질문의 연결과 함께 자신의 의견이 같이 제시되는 것이 좋다.

## °제출하기

선생님들은 수많은 학생의 생활기록부를 작성하기 때문에, 한 명한 명의 생활기록부에 큰 관심을 가지기 어려운 구조이다. 그렇기에 학생들은 과제물을 제출할 때 중요한 부분은 보기 쉽도록 정리하는 편이 좋다. 또한 혹시나 수행평가나 학교 활동 속에서 자신의 활동이 누락되거나, 더 추가적인 탐구를 하고 싶은 상황이 올 수 있다. 그때는 정중하게 선생님께 찾아가 도움을 요청하면 좋겠다.

## ¨ 공부 너무 하기 싫을 때

나는 공부를 너무 하기 싫을 때 '음악 한 곡을 듣고 공부를 다시 시작하기'와 같은 약속을 했다. 음악은 짧고, 끝나는 순간이 분명하기에 자주 사용하는 방식이었다. 이렇게 '유튜브'나 '쇼츠'같이 무심코 수많은 시간을 보낼 수 있는 방식보다는 자신이 제어할 수 있는 방식을 사용하는 것이 좋다. 혹은, 운동이나 일기 쓰기와 같이 장기적으로 자신에게 도움이 되는 행동을 하는 것도 좋다. 특히, 일기 쓰기는 다른 복잡한 일로 집중이 되지 않을 때, 그 이유에 대해 정리를 할 수 있어서 추천하는 방식 중 하나이다.

## ¨ 내신 공부법

고등학교 3학년 1학기까지의 최종 성적은 1.07이었다. 이렇게 높은 성적을 받을 수 있었던 까닭은 내신에 대한 집착이라고 생각한다. 수업이나 내신 범위 안에서는 어떤 내용을 배우면 할 수 있는 모든 방법을 이용해 소화하려고 했다. 내신을 5주 정도 잡고 그동안 과목과 주차에 따라 무엇을 할 것인지를 계획했다. 이때, 가장 기본이 되는 것은 문제 출제자인 선생님의 수업과 주된 수업 교재이다. 나는 항상 수업 시간에 선생님의 수업 내용을 모두 필기하고, 학교 야간 자습 시간을 이용해서 그날 배운 것을 정리하면서 복습했는데, 이렇게 공부하면 시험 기간이 다가왔을 때 대부분의 내용을 이해하고 있어서 암기만 하면 된다는 장점이 있다. 이후, 시중 문제집을 풀며, 내용 암기를 진행하고, 기출문제를 찾아서 다양한 유형에 익숙해지는 연습을 한다. 그리고 어려운 내용들만 단권화 그리고 최종적으로는 단장화하여서 시험 날 보았다.

★중요 키워드 형태로 정리한 종이: 여기에 외우기 힘든 부분을 넣어서 단장화하면 좋다.

법관의 신분상 독립: 법관의 자격을 법률로 결정함/ 겸직 불가
　　　　탄핵, 금고 이상의 형 선고 아니면 파면X, 징계 아니면 불리한 처분X
법관의 재판상 독립: 법관은 헌법과 법률에 의하여 양심에 따라 독립하여 재판
　　　　재판을 진행할 때 간섭받지 않음
대법원:사법부 최고 기관으로 대법원장(중임X)과 13인의 대법관(연임O)으로 구성(임기 6년)
　　　　상고, 재항고 사건의 최종심 관할권. 위헌 위법한 명령 규칙 처분에 대한 최종 심사권
　　　　대통령 및 국회의원에 대한 선거 소송 재판권(단심제)
기타 법원:고등법원, 지방법원, 지원, 가정법원, 행정법원, 특허법원, 회생법원 등
심급 제도: 하급법원의 판결이나 결정 명령에 불복하는 경우 상급 법원에서 재판받을 수 있음
　　　　항소, 상고: 판결에 불복해 재판 청구
　　　　항고, 재항고: 결정 명령에 불복해 청구하는 것
　　　　공정한 재판을 실현해 국민의 기본권 보장
공개재판주의: 재판의 심리와 판결을 원칙적으로 공개하는 것(심리는 비공개 가능)
증거 재판주의: 사실을 확정할 때는 증거에 입각하도록 하는 것
헌법재판소: 헌법 해석과 관련한 분쟁 해결 기관으로 헌법 수호 및 국민의 기본권 보장
　　　　대통령이 9인 재판관 임명(3인 대통령 지명, 3인 대법원장 지명, 3인 국회 선출)
　　　　헌재소장: 재판관 중 국회의 동의로 대통령이 임명
헌법 소원 심판: 권리구제형: 공권력의 행사 불행사로 기본권을 침해받은 국민이 청구
　　　　　　위헌 심사형: 재판 당사자가 위헌법률심판제청신청을 하였으나 기각된 경우
　　　　　　당사자가 직접 제기
위헌법률심판: 법률의 위헌 여부가 재판에 전제가 된 경우 법원의 제청에 의해 해당 법률의
　　　　위헌 여부 결정하는 심판
탄핵 심판: 국회에서 탄핵 소추된 공무원의 탄핵 여부를 결정하는 심판
정당해산 심판: 목적이나 활동이 민주적 기본질서에 위배 되는 정당을 정부의 제소에 의해
　　　　해산 여부 결정
권한 쟁의 심판: 국가 기관 및 지자체 상호 간 권한 유무, 범위 간 다툼이 있을 시
　　　　해당 기관의 청구에 의해 권한 유무나 범위를 정하는 심판
지방 자치
의미: 일정한 지역을 기초로 하는 단체나 지역주민이 중앙 정부로부터 자율성을 확보하고
　　　해당 지역의 문제를 자신의 의사와 책임에 따라 자주적으로 처리하는 것
필요성: 각 지역의 특성을 제대로 고려할 수 있음
　　　　해당 지역주민의 의사가 충실히 반영
단체자치: 중앙 정부로부터 상대적으로 독립된 지위의 지자체가 자주적으로 처리하는 것
　　　　중앙 정부의 권력을 지방으로 분할 하는 지방분권을 의미(수직적 권력 분립)
주민자치: 공공문제를 주민 의사에 따라 처리하는 것
　　　　자발적이고 책임 있는 참여로 민주주의를 익히고 풀뿌리 민주주의 실현에 기여
풀뿌리 민주주의 실현: 평범한 시민이 지역 기반의 의사결정과정을 거쳐 지역 공동체의
　　　　운영과 생활의 변화에 참여해 민주주의의 경험을 쌓을 수 있음
권력분립의 원리 실현: 지방자치를 통해 정치권력의 집중 방지로 수직적 권력분립 실현 기여

## [내신을 위해 과목별 참고하면 좋은 사이트/책 정리]

*사이트의 변동이 있을 수 있습니다.

| 과목 | 이름(주소) | 설명 | 특징 |
|---|---|---|---|
| 공통 | 기출비<br>(https://cafe.naver.com/michiexam) | 각종 교과서/부교재 변형 문제 | 무료, 네이버 카페 |
| | 수만휘<br>(https://cafe.naver.com/suhui) | 공부법 | 무료, 네이버 카페 |
| | 족보닷컴<br>(https://m.zocbo.com/) | −전 과목 문제<br>−학교별 기출, 기출 변형 | 유료, 학교<br>기출문제의 경우 무료 |
| | 내신코치<br>(https://www.nscoach.com/) | −전 과목 문제<br>−학교별 기출 | 유료, 학교<br>기출문제의 경우 무료 |
| | EBSi<br>(https://www.ebsi.co.kr/) | −모의고사/수능 기출문제<br>−단추문제(과목/유형/단원별/<br>작품별로 문제 선별 가능)<br>−인터넷 강의<br>−강좌들 속 EBS 강사들의 자체<br>제작 자료들 있음<br>−강의에서 수능특강 PDF 뷰어<br>사용 가능<br>−Q&A | 무료 |
| | 인터넷 강의 사이트<br>(메가스터디, 대성마이맥, 이투스,<br>강남구청 인강 등) | −인터넷 강의(내신 대비 존재) | 유료 |
| | 과외 어플<br>(설탭, 콴다 과외, 당근, 숨고, 김과외 등) | −온라인/ 대면 과외<br>−일부 사이트 내신 자료 추가 제공 | 유료 |
| | Quizlet<br>(https://quizlet.com/kr) | −낱말 카드 제작<br>−PC/어플 사용 가능<br>−유사 암기 카드 어플들이<br>있으므로 자신에게 맞는 것<br>사용하기 | 유료, 일부 무료 |
| 영어 | Exam4U<br>(https://m.exam4you.com/) | −영어 교과서 변형 문제 및 자료<br>−모의고사 변형자료 | 유료 |
| | 황인영영어카페<br>(https://cafe.naver.com/maljjang2) | −교과서 변형 및 자료<br>−모의고사 변형자료 | 무료 |
| | 아잉카<br>(https://cafe.naver.com/<br>isaacenglishcafe) | −내신 자료 | 유료, 무료 |
| | Chat GPT<br>(https://openai.com/chatgpt/) | −지문에 있는 단어 정리, 동의어,<br>반의어 찾기 가능 | 무료 |

| | | | |
|---|---|---|---|
| 국어 | 나무아카데미<br>(https://namuacademy.com/) | –자료 해설, 문제, 변형 문제<br>–타 과목 문제도 있음 | 유료, 일부 무료 |
| | 총력만능국어<br>(https://chongmangug.co.kr/) | –기출문제 모음 책 판매 | 유료 |
| | misozine<br>(misozine.net) | –내신 자료<br>–분석 자료 | 무료 |
| 수학 | 고에듀<br>(https://go-edu.co.kr/) | –수학 관련 자료 | 유료 |
| | 수악중독<br>(www.youtube.com/@SAJD) | –수학 개념 영상(유튜브)<br>–개념 교재 자료 | 무료, 일부 유료 |
| | 콴다(앱) | –문제 검색 및 질문 | 유료, 무료 |

보통 유료 사이트 중 유명한 것(보통 족보 닷컴)의 이용권을 구매해 놓고서, 다른 사이트에서 필요한 자료가 있다면 추가로 필요한 자료들을 구매하는 식으로 사용했다. 당시에는 학기 중 과외나 학원을 안 다녔는데도, 이렇게 다양한 사이트에서 구하는 방식으로 풍부한 자료를 얻을 수 있었다.

## ˙˙ 나만의 시간 관리법

공부할 때, 휴대전화에 있는 앱(열품타)을 통해 매일 시간을 측정했다. 앱을 통해 공부 시간을 친구들과 함께 시간을 비교하면서 공부할 수 있어서 좋았다. 그리고 그날그날 해야 할 일을 체크리스트로 만들어 플래너를 사용했다. 보통 플래너는 시간 단위로 공부한 것을 체크할 수 있는 플래너와 체크리스트만 있는 플래너 등 종류가 다양한데, 자신에게 맞는 플래너를 찾아 사용하면 좋다. 나의 경우에는 시간을 적는 플래너를 사용했지만, 시간을 따로 칠하지는 않았다.

## 공부할 때 가장 도움 되었던 누군가의 한마디

> "충분히 잘하고 있어!"

공부할 때 도움이 되었던 말들은 주로 다른 사람들이 적어주었던 응원 메시지였다. 공부하다 지칠 때 힘을 얻기 위해서 선생님, 친구들, 부모님께 응원의 메시지를 부탁하여 플래너나 책상에 붙여두고 공부하다 보았다. 그중의 가장 인상 깊었던 말은, '충분히 잘하고 있어'라는 말이었다. 선생님은 이 말을 적어주면서, 이 말에 부끄럽지 않게 공부하라고 하셨다. 단순히 잘하고 있다고 칭찬하는 말이 아니라 스스로 최선을 다하고 있는지 생각해 보게 되었던 말이었기에, 잘하고 있는 자신에게는 위로를, 아쉬웠던 자신에게는 반성을, 이 문구 앞에서 하게 되었다. 매일매일 공부를 하는 것이 쉬운 일은 아니지만, 그때마다 원하는 미래를 그려보면서 열심히 나아가면 좋겠다. 나중에, 지금 모습을 돌아봤을 때, "그때 더 열심히 할걸"처럼 후회하기보다는 미래의 자신이 자랑스러워할 수 있도록 지금 최선을 다하면 좋을 것 같다.

# 내가 공부를 열심히 했던 이유

### 서울대학교 수학교육과 ☆ 오인경

현재 서울대학교 사범대학 수학교육과에 24학번으로 재학 중이다. 2024학년도 지역균형전형 수시 모집에 합격하여 본격적으로 즐거운 대학교 생활을 즐기고 있다. 지역균형전형은 일종의 학교장 추천 전형으로, 고교 학교장의 추천을 받아 생활기록부 서류와 서류 기반 면접을 통해 선발하는 전형이다. 사범대학은 다른 단과대와 달리, 서류 기반 면접뿐만 아니라 교육 시사 내용에 대한 학생의 의견을 묻는 교직 적성·인성 면접도 함께 진행된다.

흔히 사범대학 학과라고 하면, 중·고등학교 예비교사를 양성하는 학과라고 생각할 것 같다. 그러나 서울대학교 수학교육과는 중·고등학교 수학 교사를 넘어 미래의 수학교육 분야 전문가 양성을 목표로 하는 학과로, 수학교육에 흥미와 열정을 가진 학생들이 가득한 학과이다. 구체적으로는 다양한 수학 학문이나 교육 이론 및 방법론에 관해 배우는 과목뿐만 아니라, '인공지능과 수학교육'과 같이 시대의 변화에 맞춘 수학교육, 그리고 우리가 미래에 나아가야 할 수학교육의 방향을 탐구해 볼 수 있는 다양한 과목이 편성되어 있다.

## ¨ 공부를 열심히 한 이유

서울대학교에 다닌다고 하면, '공부 좋아해?', '공부하면 재밌어?'와 같은 질문을 종종 받곤 한다. 이런 질문에 대한 나의 대답은 당연하게도, '공부를 아주 싫어했다'이다. (웃음) 하지만, 공부를 싫어한다고 해서 공부를 소홀히 하지는 않았고, 또 소홀히 할 수 없었다. 이 글을 읽는 여러분 또한 조금이라도 공부의 원동력을 얻고 힘을 낼 수 있도록, 지금부터 내가 공부를 열심히 했던 이유를 말해보겠다.

　공부를 열심히 할 수밖에 없었던 가장 큰 원동력은 나의 희망 진로이었다. 나는 어렸을 때부터 초등교사라는 꿈을 꾸었고, 고등학교 2학년부터는 수학교육과에 진학하고 싶다는 목표를 가지고 있었다. 물론 수학 교사가 되고 싶었다기보다는 수학교육 분야에 대해 더욱 자세히 공부해 보고 싶어서 수학교육과에 관심을 가지게 된 것이었지만, 확실한 목표는 나에게 아주 큰 원동력이 되었다. 그런데 나는 희망 진학 학과만 있었을 뿐 구체적으로 미래에 어떤 직업을 가지고 싶은지는 잘 알지 못했고, 이는 나의 불안감을 키워갔다. '나의 적성에 잘 맞는 분야일까?', '이 학과에 진학한 후에는 무엇을 해야 하지?'와 같은 고민이 있었지만, 이러한 불안감 또한 공부의 원동력이 될 수 있었다. 그 이유는 바로 미래에 어떤 일을 하고 싶어지더라도 그때 성적에 방해받지 않을 수 있도록, 나에게 부정적인 꼬리표가 달리지 않도록 열심히 해보자는 생각이 들었기 때문이다.

　서울대 학생이 공부한 이유라니, 무언가 거창한 것을 기대한 사람도 많을 것 같다. 하지만 읽고 나니 생각보다 별것 없다는 느낌이 들지 않는가. 맞다. 공부를 열심히 하는 이유는 사람들의 일반적인 생각처럼 거창한 이유여야 하는 것이 아니다. '대학 합격 인터뷰가 하고 싶어서, 수험생 할인을 당당하게 받고 싶어서, 고교에 자랑하고 싶어서'처럼 아주 간단하고 사소한 이유여도 좋다. 여러분도 자신만의 공부 동기를 찾고 그 동기를 계속해서 떠올리면서 원하는 대학교에 합격하는 그날까지 열심히 공부했으면 좋겠다.

## ¨ 나만의 독특한 공부법

이제부터는 내가 구체적으로 어떻게 공부했었는지를 소개해보고자 한다. 우선 내가 공부할 때 가장 중요하게 생각했던 것은 "효율적으로 밀도 있게 공부하기"였다. 이를 위해서 나는 수업 시간에 그 누구보다 집중하고 열심히 필기하였으며, 시험 기간에는 단권화된 자료로 공부하였다.

### °수업 시간에 집중하고 필기하는 것이 그렇게 중요한가요?

생각보다 많은 학생이 수업 시간에 집중하는 것의 중요성을 간과하곤 한다. 하지만 나는 수업 시간에 집중하는 것이 공부량과 공부 시간을 줄여주는 가장 좋은 방법이라고 생각한다.

당연한 말이지만 수업 시간에 집중할수록 나의 기억에 많은 것이 남는다. 즉, 수업만 잘 들어두어도 시험공부를 본격적으로 시작하기 전에 미리 어떤 것을 공부해야 하는지, 어떤 부분이 가장 중요한지를 알 수 있기 때문에 시험공부 계획을 효율적으로 짜고 빠르게 시작할 수 있다. 실제로 나는 수업 시간에 미리 교과서에 소단원별 중요도를 별표(★)로 표시해두었고, 이를 반영하여 3~4주 시험공부 계획을 세워

이에 따라 차근차근 공부하였다.

　또한, 학교 시험의 출제자는 선생님이시기에 수업 시간에 선생님이 말씀하시는 모든 내용을 교과서에 필기해두었다. 특히 국어나 영어처럼 선생님의 견해가 중요한 과목에서는 교과서가 마치 선생님의 녹취록인 것처럼, 본문과 나의 필기가 구분되지 않을 정도로 열심히 필기하였다. 이렇게 열심히 필기한 내용을 시험 전에 n회독하기만 해도 내용을 완벽하게 (선생님의 견해에 맞추어) 숙지할 수 있기 때문에, 문제만 많이 푸는 것보다 큰 효과를 얻을 수 있을 것이다.

　이때 필기는 색깔 펜(3~4색)을 이용하여서 해주는 것이 좋다. 내용 구분을 펜 색깔 구분으로 하라는 뜻이다. 예를 들어, 나는 빨강, 파랑, 분홍, 검은색이 들어 있는 사색 볼펜을 이용하였다. 영어 과목 필기를 한다고 하면 빨간색은 문법 관련 내용, 파란색은 단어 관련 내용, 분홍색은 문단 요약 내용, 검은색은 선생님께서 간단히 언급하고 지나가신 내용을 필기하는 데 사용하였다.

#### °단권화된 자료가 무엇인가요?

　학교에서 시험 범위라고 내주는 본 교재, 부교재, 프린트만 해도 많은데 학원 자료까지 공부해야 한다니 너무 막막하다고 느낀 적 있지는 않은가? 나는 이렇게 많은 자료를 모두 공부해야 하는 것이 싫어서 나만의 단권화된 자료를 만들었다.

　단권화된 자료라는 것은 말 그대로 공부해야 하는 자료를 하나로 만들라는 뜻이다. 나는 단권화된 자료를 만들기 위해 먼저 하나로 모을 자료를 고르고, 이 자료에 나머지 자료에 적힌 내용을 모두 옮겨 적었다. 예를 들어, 국어 과목 시험 범위에 해당하는 단권화된 자료를 만든다고 하면 하나로 모을 자료로 교과서를 고르고, 프린트나 학원 자료, 문제 등을 "처음 접할 때" 교과서에 없는 내용이 나오면 바로 교과서에 옮겨 적는다.

이렇게 하면 교과서 외의 자료를 다시 보지 않아도 모든 내용이 교과서에 포함되어 있을 것이므로 공부해야 하는 자료의 양을 줄일 수 있고, 깜빡하고 공부하지 않는 내용이 생기는 참사를 막을 수 있다. 누군가는 시간을 낭비하기만 하는 일이라고 생각할 수 있지만, 옮겨 적는 과정에서도 끊임없이 시험 범위 내용을 읽고 자연스럽게 숙지하게 되기 때문에 공부에 큰 도움이 될 것이다.

## 공부할 때 가장 도움 되었던 누군가의 한마디

> "넌 충분히 잘해왔고, 앞으로도 잘할 거야!"

공부하다 보면 지치고 힘든 순간이 자주 찾아오는 것 같다. 나는 이러한 순간에 내가 잘하고 있다고 말해주고 믿어주는 친구들, 선생님,

부모님의 도움을 받아 버틸 수 있었다. 하지만 가끔은 남들의 응원이 마음에 와닿지 않기도 했다. 이럴 때마다 다시 힘을 낼 수 있었던 이유는 스스로 나는 잘할 수 있다는 믿음이 있었기 때문이었다. 여러분도 자신을 믿고 열심히 달려 나갔으면 좋겠다. 파이팅!

### 고려대학교 지리교육과 ☆ 원동인

나는 재수를 통해 고려대학교 지리교육과 수시 일반 전형에 크림슨 장학생으로 최초 합격하였고, 그 외에도 국군간호사관학교 수시 인문계열 우선 선발을 포함하여 총 네 곳의 학교에 합격했다(이화여대 지리교육 전공, 중앙대 경영). 또, 19학년도 수능에서는 제2외국어를 포함하여 4421147(아랍어)이라는 등급을 받았으나, 20학년도 수능에서는 1111111(베트남어)등급을 거두며 꽤 가파른 성적 상승 곡선을 이룬 경험이 있다. 이 글을 읽고 계신 많은 분들이 성적으로 고민이 많을 텐데, 나 또한 같은 고민을 해왔고 성적을 많이 올려본 입장으로서 스스로 터득한 성적이 잘 안 나오는 이유와 높은 성적을 거두는 비결을 여러분께 조금이라도 공유해 드릴 수 있을 것 같다. 또, 수험 생활 과정에서 교과, 비교과, 사관학교 입시, 정시 등 여러 대입 전형을 준비했기에 여러 방면에서 도움을 줄 수 있을 것 같아 이렇게 글을 쓰게 되었다.

#### ·· 학교생활과 내신

학종과 교과의 기본이 되는 것은 바로 내신이다. 나의 고등학교 3년 내신 성적은 1.55~1.58로 수시 학종으로 대학에 합격하고 싶었기에 내신 성적을 잘 받고자 적어도 시험 기간을 3주 잡고 공부했던 기억이 난다. 시험 기간에는 스탑워치를 활용하여 하루에 정해진 공부 시간(일반적으로는 순수 공부 시간 8시간 정도)을 채우려고 했다. 또, 내신 시험을 잘 보기 위해 가장 중요하게 여겼던 것 중 하나는 바로 수면 패턴을 파악하는 것과 수업에 집중하는 것이었다. 이는 효율과도 연관이 있는데, 나의 경우 새벽 3시부터 집중력이 확 올라갔기에 시험 전날에는 무조건 밤 9시에 잠들고, 새벽 3시에 깨서 그날 시험치는 과목들을 한 시간씩 정리하는 시간을 가졌다. 또, 어찌 되었든 내신 시험을 출제하는 것은 그 누구도 아닌 바로 선생님들이시기 때문에 최대한 수업 시간 때 집중하고, 모르는 것이 있으면 교무실에 찾아가 정말 열심히 질문했다.

기본적으로 국어 비문학을 제외하면 모든 과목은 전부 암기 과목이라고 생각하는 편이다. 내신은 정시에 비해 준비하는 기간이 짧은 편이기에 그 짧은 기간 동안 시간을 버리지 않도록 최선을 다해 암기했던 기억이 난다. 과목별로 간단하게 유용했던 공부 방법들을 소개하도록 하겠다.

## °국어, 영어

국어와 영어는 본문 암기가 가장 중요한 과목들이다. 개인적으로 암기는 여러 번 쓰면서 해야 잘 되는 편이었다. 그래서 국어와 영어는 문학 작품이나 시험에 출제되는 본문들을 시험 기간 전에 미리 워드 줄 간격 200%로 설정하여 파일로 저장해 두었다. 시험 기간에는 해당 파일을 여러 부 뽑아서 선생님께서 수업 때 필기하신 내용들을 반복해서 필기하며 암기하였다. 최대한 기억 나는 내용들은 본문만 적힌 프린트에 다 적어본 후에, 선생님께서 필기하신 내용 중 빠뜨린 부분들은 빨간색 펜으로 적고, 그 부분들만 달달 외워가며 반복 학습을 했다. 여러 번 반복해서 본문 백지 테스트를 진행하면 점차 빨간색 펜의 비중이 줄어드는 것을 확인할 수 있을 것이다.

서술형의 경우, 선생님께서 수업 시간에 강조하시는 내용들이 꼭 나왔기에 아무리 피곤해도 수업을 정말 열심히 들었다. 영어는 단원마다 숙지해야 하는 문법적 구조나 표현이 몇 가지 정해져 있다. 그 표현을 100퍼센트 이해하고자 했고, 문법적 예외 사항 등을 꼼꼼히 파악하면서 공부했다.

### 수학

수학은 무조건 깔끔하게 푸는 것이 좋고, 여러 문제집을 돌리기보다는 한 문제집을 여러 번 반복해서 풀며 공부했다. 그래서 문제 풀이용 공책을 하나 사서 한 페이지를 반으로 접은 후 풀이 과정을 깔끔하게 푸는 연습을 꾸준하게 했다. 문제집에 정답도 체크하지 않았고, 틀린 문항들은 옆에 조그맣게 빨간 점을 찍었다. 시험 전에 몇 번 반복해서 풀다 보니 빨간 점이 여러 개 찍혀 있는 문제들은 더욱 유의해서 공부하게 되는 장점이 있었다. 처음에는 이렇게 공부하는 것이 다소 귀찮고 비효율적이라고 생각했지만, 서술형 시험 대비하기에 매우 훌륭한 수단이었고 나중에 틀린 문제를 내가 어떻게 접근했는지 파악하는 데 큰 도움이 되었다.

그리고 수학에서 가장 큰 고충으로 여길 부분이 바로 '계산 실수'일 것으로 생각한다. 나 또한 고3 수능 때 수학 주관식 1번 문제도 계산 실수로 인해 날려 먹은 적도 있을 정도로 큰 스트레스를 받아왔다. 계산 실수 문제를 해결하고자 여러 다양한 방법들을 사용해 본 바, 가장 효과적이었던 방법은 바로 문제를 풀 때 '글씨를 꾹꾹 눌러쓰기'였다. 원래 글씨를 갈겨 쓰는 것이 습관이었는데, 이는 문제를 급하게 풀게 만드는 가장 큰 원인이었다는 것을 깨달은 것이다. 경험상 풀이 과정에 몇 초 더 쓴다고 시험 시간이 부족한 것은 전혀 아니다. 오히려 처음부터 꾹꾹 눌러서 문제를 풀이하는 것이 오답률을 낮추고 결과적으로 문제 점검 시간도 줄이게 하는 방법이 되었다.

## 사회, 과학

사회 또는 과학 같은 탐구 과목을 공부할 때 무릎을 덮는 정도의 화이트보드를 활용했다. 한국지리, 세계지리 등의 과목에서 지구의 대기 대순환처럼 그림으로 이해하면서 공부해야 하는 부분들은 화이트보드로 여러 번 그려가며 공부했다. 마찬가지로 생명과학에서도 세포의 구성 등을 공부할 때 직접 그려가며 공부하니 암기가 쉽게 되는 것을 느꼈다. 세계사, 동아시아사, 한국사처럼 연표나 시대 순서가 중요한 과목들도 화이트보드에 직접 연표를 그리고 주요 사건들을 정리하며 공부했다.

| 과목 | 공부방법 | 상세내용 |
|------|----------|----------|
| 국어,<br>영어 | 본문 암기 | – 문학 작품 및 시험 출제 본문을 워드 파일로 저장.(줄 간격 200%)<br>– 시험 기간 전 여러 부 인쇄 후 반복 필기하여 암기<br>– 기억나는 내용은 본문 프린트에 적고, 빠뜨린 부분은 빨간 펜으로 작성하여 반복 학습 |
| | 서술형 대비 | – 수업 시간에 강조된 내용을 철저히 학습<br>– 각 단원 문법적 구조와 표현을 완벽히 이해<br>– 문법적 예외 사항을 꼼꼼히 파악 |
| 수학 | 문제 풀이 | – 한 문제집을 여러 번 반복하여 풀이<br>– 문제 풀이용 공책을 사용하여 한 페이지를 반으로 접어 깔끔하게 풀이 연습<br>– 틀린 문제 옆에 빨간 점 표시 후 반복 풀이 |
| | 계산 실수 방지 | – 글씨를 꾹꾹 눌러서 쓰기<br>– 문제 풀이에 여유 시간을 두고 정확히 풀이 |
| 사회,<br>과학 | 화이트보드 활용 | – 한국지리, 세계지리 : 그림으로 이해해야 할 부분을 화이트보드에 반복해서 그리며 학습<br>– 생명과학 : 세포 구성 등을 직접 그리며 암기<br>– 세계사, 동아시아사, 한국사 : 연표를 직접 그리며 주요 사건 정리 |

## ¨ 수능 생활

19학년도 수능에서 너무 긴장한 나머지 아쉬운 성적을 거두고 모 기숙학원에 2월 정규반으로 입소하게 되었다. 다양한 재수 방법 중 기숙학원을 선택한 이유는 P 인간으로서 스스로는 규칙적인 생활을 수능 때까지 쭉 유지하기 어려울 것이라는 생각 때문이었다. 그리고 성격상 강제성이 부여되어야 더 공부를 열심히 하는 스타일이어서 기숙학원을 선택하였다. 본인이 스스로 자율적으로 공부할 때 더욱 성과가 잘 나는 편인지, 아니면 강제성이 조금 부여되어야 하는지 등을 잘 판단하여서 독학이나 학원 등을 선택하는 것을 추천한다.

1년여간 수험 생활을 한 경험을 비춰봤을 때 가장 해주고 싶은 말은 바로 '일희일비하지 않는 것'이다. 하지만 말이 쉽지, 나 또한 매달 모의고사를 볼 때마다 일희일비해 왔었다. 그렇지만, 수능은 장기전이고 그 사이에 성적은 얼마든지 오르내릴 수 있다. 나의 경우 19학년도 수능 4421147 → 20학년도 수능 1111111로 꽤 높은 성적 기복을 수험 생활 내내 경험했기에, 독자분들에게도 성적이 잘 나왔다고 너무 크게 자만하지도 말고, 성적이 바닥을 쳤다고 끝도 없이 우울감에 빠져 있지 말라고 이야기해주고 싶다.

수능을 잘 보기 위해 고군분투했던 나의 재수 생활을 어떻게 하면 효과적으로 전달할 수 있을지 고민하다가 시기별 나의 경험담을 바탕으로 작성하고자 한다.

° 2~3월

한창 기숙학원에 입소하고 정말 많이 힘들어하던 시기였다. 원래 자존심이 센 성격이기도 하고, 고등학교 때 나름 성적 괜찮은 학생으로 알려져 있었는데도 기숙학원에서 최상위 반이 아니었기에 스스로에게 굉장히 화가 많이 났던 것으로 기억한다. 우물 안의 개구리가 밖으로 나온 느낌이어서, 생각했던 것 이상으로 더 열심히 공부해서 정시로 대학을 가야겠다고 다짐했었다. 처음 기숙학원에서 3월 모의고사를 봤을 때 독기 올라서 문과 500명 중 32등을 했었다. 나름 만족스러운 모의고사 결과였기에 한시름 마음이 놓였었다.

° 4~5월

4월에도 어김없이 학원 모의고사를 봤었는데 32등에서 120등 정도로 내려가서 멘탈이 엄청나게 나갔었다. 그때 당시의 나는 일희일비의 끝판왕이었다. 성적이 급격하게 떨어진 것이 하늘이 무너져 내리는 기분이었고 내 자신이 너무 짜증 나서 4월에서 5월 사이에는 마음의 여유 없이 공부만 했다. 스트레스가 너무 심해서 잠도 잘 못 잤다. 그래서 5월 모의고사에서는 조금 성적을 회복해서 56등인가로 오를 수 있었다.

그리고 5월 말부터는 제2외국어로 베트남어 공부를 시작했다. 제2외국어로 일반적으로는 다른 사람들의 의견을 듣고 아랍어를 선택하는 경우가 많은데, 다른 사람들의 의견을 강력하게 듣기보다는 자신에게 좀 더 습득하기 쉬운 언어를 선택하라고 조언하고 싶다. 고3 때는 제2외국어로 아랍어를 선택해서 수능 때 7등급을 받았는데, 베트남어는 알파벳으로 구성이 되어 있어서 개인적으로 아랍어보다 더 빠르고 쉽게 배울 수 있었던 것 같다. 제2외국어는 다른 과목보다 공부에 투자하는 시간이 많으면 안 된다는 주의여서 모두 최대한 효율적으로 할 수 있는 선택과목을 고르는 것을 추천한다.

## °6월

6월에는 모든 수험생에게 중요한 6월 평가원 시험이 있다. 이때까지 32 -> 120 -> 56등 정도로 성적 기복이 있던 편이었는데 그래도 120등이었을 때에도 반에서 중상 정도였었다. 그런데 6평에서는 반에서 꼴찌를 했다. 반에서 꼴찌를 했을 정도면 문과 500명 중 몇 등인지 굳이 언급 안 해도 내 멘탈이 얼마나 깨졌는지 가늠이 올 것으로 생각한다. 다른 친구들은 다 고3 수능 때보다 성적이 올라서 기뻐하고, 기숙학원을 퇴소하는 사람들도 많았다. 하지만 나는 사회탐구를 제외하면 똑같았다. 심지어 국어 현역 때보다 더 백분위가 낮은 4등급이었고, 시작한 지 2주 된 베트남어가 3등급이어서 스트레스를 꽤나 심하게 겪었다. 국어 성적이 계속 나의 발목을 잡아 왔는데 6평을 보고 나니 절대 국어의 늪에서 빠져나오기 힘들 것 같다는 생각이 들었다.

6월 평가원 시험을 보고 재수하면서 쏟아부은 돈과 시간이 얼마인데 오르지 않는 것이 너무 막막하고 억울했고, 수능이 이제 반도 안 남았는데 재수 생활의 절반 동안 아무것도 이룬 게 없는 것 같아서 우울했다. 아무리 선생님들께서 성적에 일희일비하지 말라고 하시지만, 그때는 귀에 잘 들어오지 않았었다. 그래서 이때는 '시간이 아까우니 울더라도 공부하면서 울어야겠다'라고 생각이 들어서 플래너에 이맘때부터 의자에서 엉덩이 떼는 횟수를 바를 정자로 그어가며 공부했다.

5월에는 사관학교 시험을 접수했는데, 6평을 보고 사관학교 1차 시험에 무조건 합격하는 것으로 새롭게 목표를 잡았다. 나의 경우는 사관학교 시험을 접수할 때 제일 우선적으로 고려한 부분이 바로 '집과의 거리'였다. 그래서 공군사관학교나 국군간호사관학교 중 하나를 선택하고자 했고, 공군사관학교는 눈이 좋지 않기도 했고, 문과임에도 이과적 성향이 잘 맞고 의료계열, 의료복지 쪽에도 관심이 있었기에 국군간호사관학교에 지원했다.

°7~8월

6평을 진짜 역대급으로 망치고 난 후 수능 목표를 다시 설정했다. 원래는 '최상위권 대학을 가기 위해 무조건 성적을 올리자'가 목표였는데, 6평을 기점으로 '목표 그런 거 없이 최선을 다하되, 그래도 최대한 갈 수 있는 대학들의 범위를 넓히기 위해 노력하자'로 바뀌었다. 그 범위 안에 사관학교도 포함이 됐었기에 1차 시험에 합격했을 때 곧바로 2차 시험에 지원을 바로 했다.

7~8월에는 기숙학원에서도 여름휴가가 일주일 정도로 길게 주어졌었다. 그 일주일 동안에는 아예 공부를 안 하고 집에서 푹 쉬었다. 수능이 장기전이기 때문에 공부로 모든 수험생활을 다 채우면 너무 일찍 지칠 것 같아서 휴가가 주어지면 공부를 아예 안 하는 것이 나름대로 나만의 규칙 같은 것이었다.

한 일주일 정도 휴식 기간을 가지고 나서는 본격적으로 사관 2차를 위한 훈련에 들어갔다. 체력 검정은 '오래달리기(1.2km), 팔굽혀 펴기, 윗몸 일으키기'로 총 세 가지 항목으로 이루어져 있다. 처음에는 당연히 합격 기준에 들지도 못하고 '이게 노력으로 되나?' 싶었다. 하지만 놀랍게도 공부는 기복이 있지만 체력은 기복이 없고 하는 대로 늘어난다. 특히 나는 팔굽혀 펴기가 전혀 안 되어서 걱정이 많았는데 매일 숙소 침대 계단 붙잡고 팔굽혀 펴기 연습을 하니 점점 실력이 늘었다.

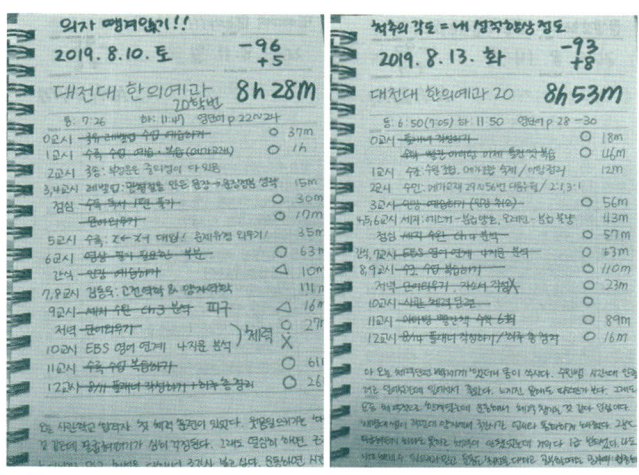

8월에 작성했던 수험 플래너

위 사진들은 체력 훈련을 한창 할 때 나의 플래너 사진들이다. 7~8월에는 전반적으로 저녁에 공부 안 하고 운동장에서 열심히 체력 검정을 위해 뛰고, 운동 끝나면 씻고 복귀해서 공부하는 삶을 반복했다. 장마 기간에는 실내에서 팔굽혀 펴기와 윗몸 일으키기만 하고 숙소에서 같이 사관학교 준비하는 친구들과 함께 면접 연습을 했다.

★ TIP: 플래너 작성법

플래너 사진이 처음으로 나왔으니 내 플래너 작성법을 잠시 소개하자면, 나는 교시별로 무엇을 할지 적어두고 좀 현실적으로 계획을 짜

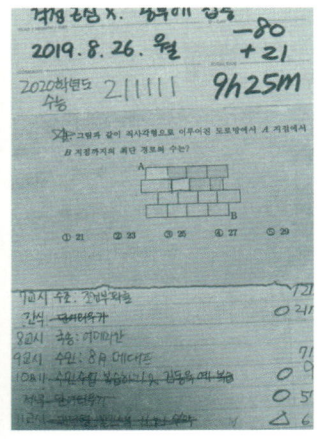

반복적으로 틀리는 문제를 붙여둔 플래너

는 편이었다. 그리고 따로 포스트잇 같은 메모지에 할 일 다 끝내면 보충해서 할만한 것들을 써두고 시간이 남으면 했다. 수업이 있는 때에는 어떤 수업을 들었는지 선생님 성함을 적은 후, 수업에서 가장 임팩트 있던 부분을 한 마디 정도로 정리했다. 그리고 반복적으로 틀리는 부분들은 아래 사진처럼 플래너에 붙여두고 꾸준하게 반복 학습을 했다. 그리고 쉬는 시간이나 자투리 때 하는 공부들은 따로 시간을 안 재고 일명 '0분 공부'를 습관화하고자 했다.

그 외에는 9월에 있을 수시 원서 때문에 자소서를 쓰면서 대부분의 시간을 보냈었다. 여섯 개의 일반 대학 자소서는 총 4문항이지만, 국군간호사관학교의 경우 자기소개서 문항이 무려 7개였다. 그래서 이때는 최대한 자소서도 완성도 높게 작성하고자 했고, 생활기록부나 신원확인서 등 필요한 서류들을 최대한 정리하며 8월을 마무리하였다.

° 9월

수험생에게 9월은 매우 중요한 달이다. 2019년 9월 당시 나에게는 9

월 평가원 모의고사, 수시 원서 접수 기간, 수능 접수 기간, 국군간호사관학교 2차 시험(9월 중순), 생일(생일이 수능 D-50이었다) 등의 이벤트들이 있었다.

### 9월 평가원 모의고사

가장 먼저 있던 일은 당연히 9월 평가원 모의고사였다. 6월 평가원 모의고사보다는 조금 성적이 올랐지만 잘 보진 않고 그저 무난하게 성적이 나왔었다. 사실 그 당시 학교별로 자기소개서를 작성하느라 9평 성적에 연연할 시간이 없어서 정확하게 기억은 나지 않는다. 대략 2211123등급이나 2211223을 받아서 수능 최저 등급은 맞췄던 것으로 기억한다. 6평에 비해서는 많이 올랐지만 그래도 당시 고려대 수능 최저 등급인 4합 6이 꽤 어려운 편이어서 잘한 건 아니라는 생각이 들었다. 이때 나름대로 현실적인 수능 성적을 그려보았고, 수능 목표 성적은 2111111로 정했다. 가장 취약했던 과목인 국어는 절대 2등급에서 벗어날 수 없을 것으로 생각했고, 수학은 1~2 왔다 갔다 했으니 운 좋게 1등급 맞고, 영어도 1등급 맞고, 사탐도 모든 문제를 다 맞으면 충분히 가능한 성적이라고 판단했다.

### 수시 원서 접수 및 수능 원서 접수

고등학교 3년 내내 수시 준비생으로 살아온 나로서는 재수하면서 정시 파이터로 바꿨다고 해도 수시 카드가 아까워서 원서는 냈다. 한

번의 입시 실패를 겪고 학종과 수능에 불신을 크게 갖게 된 나는 총 6개의 원서를 제출했다.

- 서울대 교육학과(학종)
- 고려대 지리교육과(학종 – 최저 4합 6)
- 이화여대 사회과교육과 지리교육 전공(교과 – 최저 X)
- 중앙대학교 경영학과(교과)
- 서울시립대학교 행정학과(교과)
- 한국교원대학교 지리교육과(학종)

수능을 잘 볼 것이라는 확신이 없었기 때문에 이렇게 나름 골고루 썼다.(중앙대, 시립대, 교원대의 수능 최저는 잘 기억나지 않는다. 3합 5, 3합 6, 4합 13으로 기억하고 있으나, 부정확할 수 있다.)

특히나 8월에는 수시 자기소개서도 쓰면서 사관학교 2차 시험까지 준비하느라 사실상 공부할 시간이 많지 않았다. 그래서 자기소개서도 최대한 쉽게 작성할 수 있는 소재만 가지고 작성했었다. 이렇게 원서를 제출한 이후에는 국군간호사관학교 2차 시험이 있었다.

★ 국군간호사관학교 준비생들을 위한 경험담 및 Tip! : 2차 시험

국군간호사관학교 2차 시험은 2박 3일로 진행이 되었다. 첫 번째 날에는 오후에 입소하자마자 국가 안보와 관련된 논술 시험을 봤었다.

무난하게 본인의 생각을 쓰면 되었던 것으로 기억한다. 논술 시험을 보고 본인 침대에 짐을 풀며 첫째 날에는 그렇게 마무리가 됐었다.

두 번째 날에는 오전에는 신체검사, 일명 신검과 체력 검정이 있었다. 국군병원에 가서 피도 뽑고, 키, 몸무게, 시력, 청력 등을 검사하고, 탈의 후 몸 검사도 했었다. 건강검진과는 살짝 다른 느낌으로 많은 것을 검사했고, 또 그만큼 오래 걸리기도 했다. 몸에 큰 이상이 없으면 크게 문제는 없을 듯하다. 오후에는 체력검정을 진행했는데 팔굽혀 펴기와 윗몸 일으키기를 먼저 했다. 그 당시 윗몸 일으키기 1급 기준은 64개였고, 팔굽혀 펴기 1급 기준은 30개였다. 이보다 더 많이 한다고 가산점이 주어지거나 하지 않기 때문에 딱 1급 기준에 맞춰서 하는 것을 추천한다. 뒤에 오래달리기도 있기 때문에 최대한 효율적으로 체력 운영에 대비하는 것이 맞다고 생각한다. 2차 시험 한 달 전부터 매일 저녁 운동을 2시간씩 했더니 윗몸 일으키기와 팔굽혀 펴기 둘 다 1급을 받아낼 수 있었다. 그다음에는 모두 혈압을 잰 후 오래달리기를 하였다. 체력 검정이 가장 걱정이 되는 부분이었는데 오래달리기도 3급이 떠서 생각보다 좋은 성적으로 체력을 봐서 기분이 좋았었다.

셋째 날은 면접과 옷 크기를 재는 날이었다. 오후 면접 조여서 오전에 옷 치수를 재고 베레모, 전투화, 정복 등을 입어보고 사이즈를 적어서 냈다. 오후에는 미리 준비해 간 세미 정장을 입고 면접 대기실에 들어갔다. 면접은 총 세 개의 방을 통과해야 했는데 하나는 생활기록부 기반 질문이었고, 또 다른 방은 국가 안보 관련, 하나는 인성 쪽을 질문하는 듯했다. 안내에 따라서 각 방을 이동했고, 다대일 면접이어서 매우 떨렸지만, 압박 면접의 느낌은 전혀 아니었다. 보안상 자세한 언급은 하지 못하지만 면접 질문에 대해 그저 생각한 답변 술술 똑 부러지게 잘 얘기하고 했더니 흐뭇하게 웃어 주셨다.

### °10월 – 빈칸 채우기, 입 밖으로 말을 거의 하지 않기

10월의 이벤트로는 국군간호사관학교 우선선발 합격과 이화여대 교과 전형 면접이 있었다. 10월의 공부는 한 마디로 '나의 빈칸 채우기'로 정의할 수 있겠다.

이때부터는 수능이 정말 코 앞이어서 반 분위기도 엄청나게 들뜨고 다들 싱숭생숭해했다. 나는 응시하지 않았지만, 대부분의 친구들은 연세대 논술을 응시하러 갔고, 나는 사관학교 2차 시험을 봤다는 사실을 잊고 운동하는 동안 밀린 공부를 해야 했다. 장장 9개월 동안의 기간 중, 나에게 가장 힘들었던 시기를 꼽자고 한다면 6평 직후와 10월 초부터 15일까지의 기간이었다. 사관학교 합격도 장담할 수 없던 시기이기도 했고, 이제 진짜 수능이 코앞인데 내가 운동하는 동안 다른 친구들은 많이 공부했겠거니 생각이 들어서 마음이 매우 조급했었다.

그래서 10월부터의 나의 전략은 바로 '입 밖으로 말을 거의 하지 않는다'는 것이었다. 내 성격상 마음이 들뜨게 되면 말이 많아지는 편이었다. 그래서 최대한 말 수를 조절해서 평정심을 유지하고자 했다. 실제로도 나 자신이 차분하게 평정심을 유지할 수 있던 효과적인 방법이어서 수험 생활 중 제일 도움이 된 전략 중 하나로 꼽는다. 원래 말도 꽤 많은 편이고 룸메이트들과 하루의 끝을 수다로 마무리하는 것이 인생의 낙이었는데, 이쯤부터는 학원에 있는 동안 최소한의 말만 했다. 이 시기에 친구들과 하는 이야기라고는 '아 수능 얼마 안 남았어'나 '하 수능 보기 너무 싫다'일 것이 분명했기 때문에, 방에 들어가서 룸메이트들과 말하는 것도 서로 한국사 퀴즈를 내주는 식으로 최대한 잡담을 피하고자 했다. 수다로 풀지 못한 스트레스는 점심 먹고 학원 한 바퀴씩 산책하며 광합성 하는 것으로 풀었다.

그리고 수능 한 달 전부터는 일명 '하루 노트'라는 것을 작성했다. 노트라고 하기에도 거창할 정도로 한 과목당 한 쪽씩 – 총 일곱 쪽, 내가 자주 실수하거나 실수할 수 있는 포인트들을 딱 한 줄씩 적고 걸을 때마다 읽었다. 예를 들어 '수학 – 음수, 양수 표시 잘 확인할 것.' 이런 가벼운 느낌이었다. 그런데 이 노트가 엄청나게 도움이 됐다. 그래서 나는 수능 쉬는 시간에도 이 노트만 읽고 최대한 실수를 줄이자는 마인드로 시험에 응했다. 더불어 밑의 플래너를 보면 확인할 수 있듯이, 그 외에도 자투리 시간이 생기면 문학 작품 사용 설명서를 읽거나 베트남어 단어를 외우는 등 최대한 0분 공부를 활용하고자 했다.

그리고 10월 15일에는 떨리는 마음으로 국군간호사관학교 홈페이지에 접속했는데 바로 합격이라는 글씨가 떴다. 살면서 기뻐서 울어본 것은 그때가 처음이었다. 국군간호사관학교에 합격했고, 나는 그곳에

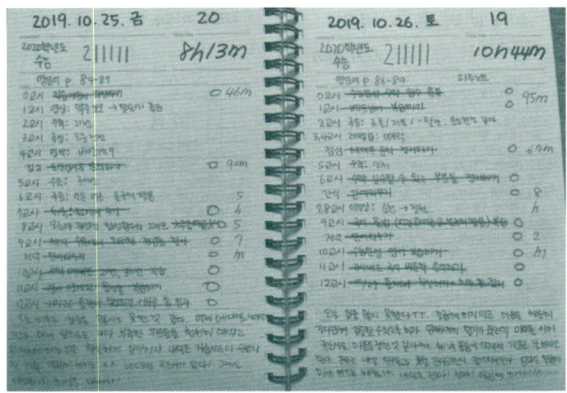

사관학교 합격 이후 수능 직전의 플래너

꽤 진학하고 싶었음에도 수능이라는 대장정을 제대로 끝맺음을 짓고 싶었다. 그래서 모두의 만류에도 불구하고 기숙학원에 계속 남아 수능을 대비했다.

10월에는 최대한 밀린 공부를 하고 말도 안 하고 평온한 상태를 유지하며 모의고사를 응시했더니 드디어 반에서 압도적인 1등도 해보았다. 6평 때 꼴찌였던 것을 생각하면 성장을 많이 한 기분이었고 뿌듯했다. 하지만 긴 수험기간 동안 성적의 기복이 너무 심해서 크게 기뻐하지는 않았고 오히려 수능 때 이 정도 성적을 유지하겠다고 다짐했었다. 오른쪽 사진은 10월 마지막 날 일기인데 이렇게 수험기간 동안 일기를 적으며 마인드 컨트롤을 하고 내 자신을 다독여주었다.

## °11월 – 아는 것을 잘 지키자

11월의 공부 모토는 '아는 것을 잘 지키자'였다. 새로운 내용을 급하게 배우기보다는 가지고 있는 지식 중 불완전한 것들을 보완하는 식이었다. 이때부터 학원 거의 대부분의 수업은 자습으로 바뀌었다. 그동안 나는 하루 노트(실수 노트)를 계속 정독하고, 한국사와 베트남어는 최대한 자투리 시간을 활용하고, 수학은 계산 실수를 유의하며 다시 풀고, 국어는 쉬는 시간에 문학 작품들 읽으면서 시간을 보냈다. 그리고 한국지리가 실수가 좀 나왔던 과목이어서 10월 말부터 이기상의 한지 파이널 인터넷 강의를 유일하게 들었었다. 이 인터넷 강의를 듣고 그동안 배운 내용들을 차분히 정리했었다. 아래는 수능 보던 주에 적은 것이다.

수능 직전 플래너_최대한 차분함을 유지하려고 했다.

## °그리고 대망의 수능 날!

사실 엄청나게 떨리긴 했었다. 그렇지만 매우 중요한 날임에도 10월부터 묵언수행을 열심히 해서 그런지 떨려도 촐싹대지 않아서 크게 기억에 남지 않는다. 시험 전 아침에는 국어 문학 작품을 두 개 봤는데, 마침 수능에 그 두 작품이 출제되어서 운이 좋다고 생각했다. 평소 모의고사 보는 기분으로 아무 생각 없이 게임 퀘스트 깨듯이 한 과목씩 응시하니 6시쯤 되어 수능이 끝났다. 수능 직후에는 잘 봤다는 느낌도 없고 그저 멍하니 앉아 있었다. 짐 정리를 하고 모든 책을 다 버리고 그렇게 퇴소했다.

## °수능 끝난 날 기숙학원에서

수능 끝나고 본가에 왔는데 채점하기 싫어서 당일에는 그냥 집 도착하자마자 자고 그다음 날 부모님 몰래 EBS 분석기를 돌렸는데 모두 1등급이 떴다. 처음에는 EBS 분석기가 잘못된 줄 알았다. 나는 고려대 최저인 4합 6도 기대를 안 하고 있었기에 솔직히 너무 행복했다. 진학사 돌리니까 수시 넣은 학교들보다 훨씬 성적이 높게 나왔다. 하지만 나는 이미 10월에 최저 없는 이대 면접을 응시한 상태였고, 중앙대와 시립대의 경우 교과 전형을 썼기에 정시는 강제로 포기할 수밖에 없었다.

## °2020학년도 수능 성적표

그리고 고려대와 교원대는 1차 합격을 했는데, 두 학교 면접일이 같은 날이어서 고려대를 선택하였다. 고려대 면접 준비는 사관학교 준비한 정도로 했는데 최저가 높은 편이어서 그런지 실질 경쟁률은 그렇게 높다는 느낌은 안 들었다.

12/18일에는 중앙대, 시립대, 고려대 합격 발표가 있던 날이었다. 중앙대와 시립대는 당연히 추가 합격을 노린 것이었는데 예비도 못 받아서 살짝 속상했다. 고려대가 제일 마지막인데 중앙대와 시립대가 떨어

지니까 고려대도 당연히 불합격이겠지 생각했다. 그런데 합격이었다.

### °2020학년도 고려대 수시 합격

핸드폰으로 확인해서 글자가 빨갛길래 당연히 불합격인 줄 알았는데 합격이었고, 게다가 크림슨 장학생(수시 전형 1등)으로 합격했다. 너무 예상하지 못한 합격이어서 진짜 손이 벌벌 떨렸다. 고려대는 나에게 버리는 수시 카드였기에 합격은 정말 예상 시나리오에 아예 없었다. 아버지는 간호사관학교에 진학을 원하셨는데 좀 더 폭넓은 진로를 생각해 보고 싶어서 고려대에 진학했다. 다른 대학인 이화여대와 중앙대도 나중에 추가 합격을 하면서 고려대, 국군간호사관학교 우선 선발, 중앙대, 이화여대에 합격하게 되었고 그렇게 수험 생활을 마무리하였다.

## 공부할 때 가장 도움 되었던 누군가의 한마디

> **"나는 매일 조금씩 더 나아지고 있다!"**

수험 생활, 특히 재수가 인생의 가치관을 바꾼다고 하는데 진짜 맞는 말이다. 성적이 안 오를 때는 끊임없이 자책하고, 다른 친구들과 비교도 많이 했었는데 수험 생활은 과거의 자신과의 싸움이라는 것을 잊지 않았으면 한다. 드라마 '스물다섯 스물하나'의 주인공 나희도가 작중에서 본인의 펜싱을 끊임없이 피드백하며 펜싱 연습을 하는데, 그 태도를 수험생활하며 배운 것 같다.

누군가가 나에게 '너는 결국 고려대에 가게 된다'고 말했다면 수험 생활을 이렇게 알차게 살지 않았을 것 같다. 오히려 앞이 캄캄하니까 그만큼 열심히 1년을 보냈고, 입시에는 미련 한 톨 없이 후련하게 마쳤다. 미련을 남기는 것이 제일 미련하다는 사실을 여러분도 늘 마음속에 품고 살면 좋겠다. 지금은 수험 생활이 다 미화된 기억이라 겨우 대학교 과제 또는 팀플만으로도 찡찡대곤 하지만, 그래도 내가 수험생활 할 때만큼의 노력을 할 수 있는 사람이라는 것을 배워서 그게 참 감사한 것 같다. 독자 여러분들도 당장 힘들고 앞이 안 보여도 이 과정이 성장통이라고 생각하고 꼭 바라는 목표 그 이상을 이루길 바란다.

## 가천대학교 토목환경공학과 ☆ 유지민

나는 현재 가천대학교 토목환경공학과에서 4학년으로 재학 중이고 마지막 학기가 남은 학생이다. 토목환경공학과라고 하면 '토목'이라는 단어가 생소하기 때문에 잘 모를 수 있어서 설명을 조금 한다. 토목환경공학과는 '토목공학'과 '환경공학' 두 분야가 합쳐진 융합형 학과다. 토목공학은 다리, 도로, 댐 등과 같이 사회기반시설 건설 관련된 것을 배우는 분야이고 환경공학은 환경 분야를 대기, 토양, 물 분야로 나누어 환경오염을 측정하고 개선하는 법 등을 배우는 분야다. 그럼, 이 두 분야를 합치면 '깨끗한 환경에서 안정적인 건설을 한다.'로 생각할 수 있다. 나는 고등학교 때부터 환경공학 관련된 것에 관심이 많았고 이 학과를 준비했다. 과학 중에서도 일상생활에 접목시킬 수 있는 분야를 좋아했다. 그렇게 가천대학교에 (지금은 없어졌지만) 그때 당시 수시 성적을 맞추고 적성고사라는 시험을 봐 들어오는 적성고사 전형으로 합격했다.

가천대학교가 원하는 상위권 대학교는 아니었지만 들어가서 열심히 공부해 '과탑'을 해야겠다는 생각으로 재수하지 않고 들어갔다. 그 당시 공부를 더 할 자신도 없었던 것 같다. "그럼 들어가자마자 과에서 1등을 했나요?"라고 물어보면 정답이 아니다. 막상 대학교에 들어와 보니 성인이 되었다는 생각과 20살에는 놀라는 이야기를 듣고선 동아리도 여러 개 하고 여행도 다니면서 공부보다는 친구들과의 추억을 쌓는 거에 더 집중했다. 그래서 학점도 지금에 비하면 훨씬 낮은 점수를 받게 된다.

지금 고등학생인 친구들이 들으면 차이가 크게 나 이상하겠지만 내가 대학교 2학년이 되려던 참에 코로나가 발생하게 되었다. 코로나가 심각해 밖으로 나오면 안 된다는 이야기, 학교를 비대면으로 진행한다는 이야기 등이 막 나오던 시기였다. 그때쯤 나는 군대를 가야겠다고 생각하고 2학년 1학기를 마친 직후 바로 군대를 가게 되었다. 이때까지는 이 학과가 나한테 맞는지 안 맞는지도 모르겠고 그냥 생각 없는 고등학교 4학년과 같은 학생에 불과했다.

여기서부터가 시작인데 이때 군대에 들어가서 생각이 많아졌던 것 같다. 최대한 빨리 들어갈 수 있는 전형으로 해서 육군으로 들어간 나는 많은 다양한 사람들을 만나보고 느끼면서 내가 밖에서 뭘 했고, 나가면 뭘 해야 할까에 대한 생각이 많아졌다. 하지만 딱히 하고 싶은 게 생각이 나질 않았다. 지금 생각해 보면 무언가를 열심히 하질 않았으니 그럴 만했다는 생각이 든다. 그래서 나는 일단 나가서 부모님에게 보여주기식으로 과에서 좋은 성적을 받아보자는 생각을 하게 된다.

그렇게 2021년 크리스마스이브 나는 휴가를 모아 조기 전역을 하게 되었다. 당장 나가자마자 뭐든 해낼 수 있을 것 같다는 생각과는 다르게 또 2022년 여름까지는 또 자고 놀고를 반복하며 사회에서의 행복을 누렸다. 그러다가 2022년 가을 2학년 2학기로 복학을 하였는데 19학번 동기들이 다 같이 공부하는 분위기로 바뀌어 있었다. 다들 군대에서 느낀 점이 많았는지 공부를 정말 열심히 하는 상황이었다. 나도 그 사이에 껴서 이때부터 제대로 된 공부를 시작하게 된다. 과에서 좋은 성적을 받아야겠다는 옛날 생각과 미래를 그려나가야 한다는 생각이 합쳐지면서 공부하기 시작했다. 공부의 시작은 미래를 걱정하는 마음과 무언가를 열심히 해야 한다는 생각을 가지기 시작할 때 열심히 하기 시작하는 것 같다.

과연 복학 후 첫 성적은 어땠을까? 학점을 4.5점 만점에 4.2점을 받으며 거의 만점에 가까운 학점을 받게 됐다. 처음으로 본 알파벳과 숫자들이었다. 그렇게 많은 친구에게 인정받고 부모님에게도 인정받으며 대학 생활을 다니게 된다.

그 후 학기들은 대부분 비슷한 성적을 맞았고 과에서 1등도 두 번을 하게 된다. 이게 생각보다 한번 시작해 보고 좋은 성적을 경험해 보니 비슷하게 공부하게 되고 노하우도 여러 개 생겼다. 2023년부터는 중학교, 고등학교 강연도 다니면서 내가 공부하고 있는 전공 설명과 함께 공부에 대한 동기부여를 담은 내용을 많은 학생들에게 말해주고 있다. 그렇게 시간이 흘러 벌써 2024년도 절반 지나가고 있다. 지금은 우여곡절이 많았지만, 뿌듯한 생활을 이어 나가고 있다.

지금까지 이야기한 내용은 내 20살 이후부터 지금까지의 시간을 정리해 봤다. 이렇게 들으니 여러 가지 궁금한 것들이 생겼을 거로 생각한다. 그래서 내가 고등학생이라고 생각하고 앞선 내용을 봤을 때 대학생이고 공부를 열심히 하는 사람한테 어떤 질문들을 해볼까 했을 때 생각나는 것들에 관해 이야기해 보려고 한다. 강연 다닐 때도 대부분 아래와 같은 질문들을 많이 받는 것 같다.

## ¨ 공부를 열심히 한 이유

갑자기 군대에서 각성 후 공부를 열심히 했다니 너무 만화 같은 내용인 걸로 느껴질 수 있다. 공부를 한순간에 그렇게 열심히 하게 된 이유는 무엇인지에 대해 조금 더 자세히 이야기해 보려고 한다.

대학교까지는 보통 환경이 아예 다른 친구를 보기 쉽지 않은데 군대는 환경이 정말 다른 친구들도 많이 보게 된다. 이때 드는 생각이 공부를 열심히 해야겠다는 생각이었다. 내가 별로라고 생각하는 이 사람들과 내가 무엇이 다른가 했을 때 차별점을 두고 싶다는 생각이었다. 생각보다 남자는 군대를 다녀오면 철든다는 게 무슨 말인지 알게 되는 시점이었다. 여러분들도 한번 생각해 보면 좋을 것 같다. 물론 이 방법이 완벽한 정답이라고는 말하기 힘들지만, 이런 단순한 방법이 여러 고민을 하는 어린 친구들에게는 직접적인 방법이 될 수 있을 거 같다. 주변에 정말 별로라고 생각하는 친구가 있으면 그 친구보다는 멋있는 사람이 되고 싶진 않은지 같은 걸 떠올리면 쉽게 내가 무슨 말을 하는지 알 것으로 생각한다.

또 이때 했던 생각 중에 이 학과가 나한테 맞는지 잘 모르겠다는 생각도 있었다. 그런데 생각을 해보니 '내가 이 학과를 제대로 해보기는 하고 판단하는 건가?'라는 생각이 들었다. 생각을 정리해 봤을 때, A라는 길이 맞지 않아 A라는 길에서 B라는 길로 바꾸려고 한다면 적어도 A라는 길을 제대로 해본 후 바꾸는 게 나중에 후회하지 않겠다는 생각이 들었다. 그래서 공부라는 길에서 내가 최선을 다해 내 과에서 1등을 해보고 생각해 봐야겠다고 정했다. 사실 이 생각까지만 갔다면 여러분들도 공부를 시작할 준비가 된 것이다.

여러분들도 주변에 수학을 포기한 친구들, 공부를 포기한 친구들 등이 있을 것이다. 옆에서 가만히 한번 그 친구들을 보면 알 수 있는 게 수학, 공부 등을 열심히 해보고 포기하는 게 아닌 단지 나와 맞지 않는다는 안 해보고 포기하는 친구들이 많이 볼 수 있다. 한번 열심히 해보고 결정하자는 생각을 가지기 시작하면 조금은 생각이 달라져 있고 앞서가는 사람이 될 거다.

나는 멋있는 사람이 되고 싶었다. 내가 생각하는 멋있는 사람이라고 하면 미래에 대한 계획을 세우고 자신이 하는 일에 최선을 다하는 사람이다. 이러한 이유 때문에 공부할 때 최선을 다하는 사람이 돼야겠다고 생각했다. 특히 중학교, 고등학교 때는 공부를 할 때라고 많이들 얘기하는데 커보니 어른들의 말이 백번 맞다. 그걸 빨리 이해하고 받아들이는 게 아마 다른 사람보다 앞서나가 있는 사람이 되는 데 많은 도움이 된다. 그냥 따분한 이야기라고 생각하고 넘기면 나처럼 직접 몸소 그 생각을 가질 때 바뀌게 되기 때문에 조금 더 빠르게 이해하려면 지금 당장 이 이야기를 하는 사람의 입장을 생각해 보는 게 좋다.

내가 공부를 열심히 해봐야겠다는 생각이 들었을 때 중학교, 고등학교 때 공부한 경험이 아예 없었더라면 시작도 하지 못했을 가능성이 큰 거 같다. 또 미리 공부한 경험한 것들은 나중에 다양한 선택을 할 수 있는 기회가 생긴다. 과가 맞지 않는다고 생각하면 전과, 공부가 안 맞는다면 다른 길 등 선택할 수 있는 길이 많아진다. 공부하고 대학교를 간 다음 자신의 길을 선택해도 늦지 않다. 물론 중학교, 고등학교 때부터 공부가 아닌 다른 길을 확실하게 선택해서 가는 친구들은 멋진 친구들이다. 하지만 보통 중학교, 고등학교 때는 자신이 무엇을 하고 싶은지, 하고 싶은 게 사회적으로 봤을 때도 괜찮은지 등을 생각 못 하는 것 같다. 또 시간이 지나면서 어린 생각들이 점차 현실적으로 바뀌기도 한다. 그래서 중 고등학교 때 자투리 시간에 이런 것들을 생각해 보면서 만약 정말 확신을 가지는 분야가 없다면 공부를 열심히 하는 게 한국 사회에서는 가장 좋다고 생각한다.

## ¨ 나만의 독특한 공부법

공부를 시작했을 때 전공에서 1등을 하려면 공부의 시간을 많이 써야 한다. 그런데 공부를 열심히 하는 친구들 사이에서 어떻게 더 좋은 성적을 받을 수 있었을까? 나만의 공부 비법에 관해 이야기해 보겠다. 일단 선제 조건이 필요하다. 바로 "공부 잘하는 친구들이랑 같이 지내기"다. 여기까지만 하면 반은 끝났다고 볼 수 있다. 같이 다니는 친구들은 무조건 닮게 되어있다. 취미, 이야기, 생활 등이 비슷해지게 된다. 물론 이 이야기를 들으면 '엥, 옆에 이 친구랑 내가 비슷해진다고?'라고 생각할 수 있지만 이는 사실이다. 가끔 그런 경험을 해본 적이 있을 거다. 친구가 말하는 습관이 나한테서 발견되는 경험이다. "그래서 친구 따라 강남 간다"라는 말도 있다. 그렇기 때문에 좋은 친구를 사귀는 게 시작이라고 말할 수 있을 것 같다. 나 같은 경우도 복학했을 당시 공부를 잘하고 열심히 하는 친구들이 주변에 있으니깐 자연스럽게 공부를 같이하게 되고 열심히 하게 됐다.

그럼 이렇게 시작을 한 후에 다른 친구들과 공부한 내용을 공유하기 시작한다. 교수님이 중요하다고 한 부분을 공유하고 자신이 모르는 내용은 친구에게 배우고, 친구가 모르는 내용은 직접 가르쳐주는 시간을 가진다. 공부한 내용을 지속적으로 보기 때문에 따로 복습하지 않더라도 알려줬던 기억으로, 배웠던 기억으로 그 내용이 기억나는 효과를 얻을 수 있다. 그런데 여기서 끝내면 다른 친구들과 비슷하게 공부하는 것이다. 물론 공부를 열심히 하는 친구들과 했기 때문에 괜찮다고 생각할 수 있지만 여기서 끝내지 않는 게 포인트인 거 같다. 친구들이 항상 나한테 하는 말이 과하지 않냐고 이야기를 한다. 거기서 끝내지 않고 계속 반복해서 풀어보고 그와 비슷한 문제를 봤을 때 바로 기억나도록 만드는 것이 또 하나의 핵심이다. 또 그렇게 3번 이상 반복한 후에는 지엽적인 부분을 보기 시작하면 된다.

고등학교 때도 그렇지만 교수님들도 변별력을 낼 때 공부한 내용 중에 어렵게 내거나 지엽적으로 내거나 둘 중의 하나인데 반복으로 인해서 어렵게 내는 건 풀 수 있지만 혹시 모를 지엽적인 문제에 관한 공부를 시작한다. 이렇게 공부하게 되면 시험문제가 나왔을 때 답이 보이게 되는 경우가 많다.

그러면 궁금한 게 "일찍 시작하나요?"라고, 물어볼 수 있는데 일찍 시작하는 편은 아닌 거 같다. 대신 늦게 시작한 만큼 시작하고 공부하는 동안은 누구보다도 시험공부를 열심히 했다고 말할 수 있을 때까지 하는 거 같다. 이렇게 공부하고 좋은 성적을 받게 됐을 때의 그 짜릿함은 한 번쯤 꼭 느껴봤으면 좋은 경험이 될 수 있다. 공부하는 동안 중간에 유혹당해서 당장에 재밌는 거 하는 것보다 이 짜릿함이 더 크기 때문에 공부에 집중할 수 있는 거 같다. 벼락치기라고 생각할 수도 있을 만큼 많은 양을 단기간에 끝낼 수 있는 비결이다. 물론 조금 더 일찍 시작하면 좋지만 나는 개인적으로 공부에 대한 마음이 잡힌 후 공부하는 게 가장 효율이 높았다. 그래서 중학교, 고등학교 때는 이 마음을 언제 갖는지, 얼마나 유지할 수 있는지가 공부를 잘하게 되는 비결이 될 수 있다. 나중에 뒤늦게 알게 된 나는 이 생각을 중고등학교 때 알았으면 어땠을지를 많이 생각하게 되는 것 같다. 이 내용을 읽는 사람들은 일찍 이것을 알고 해냈으면 좋겠다. 한 번 할 때 부족하지 않게 하는 것도 중요하다. 계속해서 나중에 해야지 하고 미루게 되면 못한다고 생각하고 할 때는 해야 한다.

## ¨ 진로가 명확하지 않을 때 학과를 선택하는 팁

중학교, 고등학교 전공 설명 강연을 다닐 때 가장 많이 듣는 질문이 하고 싶은 과를 모르는 것이다. 그냥 공부해야 할 거 같아서 공부하고 있지만 막상 어느 과를 갈지 정하려니 모른다. 이제 나오는 내용은 천천히 생각하면서 읽기만 해도 학과를 선택하는 데에 많은 도움이 될 거로 생각한다.

첫 번째로, 자신의 미래가 어떤지 생각해 보자. 이것은 직업을 의미하는 게 아니라 현실적으로 서울에 살고 싶은지, 나만의 시간이 많았으면 좋겠는지, 여행을 많이 다녔으면 좋겠는지, 바빠도 돈을 많이 벌수 있는지 등이다. 사람마다 자신이 원하는 미래의 모습은 다르다. 30살이 되고 50살이 되고 70살이 되었을 때 자신의 모습을 상상해 보면 좋다. 나 같은 경우는 서울에서 살고 안정적인 직장에 화목한 가정을 이루는 미래를 떠올렸다. 눈을 감고 하나하나 자신이 중요하게 생각하는 것을 떠올리며 상상해 보면 좋을 거 같다.

두 번째로, 자신이 좋아하는 과목을 생각해 보자. 크게는 이과와 문과가 있지만 세세하면 세세할수록 좋습니다. 이과라면 수학이나 과학, 과학 중에서는 지구과학 같은 느낌이다. 평소에 이 과목의 문제들을 풀 때 아니면 수업을 들을 때 재밌었던 혹은 잘했던 과목을 떠올려 보자. 물론 예체능이 재밌긴 하겠지만 이때는 예체능 쪽은 제외하고 생각하자. 위에서 한번 얘기했었지만 정말 확실하게 정한 예체능 쪽이 아니라면 어린 나이에 드는 생각일 수도 있고 많은 힘든 상황을 직면할 수 있기 때문이다. 여기까지 하면 문과나 이과 같은 큰 틀 정도는 정해진다.

세 번째로, 이제 본격적으로 학과를 알아보자. 자신이 좋아하는 과목과 관련된 과를 검색해 보면 된다. 편하게 하나하나 검색하면 좋다. 과와 관련된 진로를 알아야 그 과를 정확하게 알 수 있다. 검색할 때는 "○○○학과 졸업 후 진로"라고 검색하면 인터넷에 그 학과를 나왔을 때 어디 진로로 이어지는지가 자세히 나와 있다. 그중에 끌리는 직업을 고르고 그 직업을 했을 때 지역은 어디로 가는지, 연봉은 얼마나 되는지, 개인 시간은 보장되는지 등을 마저 검색해 보면 된다. 이러면 대강 그 직업에 대해 알 수 있는데 별로면 바로 넘기고 괜찮으면 더 깊게 확인해 보게 되면 금방 '어? 이 직업은 좀 괜찮은데?'를 찾을 수 있다.

네 번째로, 이제 선택한 진로 관련 학과가 있는 학교를 찾아보자. 자신이 가고 싶은 과에는 그 학과 이름이 조금 다르게 존재할 수도 있다. 포인트는 바로 그 학교, 그 과를 나온 선배들이 어디로 진출했는지를 보는 거다. 그 길은 곧 자신의 길이 될 것이기 때문에 직관적으로 그 과를 가고 싶은지 아닌지 알 수 있다. 이렇게 하면 금방 자신에게 맞는 과를 고를 수 있다.

자신에게 맞는 과를 일찍부터 정하게 되면 자신의 미래를 그려나가는 데 큰 도움이 될 수 있으니깐 꼭 이 내용 기억하고 방학 때나 시간이 있을 때 꼭 해봤으면 좋겠다. 앞서 간단하게 말했었지만 나는 고등학교 때 과학 중에 지구과학을 좋아했고 특히 그중에 일상생활과 접목할 수 있는 과학을 좋아했다. 그렇게 학과를 찾아보던 중 학교에 학과 특강으로 대학생 형과 누나들이 와 강연을 해주었고 이때 토목환경공학과를 접하게 되었다. 그래서 위에 쓴 거 같은 것들을 알아보고 토목환경공학과로 과를 선택하게 되었다. 일찍 정하면 나중에 대학생이 되어서도 자신의 학과에 대한 고민이 있을 때 생각을 유동적으로 할 수 있다.

나는 서울 수도권의 상위권 대학 출신은 아니다. 하지만 뒤늦게라도 내가 나아갈 방향을 정했고, 그 안에서 최선을 다하고 있다. 주변에는 좋은 대학에 다니면서도 자신의 길을 찾지 못하고 방황하는 친구들이 많다. 이 책을 읽는 모든 학생들이 내가 살아오면서 경험한 소중한 이야기들을 미리 알았으면 하는 마음으로 이 책을 썼다.

지금까지 읽은 내 경험들과 생각이 고민이 많은 학생들에게 조금이나마 도움이 될 수 있으면 좋을 것 같다. 이 책에 적혀있는 많은 경험을 한 대학생들의 이야기를 읽어보고 밝은 앞길로 나아갔으면 좋겠다.

## 이화여자대학교 사이버보안학과 ☆ 이영주

책의 저자로 참여하게 된 이후 예상보다 오랜 기간 주제를 무엇으로 하는 것이 좋을지 고민했다. 효과적인 공부법에 대한 훌륭한 글이 그 어느 때보다 많은 요즘, 이 글이 누군가에게 조금이나마 도움이 될 수 있기를 바라는 마음으로 오랜 고민 끝에 되돌아본 나의 수험생활에 대해 정리했다. 현역과 재수를 모두 경험한 입장에서 둘 사이에는 여러 차이가 있었는데, 이 중 가장 중요했던 것은 〈습관〉이었다.

## ¨ 게으른 완벽주의자에서 벗어나기

현역 시절, 나는 당일 세운 계획을 모두 지키는 것에 대한 희열을 원동력 삼아 하루의 공부를 해나가는 습관이 있었다. 스터디 플래너에 당일에 끝내겠다고 결심한 공부 목록을 빼곡하게 적어두고 공부를 마치는 저녁에 모든 항목에 '체크' 표시를 하는 것을 하루의 완벽한 마무리로 삼았다. 당시 내가 간과한 사실은 수능은 단거리 경주가 아닌 마라톤과 같은 장기 레이스라는 것이다. 매일의 성실함이 쌓여 하나의 결과를 만들기 위해서는 하루의 완벽함에 집착하는 것보다 지속 가능한 습관을 만드는 것이 유리하다. 무리하게 세웠던 매일의 계획은 점차 부담되기 시작했고 스스로 세운 계획을 완수하지 못했다는 사실은 절망감으로 돌아와 점차 공부 의지를 갉아먹었다. 누적된 절망감은 슬럼프로 이어지기에 십상이고, 실제로도 그랬다. 재수를 시작하면서 매일매일에 최선을 다하되, 완벽주의에 휘말려 해야 할 일을 전부 회피해버리는 최악의 상황으로 이어지지 않도록 노력했다.

개인적으로 가장 효과적이라고 생각하고 추천하고 싶은 방법은 '평소 자신에 대해 잘 알아두는 것'이다. 어딘가에서 분명 한 번쯤은 들어본 말일 것이다. 생각보다 뻔하고 당연한 말처럼 보이지만 지난 수험생활을 다시 반추해 보는 지금, 그 무엇보다 중요한 말이라고 확신한다. 수험생활은 말 그대로 '생활'의 일부이다. 즉, 실제 공부를 하는 시간만큼 공부하고 있지 않은 시간 역시 중요하다는 것이다. 특히 고등학교 재학 중이라면 내신 기간에 이 점을 간과하기 쉬운데 당장 눈앞의 중간(기말)고사를 위해 밤을 완전히 새고 난 이후의 후폭풍은 다들 한 번씩 경험해 보았을 것이다. 이처럼 장기간 공부해야 하는 수험생에게 무엇보다 중요한 것이 '평소'의 상태를 유지하는 것이라고 강조하고 싶다.

일정한 상태를 유지한다는 것은 다른 말로 '습관'을 만들어 놓는 것이다. 내가 지킬 수 있는 습관을 만들어 두면 나중에는 크게 의식하지 않고도 꾸준한 상태를 유지할 수 있다. 강조하고 싶은 것은 '내가 지킬 수 있는' 습관을 만들라는 것이다. 무리한 계획을 세워봤자 작심삼일이 되기 일쑤임을 우리는 이미 알고 있다. 처음부터 욕심내지 말고, 조금씩 더 많은, 더 좋은 습관을 만드는 데 집중하기를 추천한다.

수험생활의 성패를 결정하는 데 가장 중요한 요소인 '습관'을 만들기 위해 스스로 생각하는 중요 우선순위를 다음과 같이 소개한다. 처음 '습관 만들기'에 도전하는 사람들에게 도움이 되기를 바란다.

### °공부 시간과 자유 시간의 명확한 구분

그 무엇보다 가장 중요하다고 생각하는 것이다. 기존의 페이스를 잃지 않고 다시 원상태를 회복하기 위해서는 최소한의 공부 습관을 놓지 않는 것이 중요하다. 절대적인 공부의 양은 적더라도, 최소한 이 때만큼은 공부가 아닌 다른 것을 절대 하지 않겠다고 스스로 정해놓는 시간이 필요하다.

### °일정한 공부 장소

언제 공부할지를 정해놓는 것과 마찬가지로, 어디서 공부할지 정해놓는 것이 중요하다. 각자 집중이 잘 되는 곳과 잘 안되는 곳이 있을 것이다. 공부 습관을 만드는 초기에는 다양한 환경에서 공부해 보면서 어떤 환경에서 내가 빠르게 집중 상태에 들어갈 수 있는지 파악하는 것이 핵심이다.

### °규칙적인 식사 (시간 & 양 모두)

불규칙한 식사는 신체 리듬을 무너뜨리고 결국에는 집중력을 무너뜨린다. 컨디션이 좋지 않더라도 규칙적인 시간에 조금씩은 식사하는 편이 좋다.

### °적절한 신체 운동

수험생의 가장 큰 적은 '잠'이다! 잠이 쏟아지기 전에 짧은 산책을 하는 등 공부에 방해되지 않을 만큼의 신체 운동을 습관으로 만들어 놓자. 짧게 산책하며 집중력을 회복하는 시간이 책상 앞에서 졸면서 낭비하는 시간보다 훨씬 효율적이다.

끝나지 않을 것 같이 긴 수험생활을 잘 이겨내기 위해서는 이처럼 자신만의 생활 루틴과 습관을 만들어 놓는 것이 중요하다. 공부를 시작할 때의 마음가짐과는 사뭇 다르게 수험생활은 예상한 것보다 훨씬 길고 지루한 과정의 연속이다. 그 과정을 겪으면서 사람들은 소위 말하는 '슬럼프'를 겪기도 한다. 나 역시 연초 새로운 마음가짐으로 공부를 시작할 시기에는 느끼지 못했던 힘겨움을 수험생활 중반 이후에는 자주 느끼곤 했다. 아무래도 시작할 때는 넘쳤던 열정과 체력이 시간이 지나면서 점차 줄어들었기 때문 아닐까 하고 생각한다. 하지만 이건 수험생이라면 누구나 겪을 만한 당연한 현상이다. 따라서 '슬럼프'와 같은 수험생활의 위기가 닥쳤을 때 원상태로 최대한 빠르게 회복하기 위한 자신만의 방법을 미리 생각해 두는 편이 현명하다.

## ¨ '망쳐버린 어제'와 '새로운 오늘'을 분리하기

현역 시기에 경험한 실패한 습관을 바꾸기 위해 재수를 시작하면서 가장 먼저 생각한 문장이 바로 이것이다. 간단히 말해, 어제를 망쳤다고 오늘까지 망치지는 말자는 것이다. 수험생활은 공부와 생활이 함께 돌아가는 일종의 사이클이기 때문에 약간의 미흡함이 있더라도 다음 단계로 멈추지 않고 넘어가는 것이 중요하다. 그렇기 위해서는 계획의 변동성을 고려해서 하루의 공부 계획을 세우는 것이 유리하다. 만약 어제를 망쳤다면, 어제 해야 했을 공부와 오늘 할 예정이었던 공부를 대부분 소화할 수 있도록 계획을 조정하는 것이다. 만약 슬럼프나 컨디션 등 다양한 이유로 어제의 계획을 충분히 수행하지 못했다면 오늘은 아주 적은 양의 계획만을 세우는 것도 개인적으로 자주 활용했던 방법이다. 충분히 달성할 수 있는 목표를 세우고 이를 지킴으로써 자기효능감을 다시 높이는 것이다. 내가 나를 스스로 믿어주는 것만큼 수험생활에 중요한 것은 없다는 사실을 재수 기간의 슬럼프를 거치면서 알게 되었다.

## ¨ 마음가짐을 분리하기 위해 공간 자체를 분리하기

마지막으로, 가능하다면 공부 공간과 생활 공간을 최대한 분리하는 것을 추천한다. 공부할 때는 공부만, 쉴 때는 쉬는 것에만 집중하는 것. 당연한 말이지만 막상 지키기는 쉽지 않다. 인간은 습관의 동물이기 때문에 마음가짐만으로는 쉽게 지키기 어려운 것도 습관으로 만들어 놓으면 큰 힘을 들이지 않고도 지켜나갈 수 있다. 공부하는 공간과 쉬거나 생활하는 공간을 완전히 분리해 놓으면 자연스럽게 공간을 바꿈에 따라 집중할 대상을 바꿀 수 있다. 실제로 재수 시절, 공부에 필요한 모든 것을 공부하는 공간에 놔두고 공부가 끝난 이후에는 아무것도 들고나오지 않았다. 자투리 시간도 줄여서 공부해야 한다고 생각하기 쉽지만, 현역과 재수 시기를 비교해 봤을 때 쉴 때는 머리를 완전히 비우고 쉬는 편이 공부의 효율 측면에서도 훨씬 도움이 되었다.

긴 고민 끝에 '습관'에 대한 이야기를 하기로 정한 것은, 이것이 수험 생활을 경험한 누구나 알 법한 내용이지만 또한 동시에 간과하기 가장 쉬운 내용이기도 하겠다는 생각 때문이다. 고백하자면, 나 역시 위에 나열해 놓은 기본 습관들을 지키는 데 수없이 실패했고, 다시 수없이 도전했다. 그러면서 깨달은 것은 계획에 하루 실패했다고 수험 생활이 망하는 것이 아니라는 것이다. 완벽한 수험생활을 하는 사람은 아무도 없다. 모두 자신만의 계획에 때로는 실패하고 때로는 완성하면서, 완성하는 날들을 늘려가기 위해 노력하는 것일 뿐이다. 이 글이 누군가에게 조금이나마 도움이 되기를, 그리고 당신의 수험생활이 너무 힘겹지는 않기를 바라며.

# 공부할 때 가장 도움 되었던 누군가의 한마디

"인간만이 유일하게 자기 운명을 스스로 결정할 수 있거든."

_웹툰 <간 떨어지는 동거> 중에서

Life isn't about waiting for the storm to pass,

It's about learning to dance in the rain, _Vivian Greene

# 논술 전형과 나만의 글쓰기

### 연세대학교 연합신학대학원 기독교윤리학과 ☆ 김주은

나는 현재 연세대학교 연합신학대학원 기독교윤리학과 석사 과정을 밟고 있다. 2024년 여름까지는 방송작가로 일했다. 내가 학부를 졸업한 후에 방송작가라는 직업을 가지고, 대학원까지 들어올 수 있었던 가장 큰 이유는 나의 '글' 때문이었다. 나는 인하대학교 문화콘텐츠문화경영학과를 논술 전형으로 입학할 수 있었다. 지난 순간을 곱씹어보면 논술 전형으로 대학교를 입학했던 그때부터 작가의 길이 시작되었고, 내 강점이 글쓰기로 자리잡혔다는 생각이 들었다.

논술 전형을 통해 학부에 입학하고, 또 연세대 대학원까지 입학할 수 있었던 가장 큰 이유는 내 글이 가진 차별성 때문이라고 생각한다. 물론 입시를 위한 논술은 일반적인 글쓰기와는 조금 성질이 다르다. 나 역시 입시를 준비하는 시간 동안 논술 학원에 다녔다. 논술 학원에서 얻을 수 있는 분명한 것은, 각 대학이 추구하는 논술 유형을 분석해 준다는 점이었다. 한마디로, 내 글을 읽을 독자를 미리 알려주는 것이다. 뒤에 좀 더 얘기하겠지만, 글의 독자를 파악하는 것은 글쓰기에 있어 매우 중요하다.

나는 논술 학원에 다니면서도 내 글의 개성을 잃지 않으려 부단히 노력했다. 이를 위해서 일기를 통해 내 생각을 많이 기록하고 간직했다.

기록한다는 행위는 글쓰기 재주를 키울 수도 있으면서도, 자신의 기분을 환기할 수 있는 가장 간단하고 확실한 방법이다. 긴 입시 기간을 거치다 보면 누구나 지치기 마련이다. 그럴 때 내 마음을 여과 없이 적는 게 큰 해결책이 될 수 있다.

대학원 입학을 위해 쓴 자기소개서에도 난 내 글만의 차별성을 가져가려 했다. 가장 주의를 기울였던 점은 주어진 질문에 뻔한 대답을 하지 않는 것이었다. 대부분 자기소개서가 제시하는 질문은 유사하다. 앞으로의 계획이 무엇인지, 그동안 삶에서의 고난을 통해 배웠던 점 등처럼 말이다. 그 질문 앞에 놓인 우리는 흔한 대답을 내놓기 마련이다. 특히 나도 모르게 본인의 경험을 그저 나열만 할 수 있다는 위험을 가지고 있다. 사실 대부분 사람이 할 수 있는 활동은 비슷하다. 동아리, 회장단, 혹은 외부 체험 등 학생 시절에 할 수 있는 활동이나 이력들은 한정적일 수밖에 없다. 물론 그중에 1% 정도는 화려한 이력을 갖고 있을지 모르겠다. 하지만 우리는 다 비슷비슷한 경험과 이력들을 가지고 있다. 그래서 혹시나 자신이 한 활동이 빈약하다는 생각이 들더라도 포기하지 않아도 되는 이유가 여기 있다. 자기소개서를 읽는 독자인 각 대학의 입시 담당자들은 지원자들이 무슨 활동을 했는지 이미 파악했을 것이다. 그도 그럴 것이, 이미 수많은 지원서를 본 경험이 쌓였기 때문이다. 하지만, 같은 경험을 가지고도 우리가 어떻게 글을 구성하느냐에 따라서 입시 담당자에게 나라는 사람을 분명히 각인시킬 수 있다.

　그러기 위해서는 단순한 나열로 내 경험을 쓰는 것을 넘어서야 한다. 왜 이 활동을 선택했는지, 이를 대학교에서 어떻게 활용하고 싶은지 이야기하듯이 풀어쓰는 방식이 필요하다. 예를 들어 보겠다. 지원/진학 동기를 묻는 경우, 나는 도입 문장부터 내 동기를 한 문장으로 명확히 쓴 후에 내가 했던 경험들로 살을 붙여나가며 내 삶을 독자(입시 담당자)에게 소개했다.

　이와 같은 방식에 도움이 되는 또 하나의 방법은 가고자 하는 대학에 대한 자료조사를 충분히 하는 것이다. 자신이 했던 경험을 포트폴리오로 만들어보거나 쭉 나열한 후에, 각 대학이 원하는 인재상에 나라는 인물을 끼워 넣는 것이다. 각 대학교 누리집에만 들어가도 우리는 쉽게 해당 학교가 원하는 인재상을 파악할 수 있다. 이를 충분히 조사하고 내가 해당 대학의 인재상과 적합하다는 것을 적극적으로 어필해야 한다. 이는 입시 담당자에게 학교에 대한 정보를 충분히 학습했다는 긍정적인 인상도 줄 수 있다.

　글쓰기란 물론 하루아침에 실력이 늘어나고 나만의 색깔이 가져지는 것은 아니다. 나 역시 처음에는 막막했다. 하지만 '내가 독자라면 어떤 글에 마음이 가게 될까'라는 점을 되새기며 쓴 글을 자주 퇴고하며 실력을 키워나갔다. 그러다 보면, 결국 당신의 이야기가 등장하고 당신이 원하는 곳이 어디든지 갈 수 있을 것이다.

## 공부할 때 가장 도움 되었던 누군가의 한마디

"내가 니 편이 되어줄게."

_<내가 니편이 되어줄게-커피소년(Feat.하은)>

# 85명의 공부법 ①

**초판 1쇄 발행** 2025년 10월 06일
**초판 1쇄 인쇄** 2025년 10월 22일

**지은이** 김유진 외 84명
**펴낸이** 곽유찬

이 책은 **편집** 손영희 님, **표지디자인** design_see님,
**본문디자인** 곽승겸 님과 함께 진심을 다해 만들었습니다.

**펴낸곳** 레인북
출판등록 2019년 5월 14일 제 2019~000046호
주소 서울시 서대문구 홍은중앙로3길 9 102~1101호
이메일 lanebook@naver.com

**ISBN** 979-11-93265-64-2(43000)

*북클로스는 레인북의 브랜드입니다.
*책값은 표지 뒤쪽에 있습니다.
*잘못된 책은 구입하신 서점에서 교환해드립니다.
*이 책은 저작권법에 의하여 보호를 받는 저작물이므로  무단 전재와 복제를 금합니다.